思想觀念的帶動者
文化現象的觀察者
本土經驗的整理者
生命故事的關懷者

{ PsychoAlchemy }

啟程，踏上屬於自己的英雄之旅
外在風景的迷離，內在視野的印記
回眸之間，哲學與心理學迎面碰撞
一次自我與心靈的深層交鋒

The Inner World of Trauma:
archetypal defenses of the personal spirit

創傷的內在世界
生命中難以承受的重，心靈如何回應

唐納・卡爾謝（Donald Kalsched）——著

彭玲嫻、康琇喬、連芯、魏宏晉等——譯

洪素珍——審閱

譯者簡介

彭玲嫻（負責謝詞、緒論、第一、二、三、五章、第二部緒論、第七、
八、九章翻譯。第四、六、十章校訂及部分改寫）

台灣大學外文系，英國諾丁罕大學英語研究、輔大翻譯學研究所
肄業，曾任行政院新聞局《光華畫報雜誌》（今外交部《台灣光
華雜誌》）英文編輯、《解讀時代》雜誌主筆、多家影視公司編
譯，譯有《盲目》、《大地三部曲》等書。

康琇喬（負責第四章翻譯）

華人心理治療基金會心理師、榮格分析師（IAAP）

連　芯（負責第六章翻譯）

台北教育大學諮商與心理研究所、英國艾賽克斯大學（University
of Essex）精神分析研究所畢業，曾任文案、採訪編輯，目前是
諮商心理師。譯有《佛洛伊德：幽微的心靈世界》、《瘋狂與存
在：反精神醫學的傳奇名醫 R.D. Laing》。

魏宏晉（負責第十章翻譯）

北京大學哲學博士。曾任記者、編輯、大學通識課程講師。目前
熱心投入榮格學派相關書籍的譯介工作。譯有《共時性》、《英
雄之旅》等（共同翻譯）。

擴展與整合的心理創傷理論與自性的追尋

洪素珍（國立台北教育大學心理與諮商學系副教授）

　　卡爾謝博士在《創傷的內在世界：生命中難以承受的重，心靈如何回應》中，整合佛洛伊德和榮格兩派的心理學創傷理論典範，擴展了精神分析針對人類受創心靈所提出的內在防衛運作機轉的面貌。他分別以案例分析及解讀童話的兩個實證與象徵脈絡，證成他稱之為「人類的原型防衛」的受創心靈防衛機制系統的保護性、破壞性，以及個人性與集體的原始性等。

　　本書結構分成三條軸線：

　　第一是創傷理論：作者先提醒讀者，理解創傷及其意義，需要開放的態度。如同佛洛伊德與榮格早期的對話中所揭示的，努力的目標首要就在於理解創傷後遺症在心靈所產生的影響及奧祕。

　　佛洛伊德曾隱喻性地使用「創傷」（trauma）的字眼，形象地比喻人類內在心靈就如同外在皮膚組織一樣，也會因意外而受損。他認為心靈也具備皮膚或甲殼的包裹與功能，可以保護內在深處，其作用在於嚴選過於複雜的外來刺激，並維持內在的恆定運作。此功能若為創傷事件擊潰，會在個體潛意識留下痕跡，使防衛機制更為激烈與極端，造成心靈痛苦，甚至外溢到外在形成症狀。佛洛伊德在與約瑟夫・布魯爾（Josef Breuer）合著的《歇斯底里症研究》（*Studien über Hysterie*）便指出，歇斯底里症（Hysterics）就是壓抑

了那些強烈而痛苦的經驗，同時切斷這些痛苦經驗與情緒之間的連結，將這些情緒封存起來所造成的症狀。

以客體關係理論的觀點來看，創傷經驗會傷害一個人好的內在客體（保護與信任），讓壞的客體功能增強（冷漠與破壞），主體繼而產生負向與退化創傷經驗。這會影響到內在記憶結構的語意網絡模式運作，使當事者發展出恐懼結構，影響早期與他人的互動經驗。

個體遭遇外在世界帶來的創傷時，是否導致嚴重的心理症狀？一部分取決於創傷事件如何被解釋，另一部分視內在結構的本質與是否有恢復的可能性而定。

就廣義的客體關係理論而言，由於個體喪失了對預測外在世界可能性，以及認知客體（不論是內在還是外在的客體）具保護功能的信心，個體會不由自主地回想起早期對壞客體的力量與殘酷的恐懼，瞬間陷入一種原始的妄想狀態。更嚴重的是，隨之而來的焦慮感，外在事件開始不斷地「印證」內心世界的恐懼與幻想，「認為」好客體無法提供保護、避免悲劇，更真切地感受到死亡與個人毀滅的迫近。這樣的惡性內在邏輯，令外在事件於內在產生效應，創傷因之真實地形成。如此一來，抵抗焦慮的既存防衛機制不僅遭擊潰，更確認了內心深處的焦慮。

客體關係的理論告訴我們，從個體對好客體提供保護的能力喪失信心的那一刻起，其人格就已發生長遠而不可磨滅的影響。團體動力研究的先驅者——英國精神分析師比昂（Wilfred Ruprecht Bion）舉例說過，對嬰兒而言，飢餓的痛苦並非「餵養客體」的缺席，而是攻擊性客體的出現，意思就是，個體對內在客體的良善與

　　創傷的內在世界：生命中難以承受的重，心靈如何回應

力量的信任感遭到破壞，而內在壞客體的惡意與力量卻不斷增強，造成惡性的後果。

在分析心理學中，榮格使用情結的說法來描述創傷。透過字詞聯想的實證測驗，他甚至發現在個人和家庭之外，人類還有集體的創傷，而情結並非總是佛洛伊德學派所歸咎的性慾可完整解釋，情結有很多，包括自卑、權力、父母，或者圍繞某些特定愧疚行為等等的情結。榮格的嫡傳弟子諾伊曼（Erich Neumann）形容，正常的母嬰關係為「二元整體」（dual unity），嬰孩出生後到滿一歲時為「後子宮胚胎期」，孩子的心靈在媽媽之中全然「神祕參與」（participation mystique），尚未分離為另一個人。在此階段中，榮格所稱的人格最高中心及整體的「自性」（Self），同時駐留於孩子身體中和在母親中兩處。慢慢地，隨著與現實接觸的增加，母親承載的自性會漸漸併入孩子的內在，部分地終止和母親的神祕參與，並建立「自我－自性」（ego-Self）軸，作為孩子心靈內部兩極的連結，確保自我的正常成長。如果創傷干擾了原初關係，神聖情感將負向群集成「恐怖母親」和一個負向的悲傷自我（distress-ego）來印記悲傷或毀滅，干擾了原初關係，其主要特徵就是核心的愧疚感。不被愛的孩子感覺自己是奇怪的、有病的、很糟糕和被責備的，而且這個「壞的、骯髒的」的孩子會伴有一個代表暴力超我的、與自性混淆不清的原魔陽剛精神（daimonic masculine spirit），不斷地攻擊永不能達成其要求的「壞」孩子。

作者在書中整合了精神分析及分析心理學對人類心理創傷的理解，均指出原初關係受創對發展的傷害。

第二個軸線是作者稱為自我保護機制的防衛機制。防衛是自我

的一種功能，通常存在潛意識當中，動力十足且變化無窮，不過精神分析理論認為，防衛在正常而適應良好的狀況外，處於病態與固定人格中，也可能變得僵化和固著的病態。不同防衛方式與不同的心理狀態有關，如歇斯底里病態使用退化、強迫性精神官能症使用隔離和抵銷的防衛機制。而防衛與發展層次有關，有些防衛被視為原始的，有些則是成熟的。克萊恩（Melanie Klein）認為，防衛不是在必要時才出現的短暫心理歷程，而是一種心理結構，融合形成一個僵化、無彈性的系統。它們與全能的、控制的內在客體有關。而從正常、成熟的防衛到病態的防衛，是一個連續的過程。

　　依克萊恩的解釋，防衛可分為：（1）不成熟或原始防衛；（2）精神官能式的防衛；與（3）成熟的防衛。使用原始防衛本身並非一定是病態，一個心理健康的人遭遇巨大壓力時，也會出現這些防衛機制。所謂的適應不良指的是持續使用這些原始的分裂（splitting）防衛機制，令內在世界無法整合而呈現碎裂的狀態。分裂是嬰兒時期心智活動的一種原始現象，客體可被分裂成「好客體」與「壞客體」，兩者相互衝突，個體為了在心靈中整合二者，可能會發展成邊緣性人格違常或精神疾患，這兩種個案內在分裂情況嚴重，可能導致知覺扭曲、思考能力減退及客體表徵的殘缺不全。

　　本書作者也梳理早期在法國的夏科（Jean-Martin Charcot）和賈內（Pierre Janet）認為遭受創傷的病人必須以解離分裂自己的一部分，形成次級人格保護自己，他稱此人格為「原魔」（Daimons），以人格化的形式存在心靈進行運作。

　　此外書中還列舉了史坦（Leopold Stein）的「身體免疫系統」

說法、佛登（Michael Fordham）「自性的防禦」，以及希爾曼（James Hillman）的「原型心理學」等概念，綜合解釋了原型防衛系統如何細膩地同時對個體的自性進行自我保護，卻又同時摧毀自性的發展。史坦認為，原型防衛有如人體的自體免疫系統，適當的免疫反應取決於人體的免疫系統準確地識別非我元素，具有攻擊並殺死它們的能力。在心靈自性的防衛中，當部分人格被誤認為非我元素時，就會產生像自體免疫疾病的自我毀滅。佛登則認為，當有害刺激產生時（例如母親不滿足嬰兒的願望），自性的原型運作會跟嬰兒一樣，以自閉跟退縮保護自己，但有害刺激消失後，防衛的自閉和退縮卻依然存在。佛登注意到，如果給一個嬰兒一個致病性的有害刺激，防衛系統可能會開始持續性的過度反應。可能藉由投射性認同與部分自我混合，使一種自體免疫反應開始發生，而這正是當有害刺激已不存在時防衛仍持續發生的原因。當這種情況產生，內心世界幾乎無法發展。在自我變得僵固後，其後關乎成熟的發展性壓力將導致發展全面瓦解（disintegration），而不只是較不能整合（deintegration）而已。防衛系統的強勢主導使暴力和敵意積累，而切斷了任何本來可能發生的與客體能量與情感上的溝通。在希爾曼的部分，則是從無意識心靈中浮現的最古老的圖像不是單個圖像，像大地之母（the Great Mother），是串聯、成雙，成對、兩極，或者交會的，如母／子、受害者／加害者、智慧老人／永恆少年等二元的對立，矛盾又互補的結合。因此，有夠好母親的照料，較不會造成原型分裂。若分裂成真，而且由恨意所主導，如「好」孩子對上「壞」媽媽時，一定會造成原型分裂的創傷。

第三個軸線則是作者運用個案的解析，尤其是個案的夢，以及

童話與神話的分析，協助讀者理解無意識中運作的原型防衛的自我照護系統。

精神分析向來重視夢、神話以及童話等素材，榮格學派更是看重它們的象徵意涵，認為那是原型在集體無意識不同層次上的重要表現。夢、神話與童話匯集於原型，對被意識心智潛抑或者忽略之處加以補償。原型的終極表現為自性的神話，是宗教的基礎，以卡爾謝博士的說法，那便是「人與神的關係」。

先以夢的分析為例。

就佛洛伊德學派的想法而言，夢是通往潛意識的大道，個人的渴望與焦慮會在夢中呈現，而不為個人意識所接受的慾望與攻擊，也會以偽裝及象徵的形式出現在夢中。

榮格則認為，夢是作夢者與自己內在的複雜性在心靈進行掙扎鬥爭，目的在於回應無意識的困惑，以及整合意識與無意識之間的矛盾。因此，夢境所呈現的畫面其實是在傳遞訊息，補償無意識的需求。分析夢境不僅是在尋找無意識的話語意義，也有展望未來的意義。分析夢可以提醒個案修飾過度發展的人格面向，整合人格中的對立面。

因此，泛精神分析理論的共同想法在於，夢被認為是可以緩解情緒痛苦的心理功能，會呈現出痛苦的景象，隱喻地表達與生活事件類似的情感，以及能夠於內在進行自我保護及自我修復反應的演劇。

卡爾謝博士對夢的理論總結後認為，透過解析夢境中的原型角色與夢中自我的互動，可以探尋自我照護系統中的原魔特質，亦可以用象徵的方式呈現個案創傷中的情感經驗，這是個案在意識中無

法觸及的，而就理解夢境的歷程，更有發生逐步的回應整合路徑的可能。

至於針對神話以及童話的解析之處是位於書中的第二部分，從第七章開始。

第七章是以格林童話的長髮公主故事來解釋人格化的自我照護系統；第八章以愛洛斯（Eros）與賽姬（Psyche）的故事，來說明自我照護系統的人格化意象如何出現在神話素材中；第九章則以費切爾的怪鳥（Fitcher's Bird）演繹自性暴力的黑暗面；第十章用北歐的龍王子（Prince Lindworm）故事，分析犧牲和選擇在卸除創傷防衛中所扮演的角色，做為全書的總結。

卡爾謝博士系出榮格學派，以原型理論為核心，用心靈創傷生發的脈絡做軸，試圖整合包含泛精神分析理論中的創傷理論、客體關係等，甚至涵攝了自體心理學，結構出他具創新的自我照護系統的論述，發展出引人深省的一張新的泛榮格心理學式的心靈理解地圖，非常值得閱讀。

致謝

我那些千變萬化、日新月異的想法在後面的篇章中成了形，在這期間，有許多人陪著我一同吃苦受難，其中最親密也最有幫助的莫過於我的個案們，尤其是對於那些在夢境舞台登場的天使兼原魔「靈體」，懷抱著與我同等好奇心的個案。我要特別感謝同意我使用他們的夢境及治療過程其他面向的個案。書中所述的所有臨床素材都以真實案例為本，但為了保密，身分細節及治療背景的其他特定面向經過了修改。有幾處我將數位個案的素材加以融合，因此「虛構」了背景資料。

除了個案，我也特別感激榮格理論與實務專業充實計畫（Professional Enrichment Program in Jungian Theory and Practice）的全體教職員與學員。榮格理論與實務專業充實計畫是一個為專業人士成立的研習團體，在一九八八至一九九五年間，由位於紐約州卡托納（Katonah）的深層心理學與榮格研究中心（Center for Depth Psychology and Jungian Studies）資助。在我們的研習團體中，我格外感謝與我共同擔任主任的雪妮・麥肯錫（Sidney Mackenzie），她幹練地協助創造了一個有利空間，使得智性工作（interllectual work）做起來甘之如飴。同時我也感謝其他幾位核心教師——艾爾・馬騰（El Mattern）、亞頓・華生（Alton Wasson）、羅倫・史戴爾（Loren Stell），以及蘿蘋・凡・羅本・賽爾斯（Robin van

Loben Sels），在我的論點琢磨醞釀時、在我們的研習團體中以種種不同形式逐漸「浮出檯面」的許多年間，感謝這幾位同仁的耐心與鼓勵。

此外，我還要感謝蘇黎世榮格學院（C. G. Jung Institue）的馬利歐・雅各比（Mario Jacoby）對我的論點的鼓勵、羅德里奇出版社（Routledge）的大衛・史東史崔（David Stonestreet）對這本書初步提案的熱烈回應，以及責任編輯愛溫娜・威廉（Edwina Welham），沒有她的靈活與開明，這本書永遠不會完成。最後，我要對我的妻子若萍（Robin）表達最深的謝意，感謝她這一路以來，縱使是在撰寫本書的種種不同階段，以及最後定稿編輯期間許許多多因忙碌而「失去」的週末假期中，仍然體諒我、給我支持。

譯註：本書中引文，凡已有中譯本者，均盡可能採用現有中譯，並註明出處，惟錯譯之處稍加修改。而現有中譯本之譯文不盡理想者，則由本書譯者重譯。

緒論

　　本書討論的是我在精神分析個案的夢中、幻想中，以及人際間的艱難努力中所窺見的創傷內在世界。我將焦點置於創傷的「內在世界」，是希望舉例說明當心靈遭遇生命中難以招架的事件時，**內在**是如何反應的。例如，當外在世界的生活變得難以忍受，內在世界會如何呢？對於心靈內在的「客體意象」（object-images），夢境透露了些什麼？這些「內在客體」如何彌補與「外在客體」相處時經歷的災難性經驗？當擊潰人生的事件徹底毀去了外在的意義時，什麼型態的潛意識幻想能給創傷個案提供內在的意義？最後，當創傷的毀滅性打擊可能摧毀人的精神時，神奇的救命**防禦機制**保住了精神的存活，這些內在意象與幻想結構告訴了我們有關這些防禦機制的什麼訊息？在以下的篇章中，我將試圖回答許多問題，以上所提的是其中的一些。

　　在以下所有的論述中，我將以「創傷」一詞來表達所有對孩童造成心靈上無可承受的痛楚或焦慮的經驗。所謂「無可承受」的經驗，指的是佛洛伊德（1920b：27）稱之為「刺激防護屏障」（protective shield against stimuli），常見防禦手法也無法招架的經驗。這種程度的創傷種類繁多，從當今文獻中引人注目的嚴重且令人震驚的兒虐經驗，到部分兒童發展中依賴需求未獲滿足而效應逐漸增長，乃至具毀滅性的「累積性創傷」（可汗〔Khan〕，

1963），後者還包括了溫尼考特（Winnicott）稱之為「原始苦痛」（primitive agonies）的嬰兒期較嚴重剝奪之類「無可想像」（1963：90）的經驗，不一而足。這類創傷的特點在於科胡特（Heinz Kohut, 1977：104）所稱的「解體焦慮」（disintegration anxiety），這是由統整一貫的自體面臨解體威脅所引起的一種無以名之的恐懼。

經歷這種焦慮會使人格面臨灰飛煙滅、人格精神面臨消失殆盡的威脅，這樣的情況是必須不計一切代價避免的，而由於這類的創傷往往發生在統整一致的自我（及其防禦機轉）尚未成形的嬰兒早期，因此便有**第二線的防禦工事**開始發揮作用，以防止個體**經驗到**「無可想像」的經驗。我的研究重點將會定焦在這些防禦工事，以及潛意識幻想對這些防禦工事的演繹發揮。以心理分析的術語來說，這些防禦機能有「原始」（primitive）防禦或「解離」（dissociative）防禦等多種不同名稱，其中包括例如分裂、投射性認同、理想化或妖魔化、恍惚狀態、多重身分認同轉換、去人格化、精神麻木等等。精神分析學說長久以來都明白，這些原始防禦不僅僅是嚴重精神疾病的**特徵**，一旦發揮作用之後，也是造成嚴重精神疾病的**原因**。然而這些防禦卻也為心被創傷擊碎的人保住了生命，當代的文獻反而鮮少將這「功勞」歸功於這些防禦機能。而儘管人人都同意，這些防禦機能在個案較後期的生活中多麼地適應不良，卻少有作者承認這些防禦具有神奇的本質——具有足以救命的精巧複雜，或具有原型的本質和意義。

我們向榮格及夢境尋求這方面的洞見，但我們所汲取洞見的對象不是榮格學說的傳統詮釋，也不是現今許多臨床心理師所理解

　　創傷的內在世界：生命中難以承受的重，心靈如何回應

的夢意象,而是在第三章,我們追溯佛洛伊德與榮格早期的對話,在這些對話中,兩人都努力要理解創傷後遺症中心靈所產生的「神話創作」[註1]幻想意象。在這一段多產的時期,以及在兩人不幸決裂及其後各自的理論具體化之前,雙方都對心靈的奧祕懷抱著實驗性的開放——我們若是要理解創傷及其意義,便必須設法重新尋回這種開放性。我們在第三章追溯兩人的對話,一路直至兩人決裂之處,我們發現兩人之所以分道揚鑣,在於對創傷相關的夢境與幻想中「邪魔」且「怪誕」的意象理解不同。

當我們研究創傷對心靈的衝擊時,若是一方面著眼於製造創傷的外在事件,同時也關注於**因應**外在創傷而產生的夢境或其他油然而生的幻想產物,便會發現「創傷內在世界」由驚人的神話創作意象所組成,而這些意象令佛洛伊德或是榮格都大感興奮。但對現今的許多臨床心理師而言——包括筆者在內——無論是佛洛伊德或是榮格,對這些意象的詮釋都不是完全地令人滿意。由於這個緣故,以下的篇章會對與創傷相關的幻想提出一套新的詮釋,這套詮釋融合了佛洛伊德與榮格理論的元素。這套「新」理論大量仰賴個案生活中某個創傷時刻過後立即得來的夢境。在臨床情境下詳細檢視這類夢境後,導引出我們的主要假說,即與創傷相關的古老防禦會人格化,**化身為原魔原型的意象**。換句話說,與創傷相關的夢中意象

[註1] 潛意識的「神話創作」(mythopoetic)功能,最初是由古典學家邁爾斯(Frederick Myers)在十九世紀後期所創的詞彙。邁爾斯認為潛意識持續不斷地創造神話性質的幻想,這些幻想顯現在夢境、夢遊、催眠、附身,以及靈媒的恍惚狀態中。艾倫伯格(Ellenberger, 1970 : 318)曾對當代精神病學中的潛意識著述過具里程碑意義的概論,在這部概論中,他認為「神話創作」這個概念大有可為;但除了弗盧努瓦(Flournoy)和榮格外,沒有理論家曾透徹研究過這個概念,他為此表達遺憾。

代表著心靈對自己古老防禦操作的自我描繪。

在稍後提及的臨床素材中，我們將在當代個案的夢境中看見這類意象的例證，這些個案都曾在人生中與創傷的破壞性衝擊搏鬥。我們將看到夢境如何在創傷修通過程中的某個關鍵時刻，自然而然呈現出心靈在防止人格精神遭到殲滅時所運用的「二線防禦」的形象。夢境對心靈自己的防禦措施所做的這些「自我描繪」，實是藉由象徵來襄助療癒過程。在此之前，個人經驗的情感與片段無法表現給意識知道，夢境給予了這些情感與片段具體的象徵。夢境竟有能力藉由這樣的方法，來表現心靈的解離活動，並將心靈分裂的碎片整合在一個戲劇化的故事中，這是心理生活的一種奇蹟，只是我們或許太將這種奇蹟等閒視之。當夢境做這樣的事時，人們往往視之為耳邊風，而我們深層心理學的研究者則努力試圖傾聽。

夢境所揭露，以及近來的臨床研究所顯示的，是當創傷打擊一個孩子發展中的心靈時，意識發生了裂解，這時不同的「碎片」（榮格稱之為「碎片心靈」〔splinter-psyches〕或情結〔complexes〕）會根據特定的古老且典型（即原型〔譯按：「古老」（archaic）及「典型」（typical）二字結合即為「原型」（archetypal）一字〕）的模式進行自我組織，最常見的模式是由擬人化的「生物」形成二元體或對立偶（syzygies）。自我的一部分往往會退行到嬰兒時期，而另一部分則會前行，也就是說成長過快，以致早熟地適應外在世界，往往是以「假我」（false self）來適應（溫泥考特，1960a）。人格中**前行的部分**便照顧**退行的部分**。許多信奉不同理論派別的臨床學者都各自獨立地發現了這種二元結構，這個事實也間接支持了這個結構概念的原型基礎。我們在第五

章和第六章將更詳細地探討這些臨床學家的作品。

　　人格中退行的部分在夢中往往呈現為一個脆弱、年輕、天真無辜（常為女性），且始終羞恥地躲藏著的**兒童自體或動物自體**。這個部分偶爾會以某種特殊動物的形象出現，例如某種心愛的寵物、貓咪、小狗或小鳥。但無論化身為什麼樣特定的形象，這個完整自體「天真無邪」的殘餘部分似乎代表著個體不朽的人格精神——古埃及人將這人格精神稱為「巴靈」（Ba-soul）；在煉金術中，則是轉化過程中那位有翅膀的帶動生命力的神靈，也就是荷米斯／墨丘利（Hermes／Mercurius）。這位神靈始終是個謎，是自我性（selfhood）的一種精髓，其奧義永遠令人捉摸不透，它是人格中不朽的精髓，溫泥考特稱之為「真我」（True Self, 1960a），而榮格在尋索有什麼構想概念能夠彰顯這個精髓的超個人來源時，稱之為「自性」[註2]。人格的這個內在核心受到侵犯是**無可想像**的事。當其他的防禦手法都失敗時，原型防禦會竭盡一切可能力量來保護自性，甚至不惜殺死這個人格精神所居住的宿主人格（亦即自殺）。

　　這時人格中前行的部分，在夢境中由一個強有力的**巨大生物**代表，這個生物可能是**仁慈的**，也可能是**惡毒的**，保護或迫害著它脆弱的搭檔，有時則將這位搭檔囚禁在內部。有時當這個仁慈或惡毒的生物表現其保護性樣態時，會以天使或特殊馬匹或海豚之類神奇

[註2]　榮格的研究導引他認為自性（Self）是整體人格的統整中心，而自我（ego）則僅是意識的統整中心。對榮格而言，自性就相當於心靈中神的形象（imago Dei），因此具有超個人的來源。榮格本人從不以大寫呈現此字，但我在全書中都以大寫呈現第一個字母，以便將榮格的概念與其他理論家所描述的並不包含聖祕、靈性意涵的自性（self）加以區別。（譯按：本書譯文中，凡大寫之 Self 譯為「自性」，小寫之 self 則譯為「自體」；「自我」的原文多為 ego。）

野生動物的形貌出現，但這個「照護性」角色更常呈現出令夢中自我恐懼的邪魔樣貌。在第一章和第二章的臨床素材中，我們將探討一些案例。在這些案例中，這個角色呈現為揮舞斧頭的可怕人物、帶槍的殺手、瘋狂的醫生、具威脅性的「雲」、誘惑人的「食物魔」，或是魔鬼本人。有時這個折磨人的內在惡毒人物會換上另一種面貌，表現出較仁慈的面向，呈現為一個具有雙重特性的角色，集保護者與迫害者於一身，第二章中便可以看到這樣的案例。

自體的「前行和退行」部分所呈現的「神話化」意象，組成了我所稱的**心靈的原型自我照護系統**。這個「系統」之所以呈現為原型，是由於它既古老又具有心靈自我保存措施的典型特色，也因為它比正常的自我防禦（ego-defenses）發展得早，也較為原始。由於這類的防禦措施似乎是由人格中比自我更深層的中心所「統整調度」，因此有人將這種防禦稱為「自性的防禦」（defenses of the Self，史坦〔Stein〕，1967）。我們會發現這個理論名稱十分合適，因為這名稱彰顯了聖祕[註3]的特色——也就是這個「神話創作」結構令人敬畏的特色——同時也由於這個自我照護系統中的惡毒人物呈現出了榮格所稱**矛盾自性黑暗面**一個咄咄逼人的形象。榮格認為自性是潛意識心靈中具有監管和整頓作用的中心成分，但我

[註3]　聖祕感（numinosum）是奧圖（Rudolf Otto）所提出的一種經驗類型，描繪人類與**令人敬畏的神祕**（the mysterium tremendum）**或完全相異者**（the wholly other）**或魔鬼**（the daimonic）相遇的獨特體驗（1958）。這種經驗伴隨著自我被比自己強大，或在自身「之外」的神祕力量所占領的感覺，自我對這股神祕力量感到**敬畏、著迷或恐懼**。聖祕感的正向匯聚會激起人的謙卑、感激、宗教奉獻與崇敬，負面的體驗則會引起害怕、畏懼（戰慄、哆嗦）與驚恐。本書從頭到尾將強調創傷與聖祕感的緊密關係。當自我跌落創傷的深淵，墜入潛意識心靈的黑暗中時，便是墜入了原型的世界，自我在這原型世界所體驗到的，便是黑暗或光明的聖祕感。對於創傷患者而言十分不幸的是，聖祕感的匯聚往往是負向的。

們在探討夢境、移情及神話中的前述意象時，會發現在嚴重創傷的情況下，榮格的原始概念需要修正。

自我照護系統所發揮的自我監管功能及內在外在間的中介功能，在正常情況下，是由個體功能正常的自我來運作的。問題就是出在這裡。一旦建立起了創傷防禦，與外在世界的所有聯繫都會遭到自我照護系統的「篩檢」。原本要用來抵禦進一步創傷的防禦措施成為防止自體在世界中做任何情不自禁輕率表達的抗力。個體安然存活，卻無法過創造性的生活，因此必須要接受心理治療。

然而早年創傷個案的心理治療，無論對個案或是對治療師而言都不容易。創傷個案的自我照護系統在治療中所產生的阻抗名聲如雷貫耳。早在一九二〇年，佛洛伊德就發現部分個案內在有一股抗拒改變的「邪魔」力量，使得一般的分析工作無法進行，這令佛洛伊德頗為震驚（1920b：35）。他對這種「強迫性重複」（repetition compulsion）極感悲觀，悲觀到將其源頭歸諸於所有生命共有的一種追求死亡的本能（1920b：38-41）。此後，與創傷或受虐個案工作的臨床工作者都輕易辨識出佛洛伊德所拐彎抹角提到的「原魔」人物或「原魔」力量。費爾本（Fairbairn, 1981）將這個人物稱為「內在破壞者」（Internal Saboteur），岡崔普（Guntrip, 1969）描述其為攻擊「原慾自我」（libidinal ego）的「反原慾自我」（anti-libidinal ego）。克萊恩（Melanie Klein, 1934）述說兒童幻想有個殘酷、會攻擊人的「壞乳房」（bad breast），榮格（1951）談到「負向阿尼姆斯」（negative Animus），較晚近的則有賽費爾德（Jeffrey Seinfeld, 1990），他曾撰文談到一個內在結構，名稱很簡單，就叫「壞客體」（Bad Object）。

當代的心理分析作者多傾向於將這個攻擊性的人物視為創傷中真實加害者被內化的版本，這個內化的加害者「占據」了創傷個案的內在世界。但這個通俗化的觀點僅對了一半。可怕的內在人物往往比任何的外在加害者更嗜虐且殘酷，這顯示我們所面對的是一個在內在世界被創傷所啟動的**心理**因素，是個存在於心靈內部的原型創傷動能。

　　無論這個人物的殘暴行徑有多麼駭人，這位矛盾照護者的功能似乎都在於保護人格精神受創的殘存部分，並且維持這個殘存部分**與現實的隔離**。我們若能想像其內部的基本論點，這個矛盾照護者的運作類似於一種內在的「猶太保衛聯盟」^{譯註}（大屠殺之後，這個團體的口號是「再也別發生了！」）我們那暴虐的照護者說：「這孩子受創的人格精神再也別這樣受苦了！這人格精神在面對殘酷的現實時，再也不要如此無助了……在這種事發生之前，我要把人格精神打散成片片段段（解離），或是把它密封起來，用幻想來安慰它（思覺失調的退縮），或是用致醉物質（intoxicating substances）來麻痺它，或是對它加以迫害摧殘，使它不再對這個世界的生活抱持希望（憂鬱）……我會用這樣的辦法來保住這個被過早截斷的童年僅存的部分，保住它太早吃苦也吃太多苦的天真！」

　　儘管這個保護者兼迫害者原本一片好意，這些原型防禦機轉中卻隱隱潛伏著悲劇。此處我們面臨了受創個體的問題關鍵，同時也面臨了試圖出手相助的心理治療師自己的問題關鍵。之所以有悲劇滋生，是由於這位保護者兼迫害者不受教。原始防禦機轉不會在孩子的成長中增進對現實危險的認識，它以創傷發生當時的覺察層次，在意識的魔幻層次運作。生活中每一個新的契機都被誤認為是

再次受傷的危險威脅，因此遭到攻擊。古老防禦便如此成為了反生命（anti-life）的力量，佛洛伊德視之為死亡本能的一部分，也是很可以理解的。

這些透過探索內在世界而得到的發現，有助於我們解釋有關創傷的文獻中最令人不安的兩項發現，第一項是，**受創的心靈會自我傷害**。外在的侵害停止時，創傷並非就此停止了，而是力道不減地在創傷個案的內在世界中持續肆虐，這些個案的夢境經常被迫害性的內在人物纏擾。第二項發現是一個看似有違常理的事實，即**心理創傷的受害者會不斷置身於再度受創的生命情境中**。無論個案多麼渴望改變、多麼努力設法改善生活或人際關係，某種比自我的力量更強大的東西卻不斷地扯後腿，阻撓進步、毀滅希望，彷彿迫害性的內在世界在外在找到了對應的鏡子，不斷「重演」自己搬石頭砸腳的戲碼——幾乎就像是個體被某種邪惡的力量附身，或是遭到了某種厄運追逐。

在本書的第一章，我們要用三個臨床案例及數場重要的夢境，來舉例說明早期創傷中自性的邪惡面，藉此給這些初步的概念奠定根基。第二章則列舉更多案例，顯示自我照護系統除了邪惡面外，亦有自我撫慰的面向，藉此將我們的整體概念呈現得更為明晰。第三章中，我們將回溯佛洛伊德與榮格對創傷內在世界最初的探討，並證實榮格早在一九一〇年便已獨立「發現」具雙重特性的防禦架構，只不過他並未給這架構冠上如此的名稱。第四章中，我們將彙整榮格的看法中與創傷相關的論點，從他個人孩提時期的創傷談起，並論及這些早年創傷如何影響了他後來的學說。第五章評論及批判其他對創傷臨床理論有所貢獻的榮格學派人士。第六章概述精

神分析理論家,主要焦點著重於其所提出架構與我們所談的創傷防
禦類似的學者。

　　讀完第一部,讀者對於二元防禦架構在內在世界如何運作,應
有了來自種種不同理論觀點的清晰概念,也知曉其反覆循環的普遍
特性。我們在第一部中談到此防禦架構的神話創作特色,因此自性
的這些原始防禦作用經常出現於神話素材中也不足為奇,本書第二
部的目的即在於彰顯這個事實。在第二部的篇章中,我們將詮釋數
則童話以及一則短短的神話,即愛洛斯(Eros)與賽姬(Psyche)
的故事(第八章),來示範自我照護系統的人格化意象如何出現於
神話素材中。不熟悉榮格取向的讀者會認為,在這樣一本心理學著
作中對民間傳說及神話賦予這麼多的關注有些奇怪,但我們不能忘
記,榮格曾再三指出,**在心理學把心靈視作科學研究的對象之前,
心靈是「存在於」神話之中的**。我們讓讀者注意到臨床心理分析的
發現與古老宗教概念間的平行關係,藉此證實當代個案(及試圖
幫助他們的人)心理掙扎運作的層次,是深入到了人類靈魂的象徵
現象層次,遠比近來心理分析界對創傷或「解離症」(dissociative
disorder)的討論所願意承認的更深層。理解這樣的平行關係並不
能幫助到所有人,但有部分人士會受惠,而對這些人士而言,如此
「同步」檢視心理與宗教現象,相當於為他們所受的苦楚找到了較
深層的意義,而找到深層意義本身便可能具有療癒效用。我們這個
學科之所以稱為「深層心理學」並非偶然,然而心理學要能夠深
層,可以說是必須保持著對人類精神生命的關注,而對精神的浮沉
起落(包括其黑暗的展現)記錄最齊全的莫過於宗教、神話及民間
傳說中龐大的象徵系統。我們可以說,心理學和宗教就是這麼對人

類內在的動態有了共同的關注。

第七章中，我們在格林童話的長髮公主故事中看到了人格化的自我照護系統，故事裡，天真的長髮公主受到女巫的監護，女巫既保護她，同時也迫害她，我們會探討如何將這個精神「孩子」救出高塔的臨床意義。第八章描繪另一個相近的「囚禁故事」，也就是愛洛斯與賽姬的故事。第九章則探討自性黑暗面的一個格外暴力的演繹——費切爾的怪鳥（Fitcher's Bird），這是頗受歡迎的藍鬍子系列故事中的一個。第十章分析北歐的龍王子（Prince Lindworm）故事，作為總結，分析中強調犧牲和選擇在卸除創傷防衛中所扮演的角色。在最後的幾個章節中，神話的素材裡穿插著對創傷個案的治療意義。

在接下來的研究中，我們將焦點置於創傷的**內在**世界，尤以顯示在夢境、移情及神話中的潛意識幻想為重，這是為了以被當今許多有關創傷的文獻忽視或置於次要地位的方法，來彰顯**心靈現實**。所謂心靈現實，我指的是經驗的一個中間地帶，這個地帶以一種能傳達出「意義」的象徵歷程，如韌帶般將內在自體與外在世界聯繫起來。就我的經驗，心靈的現實感極度難以捉摸也難以維繫，縱使對經驗老到的心理治療師亦然，這是由於保持心靈現實感便相當於對未知保持開放，也就是對本書所主要研究的奧祕保持開放，這是個艱難的任務，尤其在處理創傷之時，極易被激起道德的義憤，從而渴望簡單的答案，因此保持開放格外艱難。

為釐清本研究的發展脈絡，我們必須留意到，精神分析自從將近一百年前一項針對創傷的研究發跡，但這個主題後來在專業上似乎遭到了遺忘，近年來，心理分析界似乎有重新關注「創傷

範示」（trauma paradigm）的跡象。對創傷重啟關注，是文化上「重新發現」兒童遭到身體虐待或性虐待等情事，以及精神醫學對尤以多重人格障礙（Multiple Personality Disorder）及創傷後壓力症候群（Post-traumatic Stress Disorder）為主的解離症重燃興趣所帶動的現象。不幸的是，除了極少數的例外，這項研究完全沒有榮格學派的作者加以評論[註4]。榮格對與此相關的心靈可解離性（dissociability）曾提出模型，同時他也強調自我－自性的「不可分割性」（indivisibility）（個體化〔individuation〕），考慮到這點，榮格學派對這個議題少有評論便更顯奇特。我深信榮格對受創心靈**內在**世界的深刻見解對當代心理分析格外重要，而當代對於創傷的研究則需要榮格理論的修正。本書一方面旨在闡明榮格觀點的價值，一方面也在於提出理論上的修正，就我判斷，研究人員與臨床人士的發現——尤其是當代客體關係（object-relations）理論及自體心理學（self-psychology）方面的研究人員與臨床人士的發現——使得這些修正有其必要性。

我必須事先警告讀者，本書將採用兩種不同的心理分析「方言」來討論，書中的論理則在二者之間隨意變換。這兩種「方言」其中之一是英國的客體關係理論—尤以溫尼考特的論點為主—同時加上了科胡特的自體心理學為輔。另一論調則是榮格及其追隨者的神話創作語言。我認為這兩種論述對於理解創傷及其治療是不可或

[註4] 其中一個重要的例外是爾利（Emmett Early）不久前探討心理創傷的書（1993），這本書開宗明義便在第一章探討對此主題的一種榮格學派觀點。爾利強調其所稱的「創傷情結」，並指出解離是心靈對創傷事件的正常因應方式。儘管爾利看出了創傷的原型面向，並探討了搗蛋鬼原型的角色，卻將本書所關注的恐怖形象解讀為「死亡」的具體表徵（116），或是「不想要的意識」（26），如此一來，這些人物便不具有對抗無可承受經驗的原型防禦功能了。

缺的。

　　以下篇章中的部分觀點曾見諸其他出版品（卡爾謝〔Kalsched〕，1980、1981、1985、1991），另一些則是筆者在蘇黎世榮格學院及紐約州卡托納的深層心理學與榮格研究中心（Center for Depth Psychology and Jungian Studies）授課演說的主題。然而筆者對創傷及創傷治療理論的早期概念直至近日才漸形清晰。雖則如此，本書仍應被視為一部未臻完備之作，組成「創傷內在世界」的潛意識意象處於黑暗的背景中，對於照亮那黑暗的背景以供讀者看清，本書僅是初步的努力。

譯註：Jewish Defense League，為美國一極右派激進組織。

第一部

從不同面向探究創傷的內在世界

以魔鬼形象呈現的
創傷內在世界

當人被剝奪了天真的權利時，天真就成了惡魔。

——格羅斯坦（〔Grostein〕，1984:211）

在幼年曾受創傷的個案的潛意識素材中，我不斷見到「原魔」形象的出現。在本章及下一章，我將提出一連串臨床案例的簡短描繪及理論解說，以探討這種現象。

「原魔」（daimonic）一詞來自 daiomai 一字，意謂「分開」，原指意識呈現分歧的片刻，例如說溜嘴、不專注，或是其他我們稱之為「潛意識」的東西來指稱這些露出痕跡的狀況（馮・法蘭茲〔von Franz〕，1980a）。實際上，分割內在世界似乎是這個原魔形象的意圖。榮格將此現象稱為「解離」（dissociation），**而在早期創傷導致心靈無法整合的案例中，我們所談的原魔似乎便是解離防衛機轉的具體化身。**

探討這個主題的最佳方法，是與讀者分享我對此議題產生興趣的緣由。在過去二十五年來的臨床經驗中，我曾遇過一些分析個案在經過了一段初期的成長與進步後便步入停滯，狀況非但沒有好轉，反而陷入早期行為的強迫性重複（repetition compulsion），使他們感到挫折絕望。這些個案常被描述為罹患了「思覺失調」症狀（schizoid），意謂他們在孩提時曾經歷創傷。由於這些人往往心思敏感，創傷使他們無法承受，導致他們向內退縮。他們所退入的內在世界往往是孩子氣的世界，充滿幻想，卻又帶有高度惆悵、憂鬱的氣息。這些個案在這間猶如博物館一般的「天真庇護所」裡，緊緊攀住殘存的童年經驗，這些童年經驗曾經神奇，曾是他們的支柱，然而他們的其他部分成長了，這一部分卻未成長。雖然他們是

　創傷的內在世界：生命中難以承受的重，心靈如何回應

出於需要才前來治療，卻不是真心想要以滿足這項需要的方式成長或轉變。說得更精確一點，他們心中有一部分渴望改變，卻有更強的一部分抗拒改變，他們的內在是分裂的。

　　這類個案大多數都極為聰慧敏感，但正由於這份敏感，他們在早年經歷了劇烈或是層層累積的情緒創傷。所有這類個案都在童年時過早獨立，在發育階段便切斷了與父母的真誠關係，轉而在幻想的繭中照顧自己。他們往往視自己為他人攻擊的受害者，在有必要捍衛自我或進行個體化時，無法啟動有效的自我肯定。他們強悍或獨立的外表往往掩藏了心中引以為恥的依賴性，因此在心理治療中，他們難以拋卻自身的自我照護保護，難以容許自己倚賴一個真實的人。

　　在分析這些個案的夢境後，我逐漸有了清晰的印象，即這些人受到某種內在人物的牢牢掌控，這個內在人物滿懷嫉妒地切斷了個案與外在世界的聯繫，同時又對他們施以無情的自我批判及虐待。由於，這個內在人物威力強大，因此「原魔」一詞名副其實。偶爾在我的個案的夢境中，這個內在的原魔人物會主動攻擊夢中自我，或是夢中自我認同的屬於自我的某個「天真」部分，狠狠解離其內在世界。有些時候，原魔的目標又像是要將個案某些脆弱、易受傷的部分包裹封閉，殘酷地將這部分與現實脫節，彷彿是要防範它再度受到侵犯。又有些時候，原魔彷彿是守護天使，在內心中安慰並保護這些個案孩子氣的部分自我，同時羞恥地將這部分隱藏起來不給外界看見。原魔可以扮演保護者或迫害者的角色，有時並在這兩種角色間交替變換。更複雜的是，這雙重角色往往如希爾曼（James Hillman）所稱之「搭檔」（tandem, 1983）般，互相搭

配。這個人物通常不會單獨出現，而會與一個內在小孩或其他某種更加無助脆弱的「夥伴」聯袂存在。同樣地，這個內在「小孩」也有雙重面向，有時很「壞」，可說是「理當應該」受迫害，有時又很「好」，會獲得保護。

總而言之，這個綁在一起形成內在「結構」的雙重意象組成了我稱之為「原型自我照護系統」（archetypal self-care system）的機制。我希望在稍後的篇章中能向讀者證明，我們有理由相信這個結構是個普遍的心靈內在「系統」，其功能在於防衛並保存個體真我（true self）的核心中某個不可侵犯的人格精神。

這時我開始自問：「這個『系統』的內在守護者，與其脆弱的兒童『案主』是如何在潛意識中組織起來的呢？這套系統能夠控制個案本意良善的自我，這道驚人的力量又是打哪兒來的？」

榮格與解離

心靈對創傷經驗的正常反應是自傷害現場抽離。假使無法抽離，則必須抽離一部分的自我。為了抽離部分的自我，原該完整的自我必須分裂破碎，或是解離。解離是心靈的某個正常部分對創傷的破壞性影響所採取的一種防衛，榮格在多年前便透過字詞聯想測驗證明了這件事（1904）。解離是心靈對自己玩的一種把戲，藉由分割無可承受的經驗，並將之分配到身心中的不同隔間，好讓生活繼續下去，這裡所謂的「不同隔間」尤指身心的「潛意識」層面。這意味著正常情況下，完整統合的意識各元素（即認知覺知〔cognitive awareness〕、情感〔affect〕、感覺〔sensation〕、意

象〔imagery〕等）不得整合，經驗本身變得不連貫，心像（mental imagery）可能與情感分離，或是情感與意象都與有意識的覺知脫離，抽離了行為脈絡的舊日感覺瞬間重現，對人生的記憶出現漏洞；也就是說，他的人生被創傷打斷，無法述說完整的個人歷史。

那些曾經歷過無法承受的傷痛的人，雖然因為解離心理防衛而得以繼續外在生活，但內在卻付出了龐大代價。外在的創傷結束了，其影響可能大體上被「忘卻」了，然而創傷的心理後遺症卻在內在世界陰魂不散，榮格並發現，這些後遺症會以特定形象叢集在一個強烈的情感周圍，榮格稱之為「情調情結」（feeling-toned complexes）。這些情結常會以可怕的內在「生物」樣貌自主行動，以具攻擊性的「敵人」或凶猛動物等形象在夢中呈現。榮格在他唯一明白探討創傷的文章中寫道：

　　創傷情結引發心靈的解離。此情結不受意志左右，因此具有心靈自主的特質。這種自主的特色在於，有能力在不受意志的掌控之下自行其是，甚至與意識的傾向直接對立，蠻橫地強逼意識就範。情感的爆發是對個體的全面侵略，如敵人或野獸般襲擊那人。我經常觀察到典型的創傷情感在夢中以野生或險惡的動物呈現，這對與意識分裂後的情結所具有的自主特性而言，是非常鮮明的例證。

　　　　　　　　　　　　——榮格（1928a，第 266-267 段）

這些作為情結形成主要原因的解離機制本質與功能為何，榮格在進行早期實驗時並未有清楚概念，然而後續對所謂「解離症」（dissociative disorders）個案的研究卻顯示，解離並非心智各部分

逐漸疏離分散的良性被動過程，而是牽涉到相當大量的攻擊，顯然是心靈的一部分主動攻擊其他部分，猶如非得以強制力去打斷正常情況下心靈所具有的整合趨勢不可。猶如原子的分裂，而分裂是一件粗暴的事。榮格很奇怪地無法理解這個事實，儘管他覺察到創傷情感可能在夢中以「野生動物」呈現，卻未將暴力情感納入他對心靈原初防衛機轉的理解中。當代的精神分析認為，當內在世界充滿暴力攻擊時，原初的防衛也同時存在。說得更明確些，我們如今明瞭到，**解離的能量即來自於這種攻擊。**

以下案例的夢境呈現了這種自我攻擊的解離過程所具有的暴力特質。在對創傷個案做心理治療時，當無可承受的（創傷的）童年經驗，或是移情作用中出現的類似經驗開始浮現於意識層面，便有一種內心的形體或「力量」出現在個案的夢中，粗暴地介入並解離心靈。這個形體的凶狠「目的」，似乎在於防止夢中自我經歷與創傷相關的「無可想像的」情感。例如在以下的案例中，「他」以斧頭砍下了作夢者的頭、朝一個無助女子的臉開槍、餵一頭無助動物吃碎玻璃、設局把一個無助的自我「騙」進恐怖的「醫院」監禁。這些行動顯然將個案的情感經驗裂解成碎片，以便驅散對已經浮現或即將浮現的痛苦的覺知。實際上，這個惡魔般的形體為了防止外在客體世界再度造成傷害，卻傷害了內在的客體世界。假使這樣的印象是正確的，便意謂這些個案的心靈中有導致創傷的意象縈繞不去，監督著解離活動，使我們想起榮格早期的一種懷疑，即「幻想造成的創傷效果可能與真實的創傷相當」（榮格，1912a，第 217段）。換句話說，創傷的完整病理效果需要有一個外在事件及一個心理因素。光是外在的創傷並不能造成心靈分裂，分裂是由創傷所

創傷的內在世界：生命中難以承受的重，心靈如何回應

引起的內在心理動能造成的。

臨床案例：持斧人

最初使我想到這種可能性的案例，我不可能輕易忘記，一個年輕的女性藝術家，後來的治療發現她曾遭酗酒的父親再三地家暴及性虐待。她還年幼時，雙親中僅父親在世，她深愛父親。這名女子首度接受治療時，身穿黑色皮衣，騎乘摩托車前來，整整一個小時都尖酸刻薄地詆毀她的室友（室友不久前結了婚，也生了個孩子）。個案性情強悍，目中無人，對整體人生尖刻悲觀，防衛心強，絕口不承認自己的痛楚。她所做的最接近於承認自己困境的事，便是提及大量的心身症狀——長期的背痛、令她全身無力的經前痛、偶發的氣喘、反覆發作的類癲癇症狀，發作時會有數分鐘的「空白」，也是這種狀況嚇壞了她，使她決定尋求協助。她感覺自己像個活死人，內在生活被這種病態的感覺糾纏，同時又有滿腔排山倒海的憤怒，以可怕的斷肢殘臂形象表現出來。這些截斷的肢體、切下的手、臂膀與頭顱不斷出現在她的藝術創作中，除了個案本人外，任誰見了都驚駭莫名。

在年輕藝術家接受治療約一年之後，我即將啟程出發去度暑假。這位非常堅強獨立的個案首度容許自己感覺到渺小與脆弱，在某個不留神的時刻，她帶著少女的嬌媚笑容，不情不願地承認她將會懷念我及我們諮商的時光。當晚她寫了封長信給我，告訴我她變得「太過依賴」而不能再繼續治療（！），之後她便作了以下這個夢：

我在我的房間裡，我的床上，突然發現我忘了鎖上公寓的門。我聽見有人進了大樓樓下，朝我公寓的門走來，走了進來。我聽見腳步聲靠近我的房門……房門開了，一個男人走了進來，他的個子非常高，臉白得像鬼，眼睛是兩個黑洞，手上拿了把斧頭。他掄起斧頭，朝我的脖子砍下……我嚇醒了。

詮釋與理論說明

　　此處我們見到了暴戾的斬首行動，這是刻意地斬斷身體與心智。脖子是整合、連接身體與心智的橋樑，這個橋樑即將被斬斷。夢中的場景是她與室友同住的公寓中她目前的臥房，由於她怕黑，因此每天睡前總會鎖上兩重鎖。沒有上鎖的大門是公寓的門，當她一個人在家時，也總會無法克制地檢查再三。夢中那個鬼魅一般的男人顯然兩道門都有辦法開啟，正如同當年她父親也曾來去自如地進入她的臥房及她的身體。個案當時八歲，在父親對她施行慣性的性侵害之前，總會聽見他的腳步聲接近她的房間。

　　很顯然，這名個案在前一小時的移情中「一不小心流露」對人的需求就等同於夢中的「忘記」鎖門，這忘記導致她慣有的自我防衛出現缺口。打這缺口趁虛而入的，是某種「死神」（death spirit），某種十足恐怖的形象，也就是那以黑色空洞為眼的鬼魅般的男人。個案察覺這夢是她童年時代常作的惡夢其中一種版本，惡夢中，她總被充滿威脅性的形體攻擊。然而我納悶，她為什麼在對我及對治療感覺到情緒上的開放與脆弱的當晚會夢到這樣可怕的形象呢？

按照我們先前有關自我照護系統功能的假說，原因似乎相當明確。很顯然，前一小時承認自己有依賴心的脆弱感覺，被個案心靈的某個部分（那鬼魅般的男人）視為迫切的威脅，當年她需要一個外在客體（她的父親），這個需要卻遭到傷害性的拒絕，從而帶給她無可承受的痛楚，如今她心靈的某個部分擔憂她將重新經歷這種痛楚。換句話說，個案在移情中對我興起的感覺與她童年時的災難形成關聯性的連結，這災難即是她死心塌地地愛一個男人，這男人卻毆打她、性侵她，這個經驗對她造成無可承受的痛苦。當這種「愛」與需要進入她的意識之中，與她早已不復記憶的童年經驗裡難以想像的絕望相連結，觸動了排山倒海的焦慮，從而觸動了她的解離防衛機制，因此她要斬斷這件事，停止治療！這個斬斷的行動又在夢中以斧頭呈現，那個殺氣騰騰的形體拿著斧頭，準備要斬斷她的身體（許多創傷記憶都儲存在身體內）與心智間的連結（橋樑）。這個形體所代表的則是個案對重新經歷依賴感覺的抗拒，可能還包括了對重新經歷所有脆弱感覺的抗拒；他代表著當平時的自我防衛被穿透、焦慮達到了無可容忍程度之後的「第二防線」。這個形體是道地的原魔形象，打算要將她與她那活在世間、具體而有感覺的自我斬斷，以便將她禁錮在迫害她的「心智」之中，因為只要在這個心智之中，他便可以全面掌控她未實現的人格精神。當早期創傷使她心碎了太多次，這便是自我照護系統變態的「目標」。

自我照護系統與心靈的自體免疫反應

在治療這位個案之後至今的許多年間，我逐漸發現創傷個案的內在世界幾乎必定會出現自我攻擊與自我虐待的惡魔化身。

在這些年來我所分析過的創傷個案的夢境中，惡魔般的搗蛋鬼（Trickster）表演過以下的戲法：他或她曾試圖以斧頭砍下作夢者的腦袋、曾殘酷地強暴作夢者、將作夢者的寵物變得石化僵硬、將一個孩子活埋、誘惑個案進行施虐－受虐的性服務、將夢中自我困於集中營、將個案的膝蓋斷成三截、持槍朝一名美麗女子的臉部射擊、施行林林總總的破壞性行動，其唯一的目的似乎就是要將個案飽受驚嚇的夢中自我逼入恐懼、焦慮、絕望的境地。

我們該如何理解這個現象？不幸的個案在童年早期遭受難以承受的外在創傷已經夠糟了，如今心靈似乎要在潛意識幻想中使這道創傷永垂不朽，用持續不斷的焦慮、緊張和恐懼淹沒個案，即便在睡眠中也不放手。這樣惡魔般的自我虐待目的或終極目標究竟何在？

我們或許可以從「惡魔般的」（diabolical）這個字的字源中找到一些跡象來理解這現象。Diabolical 一字源自希臘文 dia（橫越）與 ballein（拋擲）（取材自《牛津大字典》），因此整個字意謂「扔至對面」或「扔到不同處」。Diabolos（希臘文魔鬼之意）一字意謂魔鬼的常見字義亦由此而來，亦即跨越、阻礙，或使物品崩潰瓦解（解離）的人。Diabolic 一字的相反字為 symbolic（「象徵的」），此字源於 sym-ballein，意謂「扔到一塊兒」。我們知道，扔到不同處和扔到一塊兒都是心理生活的兩種必要程序，這兩種明顯相反的活動形成互相對立的兩端，當兩端達到最理想的平衡時，便是心靈自我調節恆定作用（homeostatic process）的特色。沒有「扔到不同處」，我們就毫無辨別力；沒有「扔到一塊兒」，個別事物就無法整合成較大的整體。這類調節作用在心靈與外在現實之間的過渡介面格外活躍，而這個介面恰恰是最不能缺少防衛的門

檻。我們或許可以將這個自我調節活動想像為心靈的自我照護系統，類似於身體的免疫系統。

如同身體的免疫系統，這兩股瓦解與重新整合的互補力量參與了外在與內在世界間，以及內在系統的意識與潛意識間門檻的複雜守門工作。來自外在世界或身體的一股強烈情感到達心靈後，必須經由象徵歷程加以新陳代謝，轉譯為語言，並整合納入發展中兒童可敘述的「認同」之中。經驗中「非我」（not-me）的元素必須與「我」的元素區分，並且在外在強力地加以排拒，內在則斷然地加以壓抑。

在對創傷的反應中，我們或許可以想像這些天生以保護為宗旨的「免疫反應」出了錯。曾經受虐的兒童無法啟動攻擊行動，來驅除經驗中有毒的、「壞的」或「非我」的元素，這在所有的創傷文獻中幾乎是普遍存在的現象，前述的年輕藝術家無法啟動對父親的恨意即是一例。這個孩童無法厭惡她所深愛的父親，反而將父親視為「好的」元素而認同了他，並且透過費倫奇（Sandor Ferenczi, 1933）所稱的「認同攻擊者」（identification with the aggressor）歷程，將父親的攻擊納入了自己的內在世界，逐漸演變成厭惡自己、厭惡自己的需求。

我們若將這套分析用於我們的案例中，便可看出當個案在移情中的脆弱需求開始浮現，她內攝的恨意（如今被原型力量放大了）攻擊身體與心智間的連結，意在切斷情感連結。然而她心靈中那臉色蒼白、眼如黑洞的「終結者」卻遠遠不僅止於內攝的父親，而是個原始的、古老的、原型的人物，集體心靈有著一股足以將人格四分五裂的可怕怒火，這個「終結者」是這股怒火的化身，代表著自

性的黑暗面（the dark side of the Self）。促使這個內在人物成形的外在催化劑或許是真正的父親，但對內在世界造成傷害的卻是心靈對自體的耶和華式怒火。正是由於這個原因，無論是佛洛伊德或是榮格，都不相信外在創傷是造成心靈分裂的唯一原因。最終造成最大傷害的反而是內在的、心理的因素，魔鬼般的持斧人即為證據。

黑暗自性起源的發展假說

那麼，既光明又黑暗、既善又惡的原始矛盾自性為什麼會如此鮮少例外地出現在內在世界中，甚至出現在不曾遭受明顯身體虐待或性虐待的個案的內在世界中呢？根據我曾經治療諸如前述這位有著恐怖內在世界的年輕藝術家的個案所得的臨床經驗，以下簡述我對這個議題持續發展的理解。

我們必須假定幼小嬰孩的內在世界是在痛苦、激動、不舒服的感覺狀態，以及舒適、滿足與安全的感覺之間擺盪，而在這樣的擺盪之中，有兩種自體與客體的形象逐漸形成。這兩種早期的自體與客體表徵結構傾向於對立，並且體現相反的情感，一個是「善」，另一個是「惡」；一個充滿愛意，另一個充滿恨意，諸如此類。情感在最初的狀態下原始且古老，一如火山風暴，依據環境供給條件的不同，會快速消散，或是為相反情感所取代。負面、攻擊性的情感易於分裂心靈（解離），而伴隨母親適當中介（mediation）的正面、安慰性情感，則具有整合裂解心靈並恢復恆定平衡的效果。

後來成為自我（ego）的中介能力，在生命之初完全包裹於母性自客體（maternal self-object）之中，母性自客體則充當一種代謝嬰兒經驗的外部器官。母親透過同理心，感受到嬰兒的激動不安，

創傷的內在世界：生命中難以承受的重，心靈如何回應

抱起嬰兒並安撫他，幫助嬰兒為自己的感覺狀態命名、塑形，重新恢復恆定平衡。隨著時間荏苒，這樣的過程一再發生，嬰兒的心靈逐漸分化，開始能夠涵容自己的情感，亦即發展出了自我，這個自我能夠體驗到強烈的情緒，並容忍情緒間的衝突。在這個自我發展出之前，嬰兒內在的自體表徵與客體表徵是分裂的、古老且典型（原型）的。原型的內在客體神祕靈異、排山倒海，且帶有神話色彩。這些內在客體以兩極對立的樣貌存在於心靈之中，在潛意識中逐漸結合，成為二元整體（dual unities），輪番交替帶來幸福與恐懼，猶如好媽媽與她的搭檔壞媽媽。在深層潛意識的許多諸如此類的對立統一（coincidenta oppositora）之中，存在著一個中央原型，這個原型似乎代表了心靈中所有對立元素的統一原則，並且參與了所有元素激烈的動態。這個在集體心靈中負責組織統整的中央動能，即是榮格所稱的自性原型（archetype of the Self），既光明又黑暗。這個原型的特色在於極度富有聖祕性（numinosity），與這種原型相逢可能會帶來救贖，也可能會導致裂解，端視自我所經驗到的是自性之聖祕的哪一面。自性身為「統合的統合」（unity of unities），代表著人類心靈中的上帝形象，然而體現在自性中的上帝是原始的，是一種「令人敬畏的神祕」（mysterium tremendum），結合了愛與恨，如同《舊約聖經》中的耶和華。在發展出自我之前，一統化的自性無法成形，但一旦成形，便成為自我的「基礎」（ground），並且在個體天生人格潛力規律均勻的開展之中，成為自我的「嚮導」（guide）。佛登（Michael Fordham, 1976）將這個過程稱之為自性的去整合／再整合循環。

在健康的心理發展中，一切都仰賴著嬰兒或幼童在差強人意

（但並不完美）的原初關係（primary relationship）脈絡中，與可容忍的挫折經驗（恨）搏鬥下，自性中固有的原型對立兩端逐漸的人性化與整合。在這樣的情況下，孩子無情的攻擊不會摧毀他的客體，他能夠一步步修通，達到罪疚、修復，以及克萊恩所稱之「憂鬱位置」（depressive position）。然而，由於受創的孩子在客體世界經歷了無可容忍的經驗，自性較負面的一面無法人格化，而維持了古老的原型。內在世界持續遭受一個邪惡冷酷的形體威脅。攻擊性、毀滅性的能量通常可以運用於適應現實，以及對有害的非自體客體（not-self objects）做出健康的防衛，此時卻轉過頭來攻擊內在世界，因而導致在外在的迫害行動停止之後很長的時間，內在客體仍持續施虐並製造創傷。我們現在來看看第二個案例，這個案例鮮明地凸顯了這種內在的迫害。

Y 太太與槍手

　　Y 太太是個年紀六十出頭的離婚婦女，事業有成，和藹可親，相貌迷人，因為廣泛性憂鬱，以及意識到自己在所有情感關係中似乎都有所保留，導致她始終隱隱感覺寂寞，因而前來尋求分析。她從前一次的治療得知，自己這個「思覺失調」問題的根源深深埋藏在童年的某處，而她對童年幾乎毫無快樂的回憶。她的經歷揭露了早年的家庭情境，物質豐富但情感貧乏。她自戀的母親當時已共生似地依戀患有腦傷的三歲長子，對個案 Y 太太少有關注，甚至並不關注，除了行禮如儀的餵食和如廁訓練外，從不和她有肢體碰觸。個案兩歲時，妹妹誕生。身為家中中間的孩子，Y 太太所能夠

勉強獲得的情感來自於一個又一個的奶媽和保母。她記得自己對這些保母哭泣、發脾氣、吐口水、不聽話，和母親則從沒有過這類互動。相反地，母親與她的哥哥妹妹或父親緊密相依，對她而言卻冷漠且「遙不可及」。童年時她經常作的一個噩夢內容是她的母親漠不關心地在門前柱廊，看著她在自家門前車道被收送送洗衣物的箱型卡車輾過。

Y太太崇拜父親，但父親全心投入於工作，似乎比較偏愛她的妹妹（母親最疼愛的也是妹妹），其他時候則圍繞著自戀且愛操控人的母親打轉。雖然Y太太生病時父親會照顧她，也會花時間單獨陪伴她，但父親偶爾會忽然暴怒，怒氣令人害怕。Y太太八歲時，父親罹患某種慢性疾病，居家臥床六年之久，直至過世。在這些年間，Y太太害怕打擾父親。對於父親死亡的心情，甚至包括疾病本身這個事實，當時都被她否認了。結果便是她在整個童年歷程中，始終無法讓父親或母親得知她的感覺或需求。童年期間無法向主要照顧者表達需求，就相當於完全沒有童年，Y太太的經歷便是如此。她退縮進入充滿潛意識幻想的內在世界中，深信自己具有某種深不見底的「壞分子」，這種壞分子使她在現實世界裡墮入絕望境地。為了她所不明白的原因，她長期感到羞恥。雖然她持續努力藉由出色的成績表現來討好旁人，卻從未感覺有誰因她而感到快樂。

心靈對類似這樣的童年中所遭受的「累積性創傷」（cumulative trauma）會出現自然的麻木現象，導致多數個案都無法記得引發創傷的特定事件，更遑論在分析中感受到這些經驗的情緒層面。Y太太的情況便是如此。我們談論了她早年生活中的匱乏，卻無法在感受上重新經歷當時的情境。在我的經驗中，通常要到早期創傷情境

的某個面向在移情中浮現之後，分析師與個案才得以接觸到真實問題的情緒層面，而我現在要敘述的就是這樣一個事件。

有一天，Y太太在娘家找到了幾支在她兩歲時拍攝的家庭錄影帶。其中一支影片拍攝於一場家庭宴會中，她看見兩歲大、瘦巴巴的自己，身高不過大人的膝蓋高度，在一雙又一雙大人的腿之間絕望地奔跑哭泣，哀哀地仰頭懇求幫助，沒得到回應，便又奔跑到另一雙腿前哀求，最後她陷入極度的悲傷與憤怒，保母跑來將拳打腳踢、尖聲叫嚷的她拖走。隔天在分析晤談時，Y太太以一如平日冷淡平靜的口吻述說此事，用幽默與諷刺掩蓋她的哀傷，但內心裡她似乎十分煩亂。

為了利用這個能接觸到她童年自我強烈情緒的偶然機會，我提議安排一個特別的時段，一起來觀看這段影片。Y太太對這個提議明顯地感到既欣喜又羞赧（她從沒聽說過心理治療中會有這樣的事），聲稱她絕不能如此冒昧地占用我的時間，提出種種理由說明這是多麼放肆的要求，但終究還是接受了這項提議，於是我們安排了一場額外的「觀影時段」。

一如預期，這個新的情境對我、對個案都有些尷尬，但在彼此對這項新經驗的尷尬取樂說笑了一番之後，我們談到影片中她所描述的片段之前出現的種種人物時，她比較放鬆了。接著我們一同見證了這段五十五年前被影片捕捉到的可怕而絕望的創傷。之後我們又重看了一次，看第二次時，Y太太開始哭泣。我也感覺到自己熱淚盈眶，但我觀察到的是，個案並沒有察覺。Y太太迅速恢復了平靜，隨即又再度情緒崩潰，我們一同艱難地經歷了她混合了真誠悲傷與對絕望的童年自己的同情，她說自己「脆弱」、「歇斯底

里」，試圖用這些自貶的話來恢復鎮定，又告訴我她很好，不久就要離開，笨拙地試圖要讓我安心。

之後的那次晤談，經過多次尷尬的沉默之後，我們討論了上次發生的事。「上回你變成人類了。」她說：「我本來已經沒把你當個有血有肉的人看了，但是上次你提議要和我一起看影片，後來我看見你的淚水。我的第一反應是：『噢，我的天，我放那影片不是刻意要……讓你不愉快的。拜託，我以後絕不再這麼做了！』——好像無論用什麼方法打動你的情緒都是糟透了的事。可是暗地裡我很開心，內心很受感動。你好有人性。我完全忘懷不了。」她繼續說：「我一遍又一遍對自己說：『妳打動了他！妳打動了他！他關心妳！』真的很感人，我永遠也不會忘記那次的晤談！感覺像是開始了某個新的階段，我所有的武裝都自動卸除了。我那天晚上在日記上寫下這件事，寫到半夜。」

同一天晚上，Y太太也敘述了一段驚人的夢境。在這段夢境中，有個我們在前幾場夢境便認識的一個不祥男性人物再次陰森森地現身。夢境是這樣的：

場景很昏暗，許多朦朧的男性身影藏在暗處。夢中的色彩很柔和，是深褐色的色調。有兩名婦人正要歡喜地重聚，可能是久別的姊妹。我帶著愉快的期待心情，在一個廳堂裡等候，從這裡可以俯瞰兩道樓梯和一個陽台。第一個婦人來到了樓下，她身穿極其鮮亮的黃綠色套裝，忽然有個黯淡的人影從窗簾背後跳了出來，是個男的，拿了一把手槍，朝著婦人的臉開槍！婦人倒下了，呈現的色彩非常驚人——鮮亮的綠與血紅色。另一個婦人急著要見她的朋友，

從左側走上陽台，衣裳是極鮮豔的紅色。她倚著陽台往下看那鮮紅鮮綠的死屍，受到很大的驚嚇，悲痛地嘔出大口大口的鮮血，向後倒下。

　　個案對這場夢的主要反應是恐懼與反感。她知道這場夢與上次晤談的經驗應該有某種關聯，但她無法根據那場晤談的經驗來理解。分析這場夢時，我首先從兩姊妹預期中的歡喜重聚著手，詢問個案這感覺使她聯想起什麼，但她什麼也想不出來。接著我懷疑她可能是在逃避前次晤談中移情式的「結合」，於是自言自語似地說，對於讓她上回晤談對我產生的感覺再度浮現，或者甚至只是容許自己在心中暗暗藏有這種感覺，她是否陷入很大的掙扎？她紅了臉，承認或許有這可能。這時她開始察覺到自己的某個部分，那個部分瞧不起她上回的感覺，對那份感覺輕蔑地嗤之以鼻（那個部分便是槍手）。那個部分有時會以負面且令人害怕的嗓音對她說著這樣的話：「那些都是狗屁……他的感情不是真的……這不過是一種技巧……不過就是公務上的關係……等把你送出門了，下一個個案進來，他又會如法炮製。」

　　接著更多的聯想出現了。槍手對一場期望中的情感聯繫如此殘酷，使她想起前一年另一場夢境中的一個男性人物，有一隻長相像章魚的原始生物，同樣試圖與她建立聯繫，那個男性人物則殘酷地殺害那隻動物。她認為那兩道階梯及那座陽台組成的形狀酷似子宮，紅色與綠色則使她聯想起耶誕節，而耶誕節又使她聯想起魯本斯（Rubens）的畫作「對無辜者的屠殺」（The Slaughter of the Innocents），畫中描繪希律王出於嫉妒，試圖除去聖嬰耶穌，於是

命令士兵殺害所有兩歲以下的男嬰孩。這則聖經中記述的事件對她而言向來稍稍破壞了耶誕故事的美好，每當她聽到這則故事或是看到魯本斯的畫作，心中便充滿恐懼。她並提到紅色和綠色是互補的顏色——你若是看了其中一種顏色後閉上眼睛，內在的殘留影像會是它的互補色。最後，她想起她孩提時代一頭鮮亮的紅髮，而她的母親從不允許她穿紅色的衣裳。

我已經忘了她先前的夢境，因此查找紀錄。那個夢境出現在六個月前，當時她剛剛認識了一位有趣的男士，開始與他建立感情，有了床第關係。我們當時沒有分析這段夢境，但我的筆記記載她當時對這段新的關係充滿希望，對於重新燃起的情慾感受也備感興奮。在第一次與那名男士約會之後的晚上，她作了這場章魚夢，夢境如下：

我躺在孩提時代的床上，作了惡夢，害怕地尖叫。我聽見一個微弱的低語聲，那聲音告訴我有人聽見我的尖叫了。我感覺非常愧疚，因為我吵醒了那個人，或是打擾了那個人。然後，不知是怎麼與這場景相關地，有個巨大的垃圾桶翻倒了，裡頭有個形狀像章魚的黏糊糊生物。起初我覺得這東西很噁心，但後來我開始和牠玩。我敲敲垃圾桶前的地板，牠就好玩似地伸出一隻觸手——像一隻小貓咪似地——碰碰我手上的一支鉛筆。這時來了兩個男人，其中一個戴著墨鏡，鏡片像鏡子。他摘下墨鏡，磨碎鏡片，把碎玻璃餵給那隻動物吃，好讓牠緩慢地死去。我對這樣殘酷的行為驚駭莫名，轉過身去。

詮釋與理論說明

我們在此看到了 Y 太太人生中充滿情感的兩段重要人際關係事件，一件是移情，另一件是與新的男性友人的關係。緊接於這兩個事件之後的，是潛意識因應這事件所表達的戲劇化「聲明」——一是對即將與失散多年的姊妹重聚的綠衣女子迎面就是一槍，另一個則是冷血男子拿碎玻璃餵章魚吃。個案指出，槍手的那個夢境令她太過害怕，嚇得她感覺麻木，幾乎記不起前一次晤談發生什麼事了。換句話說，那夢境本身便是個創傷，造成的效果與真實生活中的創傷並無二致，亦即發生了與情感的解離（dissociation from affect）。這狀況像是幻想造成了二度創傷。我不禁納悶，她的夢境何以要這麼做？

發展上的探討

為了理解這個現象，我們必須回溯她童年的狀況。經由觀看影片及探索她的記憶，個案和我都已經認知到，她孩提時所有依賴的需求都被拒絕了。有鑑於童年本質上就是人生中一段非仰賴他人不可的時期，依賴他人的需求被拒便意味著這位個案不斷被迫為自己的需求感到羞恥，並且不斷受挫，到了她必須要鬧情緒發脾氣的程度。這些事也同樣是無可忍受的，因此結果是她的內在世界分裂了，她將對父母忽視她的憤怒用來壓抑自己對他人的需求，如今就連她自己也無法忍受自己對他人的需求了。於是心靈的攻擊能量轉過頭來攻擊自己依賴他人的面向，於是她的內在環境中，為了自己的需求而攻擊自我成了常態。這種內在的攻擊成為比昂（Bion,

1959）所稱的「對連結的攻擊」（attack against linking），於是在心靈中喧騰的原型攻擊能量將心靈支解，為的是防止自我感覺到自己的痛楚。

　　當內在世界的連結遭到了攻擊，正常情況下會進行的象徵性整合便無法進行，心靈無法代謝其經驗，也無法對經驗賦予意義。溫尼考特說，嚴重的創傷無法包含在象徵性錯覺（symbolic illusion）或孩童全能的範疇之中（1965：145），便是指這樣的狀況。在戰時受過嚴重創傷的士兵的夢中，我們可以見到這個問題的展現。例如一名士兵在散兵坑裡為夥伴點菸，卻目睹夥伴的頭被狙擊手轟掉。這些軍人的惡夢純粹是難以承受的事件一再重複（見溫尼考特，1986）。心靈要許久之後才有能力象徵如此難以承受的事。倘使能夠述說這些造成創傷的事件，並且重複述說，夢境將慢慢地開始能夠象徵這場經驗，最後終於能夠將之代謝。但對於長期且無可承受的童年創傷，古老的防禦系統必須要發揮作用，而這防禦系統摧毀了內在心理世界的結構，經驗被呈現為毫無意義的東西，思想及意象與情感脫勾，其導致的狀態即麥克道格（Joyce McDougall, 1985）所稱之「述情障礙」（alexithymia），也就是無法用文字表達情感。

　　我們或許可將這個過程想像成類似於房屋裡的斷路器（circuit-breaker）。若是電流來得太多，超出了房屋的電路所能負荷時，電路熔斷，摧毀與外在世界的聯繫。但在心靈中，這個過程較為複雜，這是由於心靈中的能量有兩種來源，既來自外在世界，也來自內在世界，也就是潛意識。因此當心理的斷路器啟動時，便將與外在與內在世界的聯繫都切斷了。當事人既要防禦來自外在世界的危

險刺激，同時也要防禦自深層內在升起的需求與渴望。

羞恥與自我攻擊

在我分析這段素材時，看來是我提議安排這個特殊的時段，以及我觀看影片時湧出的同理之淚，啟動了移情中某種程度的需求或渴望，也啟動了 Y 太太潛意識中為這種需求所感覺到的羞恥（也就是說，她感覺這需求是「不好的」、「軟弱的」等等），而在這之前，分析中始終沒能觸及這種感覺。個案起初是為了她（因為感到需求而產生的）「不好的」落淚感覺「惹得我不愉快」，而嚴重感到羞愧（個案在章魚夢境中因為尖叫聲被人聽見，並且吵醒了他人而感到愧疚，顯現出了她羞恥感的程度）。然而我不經意的情感流露（淚水）降低了她的羞恥感，使她能夠較輕易地體驗到自己「不好的」脆弱。

然而這是要付出代價的，個案的夢境呈現出了她內心狀態較全面的圖像。看來有個與她的羞恥感相關的重要內在人物並不喜歡她暴露這樣的脆弱，很可能是誤將這種暴露視為一種內在即將再度受創的訊號。換句話說，早先在受創之前，可能先出現過脆弱的渴望，因此現在，五十五年之後，這種脆弱狀態的重現對執行防禦工作的槍手而言，成為創傷可能再度發生的警告。這會是無可承受的事，因此惡魔般的內攝形象將自我與即將出現的情感解離（即以手槍轟擊）。

若我們將「殺害」在夢中的意義理解為去除覺知，或是深度的解離，便會發現，受過創傷的人的心靈無法容許與當初（顯然是）同樣的部分自體表徵再度暴露，所謂同樣意指與（顯然）在原本創

　　創傷的內在世界：生命中難以承受的重，心靈如何回應

傷情境中流露的相同脆弱部分自體表徵。當初那種羞辱絕對要盡一切可能來避免，然而代價卻是切斷了與具有「矯正」潛力的現實影響力的聯繫。此處我們看見心靈的自我照護系統發了狂。

如同身體的免疫系統，自我照護系統執行功能的方法，便是主動攻擊被其視為「外來」或「危險」的元素。自體現實經驗中的脆弱部分正是被視為這樣的「危險」元素，因此遭到了攻擊。這樣的攻擊逐漸破壞了建立真實客體關係的希望，將個案逼入更深的幻想之中。而正如同免疫系統會遭到矇騙，轉而攻擊它所保護的生命（自體免疫疾病），自我照護系統也可能會轉變為「自我毀滅系統」，將內在世界轉變為迫害和自我攻擊的夢魘。

對於個案為求滿足需求而試圖去接觸真實世界中的某個真實客體時，所遭受到的毀滅性自我攻擊，「槍手」夢境及與其相關的「章魚」夢境都提供了有力的證詞。許多分析師會將這些形體詮釋成「內攝的迫害者」（雖說此處並沒有單一的迫害者），或是將母親的施虐狂或是「負向阿尼姆斯」內攝的結果。但更正確的說法是，這些惡毒的殺手保存了個案童年羞恥經驗的神話層面，所獲致的意象是原型的內在客體（archetypal inner object），這是創傷內在世界的一個特徵，唯有原型式的理路才能充分涵蓋。

Ｙ太太對於在移情中與人建立聯繫重新燃起了希望，在槍手的夢境中，兩名婦人即將久別重逢便象徵著這個新燃起的希望。我會將這兩名婦人解讀為Ｙ太太女性自我認同中的兩個互補面向（綠色是植物生命的顏色，紅色是血的顏色，二者都是生命能量的象徵）。夢境告訴我們，這兩個互補面向「原本應該在一起的」，先前卻分開了（或許象徵著嬰兒時期與母親的早期疏離？）。夢境也

告訴我們，這場重逢將發生於一個形狀如子宮的結構之中（兩座樓梯和一座陽台），象徵母親涵容環境的重現，可能是重現於移情之中。潛意識對這個期待中的聯繫反應令人震撼，是以引發創傷的痛苦方式，將試圖建立聯繫的脆弱人物（也就是穿綠衣的女子）「送上黃泉」。

即使當 Y 太太將紅與綠聯想成耶誕節的色彩（希律王屠殺無辜嬰孩）時，也浮現了同樣的主題——蓄勢待發的新生命被殘暴專橫的男性「主導原則」所扼殺，這個「主導原則」無法容忍自己權威的掌控遭到神奇的光明之子威脅。同樣由一段新的、期待中的情感關係所引發的章魚夢境也有相似的情境，毫無防備、古老原始、屬於垃圾桶的「噁心」的部分自體「貓咪似地」伸出觸手，渴望與人接觸。很顯然，這再度預示了愛好施虐的殘暴男性意象到來，這個意象在關鍵時刻出現，將死亡帶入夢中，以痛苦方式結束了「伸出友誼之手」的過程。這個人物以磨碎的「偏光鏡片」來執行死刑是個值得玩味的現象。這樣的鏡片容許他看到外界，外人卻無法看透鏡片之內的樣貌，他拿這東西破碎的殘餘物來製造死亡。有鑑於「意識」（consciousness）一詞原始字面上的意義為「與他人一同知道」（knowing with another[譯註1]），我們或許可以將章魚殺手想像為心靈中一種反意識的元素。作夢者轉身背向這個場景，意即她與內在的這個暴行解離：她無法「注視」這個暴行。

創傷與強迫性重複

Y 太太的心靈中潛伏著這樣一個具有施虐狂的可怕人物，在與新的朋友度過了浪漫的一夜之後，雖然這位朋友起初對她感到興

創傷的內在世界：生命中難以承受的重，心靈如何回應

趣，Y太太對於繼續這段感情卻面臨了嚴重的困難，也就不是太令人意外的事。她發現自己內在存在著極大的抗拒，她無法理性地解釋這是怎麼一回事，我們卻可以發現，這代表著她抗拒再度暴露於「已遺忘」的童年創傷所可能導致的毀滅性羞恥之中，好似她的心靈「記起了」久遠之前某個難以想像的類似情境。

讀者會注意到，對新生活或新情感關係的期待中必然存在著危險性的這種假定，與個案的內在終結者行動所依據的似乎是相同的假定。換句話說，個案扼殺自己的希望情懷，相當於在內在採取了「認同攻擊者」的行動，猶如她被攻擊者「附身」了。如此一來，迫害性且充滿焦慮的內在世界重現於外在世界中，創傷個案於是「被迫重複」弄巧成拙的行為。

這便是創傷循環的強大破壞本質，以及創傷循環在心理治療中製造的阻力。在我和Y太太奮力試圖解開她的「創傷情結」的過程中，我們一次又一次遭遇了希望、脆弱、恐懼、羞愧與自我攻擊的循環，這循環總是一如預期地導致憂鬱。在親密或個人成就的每一時刻，對她的原魔而言都是向她耳語的適當時機，原魔會悄聲對她說，這一切都將被奪走，或是告訴她，她沒資格擁有這一切，或是說，她是個騙子，是個冒牌貨，不久就將遭到羞辱。幸而我們能在移情／反移情關係的親密感中處理這種循環，也因此能在晤談時瞬息萬變的感覺之中「捕捉」到正在施作戲法的原魔。

缺乏了這種唯有在修通過程中才能出現的意識，進行著原型防禦歷程的創傷內在世界，便會在個案的外在世界中，以佛洛伊德貼切稱之為「原魔」的模式自我複製（強迫性重複）。用榮格的話來表達，我們可以說，原始的創傷情境對人格的存續構成了巨大的

危險，以至於這個情境沒有以人的樣貌留存在記憶裡，而是以原魔的原型樣貌存在。這是潛意識的集體層面，或者說「魔幻」層面，唯有在人際互動中「化身為人」之後，才能為自我所同化。這是一種原型動力，除了以再度受創的經驗形式出現外，自我無法以其他方式尋回。又或者換個說法，這種在內在世界無止境持續的潛意識重複受創，必須轉化成在外在世界與一客體相關的真實創傷，才能「解開」這個內在系統的循環。

這就是為什麼嚴密監控移情與反移情的動態，對於治療嚴重創傷具有無比的重要性。個案渴望依賴分析師，渴望「釋放」自我照護系統，渴望痊癒，但自我照護系統的力量比自我更強大，至少起初是如此，因此個案會不經意地拒絕向能夠恢復活力勃發之感的歷程臣服。為這樣的抗拒而責備個案是嚴重的錯誤，不僅僅是技巧上的錯誤，也是結構上與心理動力上的錯誤。個案已經為自己內在某種無以名之的「不好」感到罪惡了，對個案的詮釋若強調其「行動化」（acting out）或規避責任，只會使個案更加深信自己一敗塗地。就許多方面來說，在自我層面抗拒這個歷程的不是個案本身，而是他們的心靈成為一座戰場，解離與整合的巨大力量為了受創的人格精神，而在這座戰場上鏖戰廝殺。對於自己與自己暴虐防衛機轉間的關係，個案當然有必要更加自覺且更加負責，但在這自覺中，也應謙卑地瞭解到，原型防禦的力量比自我更強大。

原型防禦系統的強勢說明了在與這類個案工作時，「負向治療反應」（negative therapeutic reaction）何以是個鮮明的特色。這類個案與一般的分析個案不同，我們必須謹記，對於身上背負著解離創傷經驗的人而言，整合或「整體性」（wholeness）起初感覺像

創傷的內在世界：生命中難以承受的重，心靈如何回應

是他們所能想像的最糟的事。當對創傷經驗的潛抑情感初次浮上意識時，這些個案並不會感覺到力量或功能的增強，反而會麻木、分裂、行動化、產生身體化症狀，或是開始濫用藥物。統整自體（cohesive "selves"）的存活仰賴的是原始的解離運作，這套解離運作抗拒創傷與其相關情感整合，甚至嚴重到會將自我的諸多「自體」分裂成部分人格。因此對這類個案進行分析時，必須採用比一般的詮釋與重建更「柔軟」的技巧，在心理分析中，我們視這些技巧為變異技巧。我們必須格外用心創造一個安全的外在空間及安全的人際環境，讓夢境與幻想得以在此浮現，還要以比一般的分析詮釋所能容許的更趣味、更跳脫框架限制的手法來解析。所謂「創造性藝術」心理治療（"creative arts" psychotherapies）的各種形式對於達成這個目標都極有助益，這種做法通常能比純粹的語言探索分析，更快開啟通往創傷情感之路。

悲傷與修通過程

回到我們的案例，值得一提的是，槍手夢境中的最大特色不是解離的覺知（如她在章魚夢境中那樣背過身去），而是難以承受的強烈悲哀。紅衣女子（顯然是個案所認同的角色）在目睹失散的朋友死於槍下時，為失之交臂的重逢感到悲哀。若我們考量可汗（Masud Khan, 1983：47）所說「夢境朝向自我經驗發展的空間潛能」意義為何，或許便能猜測，個案曾哀悼童年所錯失的滿足與未獲回應的需求，卻不曾感覺到這種哀悼，如今正向移情鼓勵她敞開內在世界的門扉，揭露內在的創傷，這些當年錯失的滿足與未獲回應的需求以夢中意象呈現，她「看見」了這份哀悼，理解了這份

哀悼，夢中的悲哀便是當年未曾感受到的哀悼。她的悲哀可說是結合了充滿期待的盼望與失落的強烈失望。原型的兩個面向——「撕裂」與「扔到一塊兒」——在夢境的整體象徵敘事中結為一體。這個現象強力提醒我們，除了分析所提出的詮釋意義之外，夢境經驗也具有療癒功效。

　　沒有哀悼能力是最能透露出個案曾遭受早期創傷的症狀。幼兒必須要有一個理想化的自客體（self-object），與之融合，並在這個自客體的周遭初次體驗到全能感，而後又透過科胡特所稱之母親「同理內可容忍的失敗」（tolerable failures in empathy，見科胡特，1971：64），逐漸放棄這種全能感，才能夠做到正常的哀悼。根據科胡特的說法，內在心理結構的建立及原型世界的人性化，便是要透過這種正常哀悼的過程來達成。孩子若是不曾體驗過這種能夠以同理心理解他的自客體，或是體驗得不夠充分，那麼我們在本章中所描述的古老理想化或惡魔化的人物，便會以原型的形象在這孩子的內在世界流連不去，取代了原本應獲得鞏固強化的自我結構（ego-structure）。

　　在前述的兩個案例中，惡魔人物以不折不扣的死亡使者形象出現，意圖謀殺夢中自我或夢中自我所認同的客體。他以這個形象所代表的，似乎是心理生活中一個真確變態的因子，其分裂活動構成了對心理治療的強烈阻力，或是對任何形式的人格改變、成長，甚至有活力生活的強烈阻力。雖然我們並無必要提出心靈中具有「死亡本能」的概念，但我相信當佛洛伊德及克萊恩闡述內心中反生命力量（死亡本能〔Thanatos，原意為希臘神話中之死亡之神〕）的概念，以及其「強迫性重複」（見佛洛伊德，1926）時，他們所論

　　　創傷的內在世界：生命中難以承受的重，心靈如何回應

及的便是這個心靈中的惡魔因子。

將這個人物的古老暴虐能量歸類為「陰影」（shadow）並不合適，或者至少，這並不符合榮格意圖用陰影代表的意義。榮格希望用陰影來代表統合一致自我（coherent ego）的黑暗第二人格（alter-personality），這個人格在道德發展中分裂了出去，之後為了人格的「整體性」又重新整合回來。這個惡魔人物很明顯是屬於自我發展的較原始層次，相當於榮格所稱之「原型陰影」（archetypal shadow）或「具有神祕力量的神奇魔鬼」（magic demon with mysterious powers，1916，第153段）。這個惡魔人物冷酷的殘殺行為保證了心靈的去整合必然發生，若真要說的話，這個形象較接近於將人格中的邪惡具體化——所謂人格中的邪惡，也就是神性（Godhead）或自性的黑暗面。

除了殘殺之外，這個惡魔形象還藉由將心靈的一部分加以密封隔絕來達成目的。我們的下一個案例便展現了內在原魔在這方面的作為。這個原魔藉由將人格中一個相對「純真」的部分加以監禁，來尋求穩當保護人格的這個部分不致遭到進一步的虐待。為了達到這個目的，原魔如今化身成搗蛋鬼，誘引自我陷入成癮行為或其他擾亂心思的異常活動，這些行為活動會引發種種的「變異意識狀態」（altered states）。他是心靈中不折不扣的「追求遺忘者」，心靈中有一股湧向退行的暗潮，這個惡魔便是這股暗潮的人格化身。他成為一道內在聲音，用包括食物或酒精等令人迷醉的物質，來誘惑自我遠離與外在現實的搏鬥。

瑪莉與食物原魔

榮格曾說：「強迫行為是人類生活裡的大謎團。」（1955，第151段）——那是心靈中一股不由自主的原動力，包括從輕微的興趣到被邪靈附身等範圍廣泛的現象。佛洛伊德發現他幾個極端抗拒的個案心靈中似乎普遍存有一種毀滅傾向，他稱之為「強迫性重複」，他對這個現象之「離奇」也大感驚奇（1919：238）。在瑪莉的案例中，我們將探討強迫成癮的世界，並看到前兩個案例中的惡魔人物如何以誘惑性的「食物原魔」及邪惡「醫生」的樣貌再度出現，誘惑個案的自我進入無意識狀態，並將自我麻醉，使其毫無感覺。

瑪莉是個身材福態、信奉天主教的中年女性，在母親身罹絕症的末期前來向我尋求心理治療。除了對即將失去母親感到悲傷之外，她抱怨自己偶爾有一種絕望的孤寂感，她稱之為「暴飲暴食」的習慣則使這種孤寂感雪上加霜。她同時為自己毫無性經驗，也不曾有過她所能覺知的性慾感到擔憂。外表上她表現出一種粗枝大葉、毫不拖泥帶水的形象，並帶有一股敏銳但充滿自貶的幽默感。我發現我立刻就喜歡上她。她是個小兒科護士，能力極佳，並在各類的公共群體中擔任領導角色，但在內心深處，她感覺自己像隻沒有羽毛的脆弱鳥兒。她出身賓州一個人口眾多的農業家庭，身為老大，她老是在照顧弟妹和母親，同時也是母親的傾訴對象。母親酗酒並患有恐懼症，大半時間躺在床上哭泣，或是憤恨地抱怨家中沒錢或父親殘酷的個性。瑪莉發展中的自體無法獲得安慰，也無法獲得鏡映（mirroring），反而被迫必須鏡映母親，照顧母親。

這狀況持續到她十六歲，那年她離家進入修道院，展開了一段禁慾苦行的生活，以禱告與服務多位修道院院長為生活中心，直到二十年後，她的教派流失了多數教眾，她感覺教派不再需要她，於是離開了。十年之後她來向我尋求治療時，已是個不折不扣的工作狂，不工作時，她便照顧大家族裡僅存的幾個成員。她的父親是個善良慈祥的人物，但從未參與過她的生活，數年前過世了。她對我很快便建立了正向移情，我很快便承擔起了那位亡父的角色——這個討人喜歡的女子每週都帶著強烈的幽默感來和我晤談，並且「照顧」我。她照顧我的方法是和我分享她那心理不太正常的大家庭中所發生的許多極富娛樂性的事件、農場上兄弟姊妹叔伯姑嬸姪兒姪女之間嚴重的亂倫現象，以及古里古怪性格各異的農場動物群象，來逗我開心。這些故事還會穿插她參加「暴食者匿名團體」（Overeaters Anonymous）聚會得知的故事，這些故事總是其他人發生的事，我們所討論的最靠近她內在生活的內容是她努力減重的經歷。

聽瑪莉談了幾個月的家族八卦後，我極盡溫和地向她透露，我感覺她這麼滔滔不絕地談論他人，可能是為了逃避致使她來向我尋求治療的深層個人感覺。我記得溫尼考特曾說，像這樣呈現一個虛假自我（false self，簡稱「假我」）的個案，頗像一個帶了生病嬰孩前來治療的護士。護士對醫生說了各式各樣的寒暄客套，但一直要到他們觸及了她的孩童部分，且這孩童開始遊戲了，治療才真正開始（見溫尼考特，1960a）。有一度我提到，她說的這些故事讓我感覺像是母鳥在危險的入侵者靠近巢中的鳥蛋時，張開殘破的翅膀來保護，而我被她那些對其他人的精采描述「聲東擊西」，轉移

了對她自身心理上的痛苦與脆弱的注意。她的反應是感覺自己遭到了批評，甚且是羞辱，茫茫然不知該如何是好。我期望什麼呢？說不定治療對她終究是無效的。但儘管她表達異議，我卻看得出她的另一部分——較健康的部分——好奇地探出頭來，而她的這個部分喜歡我的評論。

隨著我們緩慢修通移情中的這個傷害，瑪莉開始摸索一種語言，希望能用來打開住在她體內這團未分化的巨大心靈痛楚。起初她無法在自己的內部找到這個心理痛楚。這個痛楚所唯一存在的「所在」，便是她對自己在醫院中治療有情緒障礙的受虐兒童古老的認同。我們開始談論這些兒童，以及她對他們的深深同情。我開始將這些兒童個案的故事當成透露她個人面向的夢境來處理。換句話說，我將這些兒童個案視為她的一部分來處理。我會說諸如此類的話：「妳知道嗎？妳對這孩子的同理顯然非常強烈，好精確，好令人佩服，簡直就像妳自己的某個部分在人生中經歷過他的這種苦痛。」這是我能夠接觸到她自己痛楚的唯一方法。在聽了這樣的詮釋後，她通常會像一條驚愕的魚一般望著我，完全記不起自己經歷過這種痛苦，但慢慢地，她逐漸醒悟到或許她的人生經歷並不只有她所以為的那些。

事實上，瑪莉對五、六歲之前的人生毫無「記憶」，唯有當她試圖去回憶時可隱約感覺到焦慮。她從一位深愛的阿姨口中得知，兩歲時她罹患嚴重濕疹，常被父親和母親怒斥、毆打，每當她「不乖」時，就被鎖在房間裡，連續幾小時。據說她未滿一周歲，就自己訓練自己上廁所。她的母親過世前，她向母親求證這些傳言的真假，母親一概否認，聲稱瑪莉有個快樂的童年。我請她帶自己及家

創傷的內在世界：生命中難以承受的重，心靈如何回應

人的照片給我看，我們逐漸開始獲得了一些隱約的記憶，或者說是原記憶（proto-memories），記起當她是個依賴的孩子時，多麼不可能當個依賴的孩子，也記起她多麼受到自體心理學家所稱之「情緒未獲分享的創傷」（trauma of unshared emotionality）所苦，成長得太快，犧牲了她真我的需求，認同了負責照顧的大人，戴上了不會受傷且「不依賴」的假面。

但在這個獨立的外表背後，存在著一個脆弱的世界，瑪莉在那個世界裡，在幻想中自己照顧自己。童年時她是個憂鬱的孩子，多數時間獨處，獨自閱讀或走長長的路。大自然對她而言是個特別的避難所。隨著分析進一步進行，她開始記起幼兒園時代的一個白日夢，當時她幻想主耶穌和聖母瑪利亞住在天上的一朵雲上，向下俯瞰照應著她。這些理想化的內在人物是瑪莉來自內在的唯一支持。祈禱和虔心奉獻的生活僅能支持她一段有限的時光。

瑪莉逐漸理解她完全無法依賴現實生活中的任何人，也知道自己雖然在肉體上獲得照顧，情緒方面卻遭到了遺棄，一股強烈的悲哀包裹了這段記憶。在分析探索的這段期間，她有了以下的夢境：

我看見一個小女孩從太空船飄走，身上沒有綁臍帶電纜，恐懼地伸長了雙手，眼睛和嘴巴扭曲，彷彿是被呼喊母親的無聲尖叫所扭曲的。

當瑪莉容許自己感受這個可怕的夢境時，她的悲傷排山倒海，並且在晤談時感到上氣不接下氣，就像童年時患有的氣喘一樣。每當我們談到這種焦慮和絕望，她就必須斬斷自己的感覺，有時是用

一句諷刺的話，有時則是用「腦子一片空白」。我一個月後要遠行去度假，這使問題變得更複雜，因為瑪莉頭一次很驚恐地理解到，她對我非常依賴，甚至已經開始想念我了！她認為這樣很不應該，而且很「變態」。

在接近那段夏日假期的一次晤談中，她格外勇敢地承認自己新發現的脆弱，出聲表達她擔心舊日的防禦機轉會再次凍結她的感覺，使我們好不容易有了些成果的晤談前功盡棄。她問我，若她有需要，在夏日假期中能不能和我聯絡，我回答可以。她粗獷幽默的外表頭一次軟化了，雙眼熱淚盈眶。她說，她絕不會濫用這個權利，我告訴她，我知道她不會。當天我們分別時，彼此都感覺和對方有著深層的情感交流。

她之後一次前來晤談時，看起來浮腫、滿面通紅，並且沮喪憂鬱。她害怕我的譴責，極度難為情地告訴我，那天一離開我的辦公室，她便在一家麵包店停下腳步，買了一整盒巧克力蛋糕和一夸脫（約 1.14 公升裝）的冰淇淋，以一種著了魔似的狀態，心跳如鼓地回到家，一口氣吃光了所有的東西。五個小時後，她從昏睡中醒來，走到附近的一家小吃店買了更多食物，也吃個精光。那天她整夜沒有睡覺，都在吃東西。自從上次晤談以來，她體重增加了 4 公斤多。她對自己感到既憎惡又羞恥。在暴食之中，她有股衝動想打電話給我，但唯恐自己的依賴需求會失控，因此沒有聯絡。

這是一種阻抗的經驗，我們心理治療師在工作中類似的時刻都經歷過強烈的反移情反應。當我反思自己對瑪莉自我毀滅行為的個人反應時，我察覺到一股惱怒，甚至是憤怒，非常生氣我們的工作很明顯有了重要的突破，卻被她一手摧毀了。這引起了我的興

創傷的內在世界：生命中難以承受的重，心靈如何回應

趣，我過去從未對這個個案有過這種反應。她的行為所傳達的這種「去你的」的訊息，很顯然不是來自瑪莉平時那愛討好人的自我態度。在我的惱怒之下，我也察覺到了失望，幾乎是一種遭到背叛的感覺，彷彿她感情出軌，「和別人戀愛了」。正當我思考這些「瘋狂」的反移情反應時，瑪莉說了這樣的話：

你知道嗎？這完全就像我被魔鬼附身了。吃是我唯一的感官享樂，我唯有在食物裡才會失去掌控。我品味每一匙的冰淇淋，彷彿那是愛人的撫觸。我非得這麼做不可。我刻意去尋找它——靠近麵包店時，有一種黑暗的興奮感！魔鬼在說：「來吧！妳已經辛苦這麼久了，何不耍壞放縱一下？妳需要的，抗拒它沒有意義，瑪莉，妳根本抗拒不了。我太強了，妳不是我的對手。妳真想減肥的話隨時可以減肥，等妳準備好之後自然就能辦到，但此時此刻妳需要的是安慰，妳自己知道的。妳壓力太大了。我想要獨占妳，拋下妳的世界，到我的世界來吧！妳知道這滋味多美好，感覺多美好。來吧，瑪莉，妳是屬於我的！好女孩不會拒絕的！」

讀者或許可以想像，當我聽見這個毫無性慾的個案說出這樣充滿情色意味的語言來時，有多震驚駭異。我心想：所以說，她真的戀愛了，但是是和一個內在的人物戀愛。這個透過她來說話的人是誰？當然不是她那高度「屬靈」、溫柔可愛、善於討好、一天到晚忙著取悅別人的自我。那絕對是個邪惡且誘惑性的聲音，是她的內在世界中，一個無論是我或她都從不知曉的部分。這個「他」非常聰明，不折不扣是個會變身的魔法師，是個耍計謀的搗蛋鬼。他會

利用她格外「善良」的這個真相，來誘惑她「使壞」——這很顯然是瑪莉生活中需要冒險才做得到的事——但造成的結果卻是更加深她認定自己毫無價值的感覺，以及形成用格外的好來為自己的強迫行為贖罪的惡性循環。令我感興趣的是這個人物狡詐的誘惑力。他是一種肉體感官、情慾與攻擊的具體化身，這幾種東西使瑪莉原本蒼白且善討好人的自我增添了她所深深需要的色彩與深度。她唯有在臣服於她的「原魔愛人」時，才能失去掌控。更何況，她的身體備受忽視，而這樣的「投降」符合她身體的渴望——至少她的內在原魔是這麼「告訴」她的——她便這麼合理化了她的暴食。

然而這一次又一次的「投降」所帶來的代價是，瑪莉始終無法透過這些飽足，來得到她所尋尋覓覓的「充實感」。相反地，她與食物惡魔的夜半幽會相當於一次又一次的強暴與侵犯。在早晨清醒的光亮中，她感到悽慘崩潰，她的希望毀了，節食計畫毀了，和我以及和治療的關係受到罪惡感的威脅。她重申，這個重複的模式真的很「變態」。

之後的那次晤談，瑪莉述說了一個重要的夢（以下以第一人稱敘述）。這個夢透露了更多有關她內在惡魔愛人的訊息。

我正和我的朋友珮蒂（珮蒂是醫院裡一個新來的護士，比她年輕許多，非常天真無邪）一起辦理住院手續，要接受抽血還是其他某種程序，我也不大確定。整個場景感覺非常高科技，儀器很多。穿著白袍的醫生向我們介紹醫院，人很和善。但是我們沿著走廊往要抽血的地方走去時，我開始不安起來，因為其他的個案好像都怪怪的，好像都陷入了一種恍惚狀態還是什麼的——像殭屍，他們的

精髓已經被抽掉了。我理解到我們被騙了！那個醫生把我們騙進一個圈套裡，這個地方像個集中營！他不是要抽我們的血，而是要給我們注射一種漿液，把我們也變成殭屍。我感到無望，我們逃不出這裡了，沒有人會聽見我們的聲音，這裡沒有電話。我想：「噢，我的天！媽咪會死掉，但他們沒辦法通知我！」我聽見醫生的腳步從走廊一路傳來，我在一身汗中醒來。

詮釋與理論說明

我們在此看到了一連串的歷史「事件」與心理「事件」，在在都顯示了早期的創傷與防禦。首先，我們看到了我和瑪莉共同發掘出的早期創傷性的遺棄，接著是那個沒有母親、心懷恐懼的寶寶逐漸消失於太空之中的夢境，這個夢境的出現顯然與我們的探索是相關的。再接下去，是在移情中出現了她所不允許自己產生的依賴感，這是個突破。接著是對這項突破的激烈抗拒，表現在她的暴食（及其誘惑性的魔鬼聲音）上，最後則是搗蛋鬼醫生將她引誘進殭屍醫院的夢境，其中還伴隨了「媽咪會死掉……我不會知道」的想法。我請讀者暫時先將這幾個主題放在心中，我要先短暫地回顧一些闡釋早期創傷案例中焦慮與分裂本質的文獻。

瑪莉的焦慮的本質

頭一個協助我們理解這個案例的事物是瑪莉這份焦慮的本質。溫尼考特與科胡特都曾經指出，某種程度的「不可思議」（unthinkable，本書中又作「無可想像」）的焦慮源自於兒童發展

的共生階段時完全地倚賴母親，將母親當作一個用來代謝心理經驗的外在器官。母親的角色在於協助中介經驗，而所謂中介經驗，尤其指的是協助代謝焦慮，就好像嬰兒透過母親提供的「肺」來呼吸心理氧氣。那麼，萬一母親突然消失了，會如何呢？溫尼考特是如此敘述的：

　　母親存在的感覺在小寶寶心中可以持續 X 分鐘；假如母親離開的時間超過 X 分鐘，那麼這個「心象」就會消失，小寶寶使用結合象徵的能力也會跟著停止。小寶寶會感到苦惱，可是這個煩惱很快就會**得到改善**，因為母親在 X ＋ Y 分鐘後回來了。在 X ＋ Y 分鐘裡，小寶寶還沒有改變。可是在 X ＋ Y ＋ Z 分鐘裡，小寶寶的心理就受到創傷了。在 X ＋ Y ＋ Z 分鐘裡，母親就算回來，也無法彌補小寶寶已經改變的狀態。這創傷暗示：小寶寶的生活持續性已經中斷，所以原來的防禦如今又重組，來防禦一個重複發生的「不可思議的焦慮」，或是抗拒回復到屬於初期自我結構崩離（disintegration）的嚴重混亂狀態。

　　我們必須假設，大部分的小寶寶從來不曾經歷 X ＋ Y ＋ Z 分鐘的「剝奪」。這表示，大部分的孩童終生都不會帶著得自瘋狂經驗的知識。在這裡，瘋狂只意味著**一個人的生存連續性中斷**了。在從 X ＋ Y ＋ Z 分鐘的剝奪後「復原」時，小寶寶必須重新把斷落的連續感接上，雖然**跟個人生命之初的連續性**接續的某個根源已經永遠失去了，不可復得。

——溫尼考特（1971b：97，黑體字為原文所標示。

譯文摘自《遊戲與現實》，頁 160，略有改動）

在瑪莉的案例中，跌進外太空的小女孩，張開雙臂無聲地尖叫著呼喊母親，沒有氧氣供應——沒有與「母」船的聯繫，這夢中意象想必是來自於她早已遺忘的 X＋Y＋Z 剝奪。擔憂與母親失去聯繫的焦慮，在她困在殭屍醫院的第二個夢境中再度出現。在殭屍醫院裡，她最核心的焦慮是母親會死，而她不會知道。溫尼考特告訴我們，許多這類的**恐懼**其實是對完整的自我尚未成形之前所發生事件的**記憶**，只不過是用密碼表現出來（1963：87）。我們若將這種觀點帶入瑪莉的夢境中，便可以猜測，雖然說她並不「知道」，且她真實的母親仍在世，但她母親的「死亡」是**一件在情緒上已經發生過許多次的事**。換句話說，在殭屍醫院裡，她會被麻醉，而對失去母親無感，也就是說，在這裡，她會失去與這個事實在心靈上的所有聯繫。那位搗蛋鬼醫生會保證這事一定會發生，他會給她注射改變心智的漿液。

翻譯成榮格的語言，我們可以說，當原型能量沒能成功人格化，而孩子被扔給壞媽媽及好媽媽的原型隨意擺布，就導致了「不可思議」程度的焦慮發生。但這個說法**沒有掌握到這個如今是我們個案的孩子這段經歷的情緒本質**。科胡特稱這種焦慮為「解體焦慮」（disintegration anxiety），這說法可能更貼切一些。他認為這種焦慮是「人類所能經歷的最深層焦慮」（1984：16）。這種焦慮可能會全面毀滅一個人的人性，也就是人格徹底毀滅。我們可以說，為防止這種毀滅，一種原型的「力量」趕來救援了。這個原型力量代表著一套自我照護防禦系統，比起較尋常層次的自我防禦機轉，這個原型力量古老得多且破壞性大得多。我們可以將這個人物想成是「解離先生」本人，是潛意識的黑暗世界派來的使者，是不

折不扣的**魔鬼**（diabolos）。我們在瑪莉的素材中兩個不同的地方看見他——首先，是化身為引誘她暴食的「聲音」，之後，是化身為搗蛋鬼醫生，將她誘騙進一座殭屍醫院，她在那醫院將與她的生活及母親的「死」永恆隔離。我們稍後再回頭來談談這兩個化身。

創傷內在世界的兩個層次

我們必須想像，瑪莉體內所帶有的這種解離焦慮，是一種自統合一致的自我尚未成形之前的人生之初便開始存在的焦慮。因此，當這種焦慮再次浮現，便有可能會**裂解**人格，而預防這種事所需的解離，比起我們一般認為和神經官能性衝突（neurotic conflict）相關的較「良性」的解離，本質上更為嚴厲且古老。對神經官能症個案而言，解離的陰影素材重現會引發焦慮，但這個素材是辨識得出、且能加以整合的，整合後則會達到一種內在的**對立統一**（coniunctio oppositorum），以及人格更大的整體性。**這是由於精神官能症個案在心靈中有個位置是放置被潛抑素材的**。早期創傷的個案則不同。對這類個案而言，切斷了關係的素材不會在心靈中展現出來，而是**被放逐到了身體**，或是扔到個個分離的心靈碎片中，而這些心靈碎片之間築起了失憶的屏障。這個被踢出意識的素材**絕對不可**以再回到意識中。**對立統一**是最最可怕的事，為確保個案別碰上這種災難，所必須動用的解離，是心靈中一種較深層且原型的分裂。

對過渡空間的攻擊，以及用幻想加以取代

為了完成裂解經驗的必要任務，我們可以想像我們的魔鬼意象

創傷的內在世界：生命中難以承受的重，心靈如何回應

在經驗的兩個區域運作，一個是**自我與外在現實世界之間**的過渡空間（transitional space），另一個則是**內在世界諸多不同部分間**的內在象徵空間。在自我與世界之間運作時，這個魔鬼形象試圖將人格密封在一個反依賴（counter-dependent）、自給自足的泡泡裡。他或她在那個內在自體與外在世界間的「過渡區域」發揮作用，那個空間恰恰就是瑪莉在自我尚未成形之前經歷到創傷焦慮的介面。溫尼考特幫助我們瞭解到，當「不可思議」的創傷發生時，這個過渡空間便發生可怕的事。在內部，自我發生了分裂（傳統所知的類分裂位置〔schizoid position〕），但在人格活躍於幻想與現實之間的「潛在空間」（potential space）中，也發生了相對應的分裂。這個「過渡空間」是兒童學習遊戲與運用象徵的地方。

一再地暴露於創傷焦慮，會**阻礙過渡空間的建立**，扼殺創造性想像的象徵活動，而以溫尼考特所稱之「幻想」（fantasying）（1971b）來取代。幻想是一種解離狀態，既不是發揮想像力，也不是活在外在現實中，而是一種自我撫慰性的憂鬱的妥協方案，會沒完沒了地持續下去──這是想像力為了避免焦慮的防禦性運用。我的個案瑪莉多次被她感傷惆悵又自我撫慰的原魔誘惑進入這個中間地帶，哀傷地幻想並理想化她不曾真正擁有過的母親──不計一切代價要改寫歷史，否認自己心底暗藏的絕望與憤怒。

基於這些考量，心理治療師在面對瑪莉這樣的個案時，必須非常小心地分辨真實的想像力與幻想，其中幻想屬於原魔的自我撫慰活動，相當於一種自我催眠的魔咒，是一股潛意識的暗流，為了逃避意識上的感覺，而朝無差異化（non-differentiation）流去。這是藉著退縮到「一體性」（oneness），來取代追求「整體性」

[註1] 所必須經歷的辛苦分離。我們喜歡認為退行（regression）的發生是為了造福自我，但這不是退行，而是「惡性退行」（malignant regression）[註2]——這種退行將她的一部分暫時留置在一種自我催眠的奇幻朦朧狀態（twilight state）[註3]，以便保障她人格的存活（我們的惡魔形象是這麼以為的）。

在創傷個案的夢境素材中，這個保存下來的人格精神往往以天真的「小孩」或動物來表現，與自我照護系統中的照護面搭檔出現——例如垂死的嬰孩呼喚母親，或是個案與食物原魔的夜間幽會。從個案存活的觀點來看，就連瑪莉的食物原魔都是一種守護天使，只要這個脆弱的東西永不希望離開她舒適的監獄而進入世界（或是下降到身體中），這個守護天使就守護並且照顧她遭到剝奪的部分（餵她吃替代品）。這裡我們看到心靈中存在一個既幼稚、卻又非常成熟，既天真無邪、卻又飽經風霜的結構。

曾與瑪莉這樣的人工作過的心理治療師可以證實，這樣的個案一方面有多脆弱、多缺乏經驗、多渴求關愛、多孩子氣，但另一方面又多高傲、多自大、多不可一世、多自以為無所不知、反抗心多強。這個膨脹的內在防禦結構像個大號嬰兒，代表著提供照護的自體與其孩子氣的受照顧客體之間不神聖的婚姻。個案若是缺乏真正

[註1]　這個區別是由凡・羅本・賽爾斯（Robin van Loben Sels）所提出。她在最近的一篇論文〈夢是日常必需品〉（Dreams as Daily Bread）中討論到這種區別，該論文於 1993 年 10 月發表於康乃狄克州威斯特波特（Westport）的特曼諾斯機構（Temenos Institute）。

[註2]　讀者可參考巴林特（Michael Balint）針對「惡性」與「良性」兩種形式的退行之間的差別，以及其臨床意義所做的啟發性論述（見巴林特，1979）。

[註3]　申戈（Leonard Shengold）對於嚴重受創的個案（他將嚴重創傷稱為「靈魂的謀殺」〔soul murder〕）如何運用自我催眠來防禦難以承受的焦慮提出了一番有趣的論述。他指出，這類個案成為了自我催眠的專家（1989）。

令人滿意的早期依賴經驗，要放棄這個全能的自體／客體組合是極度艱難的事[註4]。

將這個觀點應用在我們的案例上，意味著瑪莉必須要放棄她的自我照護錯覺，也就是她的幻想世界——在這個幻想世界裡，她和母親是幸福的雙人組合，沐浴在善良美好與純真的「愛」之中，什麼人也不需要（包括治療師）。她必須要讓自己曾被真實的母親真切遺棄的這個恐怖事實進入這個撫慰人心的錯覺中，而她真實的母親和她從未有過也永遠不會有的幻覺中的好母親有著天壤之別，同時她也必須哀悼自己因為自我照護系統阻礙而不曾經歷過的所有生活。這表示，她神一般的傲慢自負，以及與其相關的天真要求都要犧牲掉。用克萊恩的說法，就是她必須要放棄她的躁狂防禦，而開始哀悼她失去的客體，進入「憂鬱位置」。

然而我們知道，這個過程發生時，必定會有大量憤怒與攻擊的釋放——我在對瑪莉暴食的反移情反應中出現的感覺正是憤怒與攻擊。我們可以說，我開始與瑪莉的原魔——也就是我們的惡魔人物——扭打搏鬥。我感覺得到他對瑪莉的掌控，以及對我的憎惡與懷疑。我也可以在瑪莉殭屍醫院夢境中的邪惡搗蛋鬼醫生身上「看見」他。我看得出他如何引誘夢中自我進入表面上是治療場所、如今卻發現是個集中營的封閉區域，這個封閉區域裡充滿了沒有血的幽靈，他們的人類精髓被抽掉了，並且被注射了使人喪失人性的

[註4] 馬斯特森（James Masterson）格外強調獎勵性客體關係部分單元（Rewarding Object Relations Part Unit，簡稱 RORU）與個案的虛弱自我形成病態的聯盟，並以這種方法保持自我的虛弱。個案逃避了所有個體化的衝動，遁入內在獎勵性客體自我安慰的退行性滿足，如此便躲開了與現實搏鬥的需求，也不需承受自己焦慮與責任的折磨（1981）。

「殭屍漿液」^{註5}。

解離與對內在世界連結的攻擊

在瑪莉的夢境中，搗蛋鬼醫生以抽血為幌子，誘騙她進入一所醫院，其實真正的「意圖」是要將她變成殭屍，也就是要抽走她的「精髓」，使她陷入恍惚迷濛狀態。這是解離防衛的主要效應之一，會造成經驗的暫時支解，也就是為了追求心靈麻木，製造自我內在與現實功能分離，或者說是自我對其現實功能「撤投注」（de-cathexis），其做法包含攻擊經驗能力本身，意思就是「攻擊連結」（比昂，1959）——攻擊情感與意象、知覺（perception）與思想、感覺（sensation）與知識間的連結。結果是經驗變得毫無意義，連貫的記憶被「去整合」，個體化（individuation）被中斷。

註5　人們當然可以主張殭屍醫院裡邪惡的搗蛋鬼醫生是我在移情中的形象。有些分析師可能會說，瑪莉潛意識中將我提供電話號碼給她的經驗，解讀成與她自己的防禦共謀的一種詭計，因此她的夢境將我呈現成邪惡的形象，給人注射使人失去人性的漿液。這種詮釋不能輕易丟棄，與個案假我勾結的危險性確實存在。如我先前提過，治療的前些年，為求「協助」瑪莉別感受到絕望與焦慮的全部衝擊，我確實可以與她的搗蛋鬼邪惡面串通共謀。如此的話，這個素材顯示的便是我們療癒善意的邪惡陰暗面——這一面時時刻刻存在著，誘引著個案也誘引著治療師，誘引他們放棄分析。這種誘惑是黑魔法師出現在情色化移情特有的一種危險。

或者從較古典的觀點來看，我們可以將給個案注射的醫生做性方面的詮釋，也就是說，在我在移情中「和善外表」之下，瑪莉的夢境將我想像成有意的陰莖注入她體內，將她變成殭屍。這兩種詮釋都不是「錯的」，只是兩種詮釋都太粗率也太簡化了。直接將夢中意象從潛意識中「偽裝」的樣貌翻譯回分析師有血有肉的實體，彷彿潛意識完全只關心移情一件事。我們若持續關注意象，會注意到搗蛋鬼醫生與瑪莉的食物原麼似乎有著共同的「意圖」，兩者都誘惑她走出「她的世界」，進入「他們的世界」，她在「他們的世界」則陷入了意識的變異狀態，恍惚迷離，或是變成殭屍。，這兩種狀態基本上都是無感狀態（non-feeling state）。因此我們這位邪惡人物的「目的」似乎是要將她帶入一個「麻木」的人格解體狀態（de-personalized state）。他為什麼要這麼做呢？是為了要防止瑪莉的自我經歷到他所想像會對她的「精神健全」（sanity）造成威脅的事物，也就是一段可能會使她重新開始信賴人的真實關係，而信賴只會使她慘遭屠殺，所以他要在內在世界先一步屠殺她。

有關創傷對心靈所造成的影響，目前最有意思的理論將**處理**經驗某些特定層面對我們人類而言有多艱難納入考量（見艾根〔Eigen〕，1995）。一些臨床心理師所做的研究，如克里斯多（Henry Krystal, 1988）在創傷與情感方面的研究、麥克道格（1989）在心身症（psychosomatic disorder）方面的研究、塔斯汀（Frances Tustin, 1990）在自閉症方面的研究，綜合起來協助我們了解到，「整體的」（whole）經驗是許許多多因素的綜合體，而統整的經驗（integrated experience）並非經常能輕易獲得的。例如研究者布勞恩（Braun, 1988）指出，解離可能發生在經驗的四個面向，即行為（behavior）、情感（affect）、感覺（sensation）和知識（knowledge），合稱為解離的 BASK 模型。出現解離症時，這四個面向當中的任一個自身都可能分裂，彼此間常見的連結也可能會斷裂。

經驗的組成分子在正常情況下是彼此整合的，這些成分包括身體性（somatic）和心理性（mental）的元素——情感和感覺來自身體，思想、意象、認知機制（cognitive mechanism）存在於心智之中，此外還有個神祕的「意義」面向，這個面向關係到一樣東西能否整合成為一個人的個人認同或敘述史的一部分。與這個意義面向相關但臨床心理師鮮少探討的，是位於所有健康生命核心的驅動生命力的精神（animating spirit）。這個我們描述為自體超越本質的精神，在嚴重的創傷中似乎受到了損害。精神從不會被徹底毀滅，因為根據推測，精神若是完全毀滅，等於此人已經確實死亡了。但是若要表達精神在具體化的自我（embodied ego）中不再繼續存活的意義，我們也可以說它被「扼殺」了，或是說它被「冷藏」在潛

意識心靈，或是以詭異離奇的形式存在於（發瘋的）心智中。

　　經驗要變得「有意義」，需要有個過渡的父母形象人物對包括嬰兒期古老情感在內的身體興奮賦予心理表徵（mental representation），以致於到最後，這些身體興奮能達到以語言表達的層次，並與另一人分享。這種古老情感的中介歷程、其最終的象徵化，以及語言上的分享表達，是所有原型情感人格化（personalization）的關鍵因素——早期創傷的原型情感亦包括在內。溫尼考特描述，人格化（相對於「去人格化」〔de-personalization〕）與「安在」（indwelling）這個逐步漸進的歷程相關。當母親一再「將寶寶的心智與心靈反覆介紹給彼此認識」（溫尼考特，1970：271）時，安在便發生了[譯註2]。有趣的是，溫尼考特並沒有指出是自體的哪個部分「安在」了——會不會是人格精神呢？

　　遭受創傷時，情感經驗太難以承受，分裂有其必要，於是整體的經驗被支解了。經驗的行為、情感、感覺和知識（BASK）四個元素之間的連結遭到古老防禦的攻擊，事件與其意義被切斷了關係，又或者那個邪惡的內在暴君可能說服了兒童的自我，使它們相信那些難以承受的事件不再發生於「我」身上。情況嚴重時，經驗會失去所有的向度，兒童再也不為他的知覺賦予意義，嬰兒時期來自身體無可承受的情感與感覺不被允許獲得象徵性的心理表徵，結果導致內在世界中，古老的情感與其精心設計的古老客體依舊未被命名，並且被切斷了與個人意義之間的連結。原始的情感沒有透過溫尼考特及其他人所詳盡描述的常見的投射／認同歷程加以調節、人性化及人格化，結果造成心身疾病，或是麥克道格所稱的「述情

障礙」——個案沒有文字可表達情緒，並因此變得「去情感化」（dis-affected），或者以我們目前討論所使用的語言來說，是「去精神化」（dis-spirited）（參看麥克道格，1985）。

情況較輕微的案例中，解離較不嚴重，內在世界的迫害性也較低。原型幻想接手運作，取代了與外在世界的想像性接觸。這個情況有時會發展出豐富的內在世界，與自性正向面及其聖祕能量的接觸會支持脆弱的自我，只不過是以「防禦」的方式支持。這個「思覺失調」的樣態在預後上來說，較有利於分析療法，因為這意味著原型世界的正向面在嬰兒期與幼年期獲得了具體化。如果可以找到一個安全的中介「遊戲」空間，並且能用象徵及暗喻與原始聖堂（sanctum originalis）重新取得聯繫，重建工作便能展開，同時也能建立足夠的信賴，因此負面的情感也能開始獲得容忍並且修通。

因此，原型防禦為求存活，而犧牲了個體化。這種防禦雖然以人格發展為代價，卻保障了這個人的生存。正如我所逐漸理解到的，其「目標」在於維持人格精神「安全無恙」，卻沒有形體，並且被密密封鎖，或者如果沒有被密封，便是被逐出身心統一體（body-mind unity），亦即拒絕讓它進入時空現實。內在世界中相互激烈對抗的動態，沒有緩慢痛苦地在統整的自體中具體化，而是為了防禦的目的組織起來，構成了個體的「自我照護系統」。古老的防禦機制沒有進行個體化或是心理生活的整合，而是策劃了去肉體化（dis-incarnation，或說是去實體化〔dis-embodiment〕），以及去整合，以便協助弱化且深受焦慮所苦的自我存活，即使這個自我是部分的「假」我。

搗蛋鬼和自體的原型防禦

正如同我們在瑪莉的嗜吃上所看到的，她的強迫行為似乎在潛意識中以邪惡的樣貌「化身為人」了，一方面成為具誘惑性的食物原魔，一方面則化身為搗蛋鬼醫生。榮格本人便對心靈的搗蛋鬼能量，以及這種能量與強迫或上癮傾向的相關性十分感興趣。例如，在他對煉金術的研究中，便將附身於人而導致強迫行為的「靈魂」比擬為煉金術中的硫磺，這種物質與地獄及撒旦有所關聯，也與邪惡、狡猾、奸詐的煉金術搗蛋鬼人物荷米斯／墨丘利有關。就像所有矛盾的自性形象一樣，這位搗蛋鬼之神墨丘利是個矛盾人物，既是療癒的泉源，同時也是毀滅的泉源（見榮格，1955：第 148 段）。這個矛盾的事實在他帶翼的權杖上獲得象徵性的呈現，權杖上交互纏繞著兩條對立的蛇，一條含著毒液，另一條含著解毒劑。因此，如同煉金術所說，最黑暗、最邪惡的內在人物，也就是邪惡本身的具體化身，「註定是醫學」（榮格，1955：第 148 段）。這是矛盾人物墨丘利的神祕之處，也是心靈中所有表面看來「邪惡」的東西的神祕之處。榮格終其一生對邪惡所具有的將人從黑暗與苦難中牽引出來的矛盾角色印象深刻。

搗蛋鬼在原始文化中是知名人物，可能也是神話中所知最古老的神祇形象（見希爾〔Hill〕，1970），早在洪荒太初的時候，他就存在了，經常被描繪為老人。他的本質是空幻、不切實際、矛盾，類似於荷米斯／墨丘利（這也是他的化身之一）。但另一方面來說，他是個殺手，沒有道德意識，奸險邪惡，常被視為與冥界威力強大的魔鬼或動物有關。他負責將痛苦與死亡帶入伊甸園一般天堂的國度，同時也有能力行大善。並不少見的是，他也是個冥府引

路人（psychopomp），是神與人之間的媒介，他邪惡的本質恰恰是協助啟動一個新的開始所必要的——好比伊甸園中化身為搗蛋鬼蛇的撒旦，誘惑夏娃有了知識，終止了人類的神祕參與（participation mystique），而（神話上來說）開啟了人類的意識史。

搗蛋鬼結合了兩種相反面向的矛盾本質，往往使他成為一種閾限神（threshold deity），也就是過渡空間的神。例如古老的羅馬神祇雅努斯（Janus），他的名字意謂「門」，面對著兩個方向，是掌管所有門與通道的神（見帕瑪〔Palmer〕，1970）。身為所有入口的守護神，他也保護並支持所有的開始，因此一年的伊始——一月（January）——便是以他命名。他同時也是出口之神，人們在一年的收成之時舉行儀式頌讚他，早期以他為名的教派敬拜戰神馬爾斯（Mars）。古羅馬廣場上，他的神廟有兩扇雙開推門，當門關閉時，羅馬就承平安定，門開時，便是發生了內戰。因此雅努斯就和所有的搗蛋鬼一樣，擁抱著對立的兩端。

我們發現舊約聖經中的神——耶和華——也是個雙面搗蛋鬼，最早的形象也是矛盾的，也具有兩面性。耶和華的左手是憤怒、復仇與嫉妒之手，會降下洪水、疾病與死亡來迫害以色列人；相反地，他的右手是慈悲、愛與保護之手。但耶和華的兩手往往並不協調，以色列人遭受他的怒火攻擊似乎比領受他的慈悲要多。而經由人類的受苦，尤其是他所挑選的僕人——摩西、約書亞、雅各、挪亞、約伯——的受苦，耶和華逐漸到達一種「憂鬱位置」，整合了他的攻擊與原慾本質。這便是洪水神話中彩虹的意義，也是耶和華與以色列訂定聖約的意義，這個約定牢牢保存在方舟之中，也「寫在」他的子民的「心中」。

耶和華的左手與右手若不整合便解離的問題，證明了搗蛋鬼人物另一個有趣的面向，也就是搗蛋鬼往往會解離自己身體的一部分，這一部分則會以某種獨立的形式存在。在某些故事中，搗蛋鬼會解離自己的肛門，並賦予任務給肛門，肛門沒能達成任務，搗蛋鬼便愚蠢地對肛門施以懲罰，結果導致自己巨大的痛苦。溫尼貝戈系列故事中^{譯註3}，搗蛋鬼的右手與左手吵架並打鬥，有時他派自己的陰莖去強暴鄰近部落頭目的女兒。在其中一個故事中，他愚蠢地將自己巨大無比的陰莖錯認為旗桿，使聚集來看這場鬧劇的族人歡樂不已。

這許許多多神話傳說所呈現的搗蛋鬼都是既邪惡，又具有象徵意義。身為閾限神，他若不是將種種內在的意象與情感解離，就是將它們連結在一起。他將事情串聯在一起，或是將它們拆散。他隨意變換外型，若不具有創造性，就具有毀滅性；要不是能幫助轉化且提供保護，要不就是唱反調且迫害虐待。他和生命本身一樣，完全沒有道德意識，依本能行事，未經開發，是個蠢蛋，老是惡作劇，同時也是個幫助人類且改變世界的英雄（見雷丁〔Radin〕，1976）。

化身為瑪莉的食物原魔時，搗蛋鬼誘惑瑪莉的自我投入成癮性的暴食及其他分散注意力的異常活動，遠離與現實的任何拚鬥。這無可避免地使她進入了一種「意識的變異狀態」。身為瑪莉的原魔情人，他能夠取用內在世界本身膨脹的原型能量，同時如同一個如假包換的歌劇魅影，用他的「音樂」引誘瑪莉，無可避免地將她拖進一張充滿了戲劇性誇張幻想的網中，卻也將她拖離了創造性的生活，拖離了這種生活中的奮鬥、挫折與幻滅，如此我們便能想像，

他的「意圖」在於將受到威脅的人格精神密封在一個幻想世界中，以避免這個人格精神在太過殘酷的現實中被支解。

　　不用說，在瑪莉這類個案的修通過程中，搗蛋鬼是個可怕的敵手。在這個過程中，我們往往必須與自己惡毒的衝動搏鬥，發展出足夠的中性化攻擊（neutralized aggression），來對抗個案及我們自己內在搗蛋鬼的誘惑力，同時又要與個案真誠的受傷狀態與需求維持「投契關係」（rapport）。這樣的搏鬥形成了治療過程中真真確確的「緊急時刻」，許多治療由於有太多的對抗衝突，而撞毀於斯庫拉巨岩，要不就是由於對個案惡性退行的暗流賦予太多同情或有太多勾結，而沒頂於卡律布狄斯漩渦^{譯註4}。要哄誘個案受創的自我走出內在聖堂，並且激勵這個自我重新信賴外在世界，必須要能在同情與對抗之間找到一條中庸之道。尋找這個「中庸之道」則為針對早期創傷個案的治療工作提供了艱鉅的挑戰及龐大的機會。

譯註1　此字面意義來自此字之拉丁文字源。

譯註2　溫尼考特所謂的人格化，指的是身與心相結合，亦即心靈「安在」在身體之中。

譯註3　Winnebago Trickster Cycle。溫尼貝戈（Winnebago）為美國印地安人之一族。搗蛋鬼故事為其自古流傳的系列，以搗蛋鬼為主角，包含各式各樣古怪荒誕的情節，如前述鬥門故事即為一例。

譯註4　斯庫拉（Scylla）為希臘神話中的女海妖，有六個頭十二隻腳，守護在墨西拿海峽（Stretto di Messina，義大利半島與西西里島之間的海峽）的一側，會吞吃水手。現實中的斯庫拉為墨西拿海峽一側的危險巨岩。海峽的另一側有所謂的卡律布狄斯海怪（Charybdis，是個大漩渦，會吞噬過往的一切物品。英文有 between Scylla And Charybdis 的成語，是前有豺狼後有虎豹，腹背受敵，進退兩難之意。此處作者藉此比喻過與不及都會失敗。

自我照護系統的更多 臨床例證

假的神將苦難變成暴力，真的神將暴力變成苦難。

——西蒙娜·韋伊^{譯註1}（1987: 65）

在以下的片段中，我們探討自我照護系統的其他面向，尤其是這個系統為焦慮的兒童自我擔任保護者、守護者，有時也是專制獄卒的角色。在每一個臨床案例之後，會有一段簡短的詮釋說明。在第二個案例（古斯塔夫）中，則以較長的篇幅描述，在心理治療進行期間一系列夢境的演變進展中，創傷記憶是如何失而復得。最後一個案例（珮翠莎）呈現人格精神在心理分析中深度的悲傷階段「返回」了身體。最後則對心身疾病及自我照護系統在身心分裂中所扮演的角色做一番理論推演，以此做結。

小女孩與天使

有關自我照護系統及其守護者——自性——在保存人格精神上所發揮的作用，最令人動容的當屬艾丁哲（Edward Edinger）在洛杉磯榮格學院（Los Angeles Jung Institute），針對《舊約聖經》發表系列演說的錄音中所敘述的故事（1986）。故事顯然源自紐約的心理分析師哈汀（Esther Harding），哈汀在英國認識這位當事人。故事是這樣的：

一天早晨，一位母親派她六、七歲大的小女兒到父親的書房去捎個重要的口信，不久之後女兒回來說：「對不起，媽媽，天使不讓我進去。」做母親的再次派女兒前去，卻得到了同樣的結果。這

時母親對於小女孩過剩的想像力惱怒起來，於是自己前往書房。而她一走進書房，卻發現丈夫死在書房裡。

這個故事讓我們看見心靈如何處理難以承受的情緒。自我可取用的正常資源對某些特定的情感就是無法處理，而需要動用「更深層」的資源。這些更深層的資源是自性救命的防禦功能，這些防禦功能在創傷時刻會阻絕自我的路徑，因為它們顯然具有智慧，有「看見」的能力，會啟動心靈的斷路器，以防閃電燒壞全屋子的線路。

在這個案例中，自性的「天使」有幾個效果，其中之一便是將小女孩的母親引進來。如此嚴重程度的創傷，兒童心靈的「設備」不足以包覆，無可承受的情感是一道太強的閃電。自性的防禦功能知道這道閃電太強烈，認為「切斷電路」勢在必行，監督了切斷的動作。這些防禦功能提供缺乏的資源，卻無法提供太久，由過渡性人物（transitional person）所進行的自我中介（ego-mediation）是必要的，這就是母親發揮作用的地方。我們不知道這位母親當時如何處理，但可以想像她的反應會具有關鍵的影響力。她可能會過度陷於自己的驚嚇與哀傷之中，而無法幫助女兒；也或者，女兒會在母親的反應中找到自己感覺的「模範」，並且獲准去感覺這些感覺。

總而言之，來到心理分析師面前尋求修復的創傷，許多都是這類的早期創傷，但在這道創傷之上，覆蓋了多年來的防禦，以及針對中介所做的不完整卻多少有點成效的努力。心理分析治療處理這類創傷最有用的模型之一，是由已故的賽姆拉德醫師（Dr. Elvin Semrad）（賽姆拉德及巴斯科克〔Buskirk〕，1969）所精心設計，

後由加菲爾德（David Garfield）在不久前一項研究（1995）中進一步發展的模型。雖然這幾位作者的探討僅侷限於對精神個案者的心理治療，但他們的三階段技巧也適用於各類型的解離症。這個技巧的重點在於小心翼翼關注個案的情感。首先要在個案的過往經歷中找到情感，並且（在精神病的情況）將這情感從妄想、幻覺或新語症的（neologistic）元素中解救出來。其次，這份情感必須得到身體的承認（「擁有」）並感受到。最後，情感必須在語言中找到表達方式，並且組織納入個體的敘事史，也就是說融入他或她的生命史中。這三階段的複雜性在加菲爾德的書中有進一步的具體說明。

樂娜與神仙教母

　　樂娜是個小女孩，後來成了我的個案。她出身西歐一個富裕人家，母親酗酒，加上受到外婆情感上的嚴重忽視，因此並不適宜生養小孩。樂娜出生後，母親隨即罹患產後憂鬱症。父親是個企圖心旺盛的外交官，在樂娜的生活中常常缺席。樂娜出生才一個月，便因營養不良，瀕臨死亡，住院十天，用靜脈注射來餵食。出院後，她被送去與祖母同住。九個月大時，她重回母親身邊，母親布置了粉紅色的遊戲間，房裡塞滿栩栩如生的嬰兒洋娃娃，母親將這些洋娃娃打扮得漂漂亮亮，並且唱歌給它們聽。樂娜住進這間娃娃房恰恰合適，於是她和母親的這「一家子」娃娃同樣被梳妝打扮，並獲得了同樣的待遇，只除了她從沒有母親碰觸她的記憶，但是母親卻碰觸其他的洋娃娃，與它們「玩耍」。

　　樂娜四歲時，明白自己有很嚴重的問題。她覺得自己不是真實

的，不知何故與其他孩子有所不同，始終格格不入。她和家人吃飯必定嘔吐，並且開始會在遊戲室裡藏食物。她推斷自己想必智商很低，或是神經錯亂，或是身上帶有壞分子之類的東西。到了八歲，她開始計畫自殺。她在主日學聽說了天堂，她想，天堂的生活想必比現在的生活要好，何況她所深愛的祖父就在她四歲那年搬到天堂去了。她決心要從阿姨家的公寓大樓陽台縱身躍下，但就在預備實踐自殺計畫的前夕，她作了以下這個夢，並且重複兩次：

> 我在我的粉紅臥室想著死亡，忽然之間，我的神仙教母（一個支撐她活下去的幻想人物）來找我，用嚴厲的口吻說：「如果妳死了，一切就結束了。妳會被埋葬，會分解，再也不會是妳了，妳這個人除了腐爛的肌肉和骨頭外，一點也不會剩下。這是永恆！永恆的事！妳了解嗎？在地球的歷史中，妳再也不會存在了！」

詮釋與理論說明

樂娜恐懼地從夢中醒來，她沒有自殺。然而為了繼續生存，她確實必須要「殺掉」（也就是解離）一部分的自己；也就是說，她必須把自己分裂成兩半，猶如柏拉圖所說最初的人分裂成了兩半，各自都永恆地渴望著它的另一半。一半的樂娜是這個患有氣喘和胃潰瘍的適應不良的瘦弱憂鬱女孩，這個小女孩無法停止鬧情緒、發脾氣，無法不挨憤怒的母親毒打。但另一半的她開始過著用百老匯音樂劇、書籍及她自己想像的片段交織而成的祕密生活。每當她在學校遭到作弄欺負或羞辱，或是當母親說要將她送養，她便鎖在

自己的遊戲間裡，開始對著自己歌唱，唱出一個精巧複雜的祕密幻想世界，在那世界中，她生活在一個相親相愛的家庭中，有許多疼愛她的兄弟。她看過百老匯音樂劇《七對佳偶》（*Seven Brides for Seven Brothers*）、《南太平洋》（*South Pacific*）和《小飛俠》（*Peter Pan*），這些戲劇成為她的靈感，引動她幻想出一個家庭及這一家人的冒險故事。這「一家人」在艱困時代居住在邊境荒野，但她與她的小狗具有特殊能力，能與野生動物、樹木及星星深刻交流。在她的幻想世界中，她有個愛她的媽媽，媽媽有個討人厭的姊姊（她的「邪惡」阿姨），家裡還有個經常不在家的「父親」，還有許多疼愛她的兄弟，個個都愛聽她唱歌。

樂娜的幻想世界成為她暫時的避難所。我之所以說「暫時」，是因為直到她前來尋求治療時，就連她的內在世界都變得稍稍具有迫害性。然而那幻想世界卻是在家中狀況令她難以忍受的潛伏期年紀的支撐，撐住了約四年左右。每晚為了入睡，她會用幻想款待自己。學校也是個令她受創的環境，她就連在學校裡也持續幻想。她會坐在教室的後排，從課程內容中解離，想像有個攝影師正為這位歌聲甜美、在兄弟眾多的美滿家庭中過著幸福生活的知名歌星，記錄小學五年級的生活，她則擺姿勢供他拍照。另有些時候，為了安慰自己，樂娜會想像這個家庭的「母親」唱歌給她聽，她則會輕柔地對自己歌唱：

只要我在妳身邊
什麼也傷不了妳
這年頭惡魔四處出沒

我會讓他們哀號

只要我在妳身邊

什麼也傷不了妳

　　與這位年輕女性工作的經驗，教我在臨床上認識了榮格所稱「自性」的較高層次人格是什麼意思。自性是個與宇宙始終保持深層聯繫的較大且包容較廣的單一現實，它看見了我的個案備受折磨的自我，看見這個自我如何地合理化自己的滅絕，便用夢來插手介入，以保住她的生命。接著它催眠了這個破碎的、枯竭的自我，將自我沐浴在故事中，沉浸在足以支撐她的一張充滿原型意象的網絡中。但它終究必須尋求協助。它對抗著強烈的阻力，將這個虛弱、滿懷恐懼的年輕女子帶來接受治療，因為它看出儘管它英勇地努力將她那被煩惱包圍的自我隔離並加以餵養，情況依舊愈變愈糟。如同水耕植物不靠土壤也能成長，這個小女孩脆弱的身分認同靠著幻想提供的稀薄養分保持著「翠綠」，卻從不成長。自性正向的一面無論如何努力，都消滅不了「四處出沒的惡魔」愈來愈強烈的存在。

　　樂娜的幻想生活有著較黑暗的另一面，當這黑暗面的存在愈來愈清晰時，我便理解到了上一段所述的事實。樂娜有隻狗，喬治，每天夜晚吃完可怕的晚餐後，樂娜便與喬治出門散步。他倆會有長長的對話，談論他們將如何逃開這個家，到另一個地方去生活。偶爾喬治不乖，樂娜便會一陣盛怒，對小狗又踢又凌虐，事後則是難過懊悔並且賠罪。

　　她這個內在照護者的黑暗面，往往以自我厭恨的聲音折磨她。有回她在母親的堅持下，參加了高中的一場舞會。當晚回到家，她

千不該萬不該，告訴了母親她在舞會玩得非常不愉快，沒有人邀她跳舞，她整晚坐在黑暗之中。酒醉的母親聽了這話，火冒三丈，對她做肢體上的攻擊——她怎能如此羞辱母親？她對俱樂部裡的姊妹們該怎麼說？隨著母親的羞辱一波比一波強烈，樂娜又鬧起情緒發起脾氣來，但最後，母親的拳打腳踢擊潰了她的精神。個案記得，在這之後，她的內在聲音將她狠狠斥責了一番，它怒罵她：「妳這個愚蠢的小賤人，我不是叫妳別把真相告訴妳媽媽嗎？妳有什麼毛病啊？妳要是不多用點頭腦，我們就永遠不會成功了！」

這個聲音也是告訴她她是個「壞胚子」、她精神錯亂的那個聲音，它還告訴她，她永遠不該將內心暴露給他人看，最重要的是，絕不可對任何事抱有希望或期待。這聲音雄赳赳，凶悍且討人厭，甚至否定一切：「我要媽媽！」——「不！妳不要媽媽！妳已經有我了！」「我想結婚！」——「不對，妳不想結婚，妳要為了事業保持自由之身！」這聲音向她灌輸黑暗預言：「妳的丈夫會離開妳……妳會跟妳媽一樣變成酒鬼……妳會吐……妳會失敗！」

於是我們看到了自我照護系統的兩面，一方面是個守護天使或「神仙教母」，藉由嚇唬這位個案，嚇得她不敢自殺，保全了她的性命，但在這過程中協助她解離了真我的一部分，將那部分隔離在幻想中，以及她的粉紅遊戲間中。接著她又以魔法師的形象現身——是個原型的說書人（storyteller），為受到傷害的小女孩讀床邊故事，唱歌給她聽，用虛幻的希望安慰她。但當她開始摸索這個希望，尋找其中在世上具有真實性的東西，或是在試圖與現實連結的真切努力中失望時，這個自我照護系統的保護者角色卻變了臉，變得窮凶極惡，攻擊自我及它脆弱的內在客體。

樂娜內在世界中這兩個分別具備撫慰性與邪惡性的人物，以腦海中兩個極其有力的「聲音」出現在她的意識生活中。這兩個聲音以充滿強大權威感的口吻說話，既支持她，也反對她。後來在樂娜的分析治療中，我們的主要工作之一，便是訓練樂娜敏銳地覺察這些聲音（她完全認同這些聲音），也就是說，我們試圖將這些與自我和諧共振（ego-syntonic）的聲音變成與自我矛盾（ego-dystonic），並且為她的自我培養出一種態度，來面對她的保護者兼迫害者的誘惑或暴虐。在這個情況下，治療師的聲音與態度不僅必須是「和氣且善於體諒」，同時還必須承襲一些那位暴君的堅定與強硬——也就是說，治療師的聲音與態度絕不能害怕傷害個案膨脹的自我，說話必須具有權威感。樂娜自我照護系統的「聲音」於是逐漸被一個較為真實、柔和且寬容的聲音所取代。然而事實證明，要樂娜拋棄她的保護者兼迫害者及它的聲音，遠比我最初所以為的要艱難得多。樂娜告訴我，這感覺就像是背叛一個老朋友，何況還是個曾經救過她性命的老朋友。「我要是與這聲音切斷關係，」她說：「就好像是對我媽說我不愛她……雖然聽起來很變態，但事實上**我愛那聲音**……就和我愛我媽一樣。『她』幫助我度過了許多事……你不理解嗎？你的聲音和它比起來，弱小得微不足道！當我需要幫助的時候，你會在哪裡呢？那個聲音救過我的命。這聽起來很荒唐，但我不知還能如何解釋這個現象。」

夢中小孩的出現

大約在心理治療進行了四年之後，樂娜受到一次偶然的創傷所苦，這個創傷揭開了她幼年時期的痛楚。她曾短暫與一名自戀的

男子結婚，這男子待她的態度與她童年時期在粉紅遊戲間裡母親所給她的待遇相仿，也就是被當個物品，當個洋娃娃。在兩人交往之初，這男子甚至稱她為他的「活娃娃」。就在我接下來將談及的那次晤談的前一夜，那男子毫無感情地冷冷告訴她，他已不再愛她，希望與她離婚。雖然多年以來樂娜與這男人已不再感覺親近，但離婚一事仍使她陷入絕望。

樂娜這時已和我在移情中建立了堅固的關係，而在這之前的一年，我們的治療工作中發生了一件有趣的事，那便是樂娜平生第一次開始記得她的夢境。她的夢境中經常出現的人物之一，是個天真、憤怒且受到忽視的小女孩形象。每當這個小女孩出現，我們談論起她，樂娜便開始哭泣，因此這個夢中小孩對樂娜（以及對我）變得非常重要。這是一種她過去從未感受過的悲傷──為了當初把自己分裂成兩半的幼年時代的自己，所受到的忽視與虐待而感到的悲傷。在這個夢中小孩的幫助下，她開始可以為分裂之後失去的那些童年歲月而哀傷，在那些年中，她活著，卻沒有活躍的靈魂或心靈。**這個悲傷工作（grief work）就是她的「精神治療」**（"psychotherapy"）。

在她的丈夫對她發出殘酷宣告之後的那次晤談，她開始抱怨胃部緊張地糾結成恐怖的一團，她擔心兒時的胃潰瘍又復發了。除掉這僅有的感覺外，她感到麻木，對一切都無感。我請她閉上眼睛，深深吸氣到胃裡，專注於胃的感覺，告訴我這種肉體上的痛苦使她想像到了什麼影像。我請她讓她的胃說話，告訴我們它說了什麼。她花了幾分鐘才達到足夠的放鬆程度，得以進行這項程序，但接著突然倒抽了一口氣，恐懼與興奮情緒並存的眼睛睜得大大。她突然

創傷的內在世界：生命中難以承受的重，心靈如何回應

「看見」了那個「小女孩」，女孩的眼因深沉的痛苦而噙著淚，對樂娜僅僅差怯卻又絕望地瞥了一眼。看見這個影像，樂娜哭泣起來——對這位向來自信的女子來說，這是不尋常的現象。

在這場重要的晤談中，我支持並鼓勵她別讓這感覺跑開，接下來的全部時間，她僅是雙手抱頭，為這個茫然且心碎的小女孩啜泣。就在她如此哭泣時，麻木感消失了，胃部的緊張也緩和了，我們也許可以稱為她的人格精神的東西又「重回」她的體內。在這個過程中，她逐漸達成了具體化（embodiment），我們可以從她油然而發的情感強度中看出她具體化的程度。當天晤談結束，她離去時身心俱疲，但有了根本上的改變，某樣自她生命中解離已久的事物重新與她建立了聯繫，獲得了整合與具體化。她同時並獲得了重要的領悟，理解到目前與丈夫間發生的創傷不過是許久之前一個創傷的最新版本。當她還是個小女孩時，她沒能體認到那個創傷，如今藉著與我之間正向關係的協助，她在被丈夫拋棄時體驗到了那個創傷；這個領悟並沒有使她「感覺」較好，但使她強烈的痛苦有了新的意義。總結來說，我們可以說，此時當她癒合心與身之間的裂痕之際，驅動生命力的精神回來了，身體與心智上的緊繃痛楚緩解了，她重新找回了她的靈魂與心靈。問題並不是就此永久解決了，但類似這樣的經驗能夠鼓舞個案，並支持哀悼工作，若沒有這種支持，哀悼工作會令創傷個案備感羞辱。

古斯塔夫與他的天上父母

這個故事的主角是個迷茫的小男孩，後來成為我的個案，姑且

稱他為古斯塔夫。古斯塔夫在二戰前夕出生於德國大城，父親是納粹士兵，酗酒，古斯塔夫記得的他既粗暴又蠻橫，從前線回家時，會抓住兒子的耳朵猛扭，扭得他哭著求饒。母親是個美麗的農婦，在一家烘焙舖工作，會不太熱切也不太情願地、只用一半心力試圖保護古斯塔夫別挨父親虐待，但她自己也經常遭到毆打。古斯塔夫六歲那年，盟軍開始轟炸德國。他仍記得最早的幾次轟炸，他躲在地下室，事後走出門，周遭一片廢墟。他記得有母親在身邊時，他一點兒也不害怕。後來轟炸加劇，他被送到鄉下的阿姨家，阿姨一家人居住在一所「精神病院」中，姨丈是那所病院的屠夫，圍裙上總是沾有血漬，是個教人害怕的人。古斯塔夫對於居住在那裡的四年記憶不深，只記得他時時刻刻感到困惑且害怕，對那所精神病院懷著莫名的恐懼，也記得由於害怕穿過姨丈房間外的黑暗走廊，夜裡只好在床下用報紙解決大小便的羞辱。此外他還記得自己總是不斷哭著找媽媽，母親來訪時，則為了他是個愛哭鬼而斥責他。

五年後戰爭結束，他的父親進了戰俘營，古斯塔夫和母親回到他人生最初六年居住的公寓，如今已經炸得面目全非，僅存四面牆及一張曾屬於他父親的老舊書桌，除此之外什麼也不剩。街道上處處是瓦礫廢墟，還有成群結隊搶劫擄掠的青少年，這些人會毆打他、偷他的食物，還會對他性騷擾。他的母親到農人的田地裡偷馬鈴薯，被人追著跑，丟盡顏面。古斯塔夫在未爆彈的恐懼中生活。父親返家後不久，懷孕的母親試圖用毛線針打胎，引發大量出血，被送進了醫院，於是古斯塔夫與酒醉的父親單獨在家中住了一週。

這是他對那段時日的全部記憶。那段期間他與父親之間發生了某種可怕的事，但他不知是什麼。他在盛怒之中，用一把斧頭劈斷

了那張老書桌——至少他聽說的是這樣。他仍記得母親必須離開醫院病床來「救」他。他依稀記得他在胡言亂語的譫妄狀態中被送進的精神病院，也記得這個事件之後，一切都不同了。四十年後他對我說：「我體內的某種東西在那時斷裂了。我真正的生命死掉了，他們把我救活成一個軀殼。從那時起，我早上都起不了床，我對一切都失去了興趣，直到來到美國⋯⋯」

　　然而在這段許多痛苦的歲月間，這個小男孩並非毫無希望。他每天興奮地等待上床時間，因為夜裡在屠夫家黑暗的房間中，他與自己玩著想像的遊戲。他曾在一本德文雜誌中讀到圖坦卡門陵墓的出土，也見過那些美麗文物與黃金寶藏的照片，在幻想中，他便是那位少年國王，統治著一直向非洲南部延伸的遼闊的埃及王國。在幻想中，他所需要的物品應有盡有，他備受寵愛，吃喝與生活的各項所需都非常豪奢。最重要的是，他有個特殊的良師益友，那便是他所深愛而對方也疼愛他的大祭司。這個人具有超能力，是某種神祇，教導他有關這世上他所需知道的各種事——天文、自然、神祇的神祕力量、軍人的技能等。祭司也會與他玩遊戲——用奇怪的象形文字訂定規則的複雜遊戲。與這位祭司父親成雙成對的是個女大祭司兼母親，是個美麗的女子，也是女神，會教導他所有有關女人的藝術，包括音樂與性。

　　他將這兩個人物視為他「天上的父母」，他倆在他生活裡令他安心的存在，而且不僅限於圖坦卡門的幻想中。他入睡之後，他們也出現在他的房中——他的夢裡。然而他們在他的夢中與幻想中不同，夢中的他們並不似幻想中那樣與他互動，僅僅是身穿藍色長袍，「在那裡」。所有令古斯塔夫害怕或沮喪到難以承受的夢境

中，他們都會出現。光是他們在場，就足以安定古斯塔夫的內心。偶爾他們也會以令人安心的口吻說話，但古斯塔夫從不記得他們對他說了什麼話，只記得無論他們說什麼，都使他平靜並感到安全。

詮釋與理論說明

靠著這個富於想像力的幻想，古斯塔夫得以保住了希望，也藉由這方法，遠離了日日纏擾他引動自殺傾向的絕望。傳統的心理分析可能會認為這顯示這孩子開始有了嚴重的精神病理狀態，也就是在扭曲、繁複且天馬行空的內在世界與難以承受的外在世界間，開始發生嚴重分裂，這種幻象便是最初的徵象。傳統的分析會將這種幻想解析為一種防禦，將幻想的內容貶低為這孩子對自己與不在身邊的父母間的關係退行式的幻覺。這些分析都沒有錯，事實上，當這個男孩長大，而我有幸成為他的治療師，我們的工作有很大部分以他真實父母的意象為核心。但榮格取向的分析不會滿足於停留在純粹個人人生劇碼的討論中，更希望超越這種簡化的詮釋，去探討這個幻想的終極目的及原型內容。

用榮格取向的分析法來分析這個素材，是希望我們體認到，以這孩子這樣的生活環境，心靈能夠創造出如此這般的幻想，本身便是一項奇蹟，更何況這個幻想有著奇蹟般的效果——它保住了這孩子身體與心靈的生命。說得更確切些，它保住了他的精神，只不過那精神如同少年國王一般，埋葬在幻想之中，等待來日的重生。於是我們發現，原型心靈及其負責組織工作的中心原型——也就是我們稱為自性的那樣東西——目的之一在於保住自我胚芽的性命，保持這個胚芽的存活，以便在生命已然放棄了人格精神之際，仍然給

予人格精神支持。在這個案例中，原型心靈與自性的目的之一，是藉由對自我說故事，來維持自我的存活，這些故事使自我在生命中有了雖然神奇但具有意義的「位置」，於是也有了希望。我們或許還能額外補充，原型心靈若沒有得到現實的幫助，無法無限期地一直這麼下去，此外，當內在世界必須以此種方式前來營救苦悶不能脫身的自我，此人對現實的適應力通常會付出高昂的代價。費倫奇（Sandor Frerenczi）在談到一個與古斯塔夫十分相似的案例時，對這個過程有精彩的描述：

這種自我分裂過程，有個令人驚詫但顯然普遍來說是合乎邏輯的特徵，那便是逐漸變得無可忍受的客體關係驟然發生轉變，變成了自戀。被所有神祇放棄的人完全逃開現實，為自己創造了另一個世界；在這世界中，他完全不受地球重力所阻礙，能夠達成他所期望的任何事。他若是遭到了冷落，甚至是折磨，便將自己的一部分分裂；這個分裂出的部分以樂於提供協助、滿懷愛意且往往如母親般慈祥的照護者姿態，同情這個備受折磨的殘存自體，照料他，並為他做決策，而這種種照料與決策都是憑藉著深厚的智慧及伶俐的機敏來進行的。這個分裂的部分本身就是智慧與仁慈的化身，可以說是個守護天使。這個天使從外在看見了受苦或遭到殺害的孩子，他在宇宙間上窮碧落下黃泉地尋找協助，為這個無法以其他任何方式拯救的孩子創造幻想。但當創傷非常嚴重且一再發生時，就連這個守護天使也必須向這個備受折磨的孩子承認自己束手無策，承認自己使出的是善意的騙局。這時除了自殺外，便什麼辦法也不剩了，除非在最後一刻，現實中發生了有利的轉變。這個我們可以用

來對抗自殺衝動的有利的事件便是，在這個新的創傷掙扎中，個案已不再孤單。

——費倫奇（1933：237）

同時，當我們以榮格的觀點來看這份素材時，至少要指出，這個小男孩的幻想包含了普世共通的主題，例如原始人類中常見的一個屬於天上、一個屬於人間的「雙重父母」原型意象。在生身父母的背後，有著相等於父母、但屬於精神層面的人物，這是人們普遍相信的概念，並且一直流傳至今，成為「教父」、「教母」的習俗，這些教父教母會出席孩子的受洗儀式，並負責監管孩子的精神生活。這樣的習俗則體現了一個心理事實，亦即對孩子而言，自己的生身父親「負載著」父親的原型，也就是自性的原型，也負載著這個原型在世界各地所蘊含的所有精神含意。

於是我們有了這個例子，受創的自我在缺乏溫暖可親近的真實父親來協助成長時，藉由來自集體心靈的背景客體（background object）維持生存；可以說是集體心靈「插手干預」，用幻想（自我照護系統）來維繫自我的生存。傳統佛洛伊德學派的觀點會認為這是為了滿足願望（wish-fulfilling），但單單說古斯塔夫為了滿足願望而「捏造」了天上的父母，並不夠充分。應該說，當殘破的自我落入了創傷的深淵，它發現深淵中有個東西能「接住它」，那東西是原型心靈，是心靈中一種結構性的「存在」，並非出於自我的創造。

最後，我們必須想像，古斯塔夫對少年國王圖坦卡門陵墓的出土之所以強烈感到興趣，是找到了一項考古現實來外化他自己

的早「逝」——這早「逝」指的是在生活的種種創傷中失卻了「精神」。埃及的墓葬、製作木乃伊的繁複準備工作、層層嵌套的棺木、為死者儲備的糧食等，種種事項都是精心設計來保障「巴」（Ba）與「卡」（Ka）——也就是死者的精神與靈魂——能夠有容身之所。負責給這地方做準備，以便保障人格精神安全的是祭司，也就是「神人」（god men），他是自性的載體。在以下對古斯塔夫治療過程的簡短描述中，我們可以看見，當針對他受創感受的治療工作開始進行時，「他們」（自我照護系統的成員）是多麼凶狠地拒絕放手。

古斯塔夫的治療：創傷記憶的恢復

古斯塔夫接受治療的頭幾週是一段煞費苦心的來回爭辯，為的是測試心理分析涵容者的可靠性，以及讓他確信他能信賴我。一旦他開始對他所感受到的支持「屈服」，埋藏已久的感覺便猶如搖曳的火焰圍繞在夢的燭芯旁一般，開始浮現。以下是他所陳述的第一場夢——這場夢揭露了他童年自體的核心中無可承受的悲哀，以及保護他脆弱精神的原型自性形象。

我在一棟大型建築物的二樓。對於第三次世界大戰的恐懼開始醞釀。我去上廁所，那裡有一扇全景窗，還有幾個隔間。有個十二歲的男孩靠在隔間牆上，他病了，因為害怕、痛苦與絕望而閉著眼睛，地上到處是他吐的穢物。透過那扇巨大的窗戶，我可以看見遠方正在發生爆炸，我的腳下可以感覺到震動從地面傳導過來。大戰開始了。我跑出廁所，往建築物的低處跑，可能的話，打算跑到地

下室去尋找掩護。建築物的內部像教堂一樣大而開闊，地面層有一群人站著，這群人頭頂上的空氣發生了爆炸，我以為會出現一朵蕈狀雲，結果逐漸呈現出來的卻是個五彩繽紛、令人敬畏的幽靈，是個弄臣，或者是個小丑——事實上是個愚者（Fool），身穿用發亮的五彩螢光布片拼綴而成的衣裳。我很害怕，我知道這個人一定是魔鬼。

古斯塔夫對這個夢非常擔憂，這夢是否意味著他就快死了？或是快要發瘋了？他的世界是否就要結束了？（事實上在那之前他已經經歷過「死亡」及崩潰了，但當時我並不知道）我告訴他，我認為那絕望的十二歲男孩意象（加上第三次世界大戰爆發的意象）間接意味著他在那年紀遭遇過某種災難般悲慘的事件——某種「終止了他的世界」的事件。我請他回憶那個年紀時發生的事，於是我們緩慢且痛苦地揭露了在他母親住院那不幸的一週所發生的不明恐怖經歷。我們每一次的晤談，都將掩蓋那個創傷的潛抑又挖掘更深一些，可以說是又多解開了一層他精神木乃伊的裹屍布。除了表達出深不見底的痛楚與悲傷之外，過程中的每一步驟都遭遇到極大的抗拒。在描述這些抗拒及創傷最後的水落石出之前，我必須先談談那個愚者兼魔鬼。

此處出現了一個與個案沒有個人關聯的意象，而原型意象往往都是如此的。我們若想理解心靈使用這樣一個意象的意圖何在，便需要將這意象放大延伸來看，也就是說，要找出許多世代以來這個意象在集體心靈中的意義。我們若在任一象徵字典中查詢「愚者」譯註2，便會得到諸如以下的素材：愚者作為一種通往潛意識或瘋狂

的連結，在社會中往往扮演著療癒的角色。他藉由引動笑聲及解放壓抑的焦慮來顛覆尋常的秩序，對於意識生活的僵硬具有修正的功能，因此他常出現在中世紀的宮廷中，身穿襤褸或五彩繽紛的衣服，用滑稽言行來嘲弄國王與國王的統治。他通常是技巧高超的雜耍藝人，有時是魔術師，在中世紀的奇蹟劇或嘉年華會中，他的滑稽表演往往在象徵性的死亡與重生中達到高潮。他時常以魔鬼的形象出現，出場前往往有煙火、煙霧及硫磺臭味做前導。在塔羅牌中抽到愚者牌，據說是意味著即將驟然躍入潛意識之中（古斯塔夫即將要經歷的正是這個，而不是如他所以為的是真正的死亡）。

愚者是榮格所稱的搗蛋鬼原型的具體化身——搗蛋鬼就是那個能隨意變換外型、異想天開、能跨越各種界線的人物——他甚至具體代表了用來將神與人分開的人物。榮格十分喜歡的一個搗蛋鬼，甚至被描述為身上穿戴了「所有的顏色」，這個人就是偉大的信使兼調停者，唯一能跨越神界與人界閾限的煉金術之神——荷米斯／墨丘利。他的「色彩」代表他在煉金過程中的角色——他改變了煉金工作早期階段的「黑」。榮格是如此述說煉金術的：

> 煉金術工作有兩個目標，一是拯救人類靈魂（整合），二是拯救宇宙……這項工作非常艱難，其中處處散布著阻礙。一開頭，你會遇上「龍」，也就是陰暗幽魂、「魔鬼」，煉金術士則稱之為「黑」，也就是黑化（nigredo），而這個相遇會導致苦痛。用煉金術的術語來說，在黑化消失之前，物質會受苦。當孔雀尾（cauda pavonis）宣告黎明（黎明女神〔aurora〕）來臨，新的一天即將開始，黑化便將消失。
> ——榮格（1977: 228f）

於是我們看見愚者／魔鬼結合了這些相反特質，正當古斯塔夫沉降入仍處於潛意識中的創傷過往之際，愚者／魔鬼卻突然出現在核子煙火的爆炸中。很顯然，這是個自我照護系統——也就是原始矛盾自性作為保護者兼迫害者雙重角色——的絕佳範例。我們可以想像這個凶狠的照顧者將會是後續所有阻抗的來源。

三週後，古斯塔夫作了以下這個夢：

一個十二歲男孩遭到綁架，被一台巴士載走。我擔心我再也見不到他了。我有一把手槍，於是朝著巴士駕駛一直開槍，有好幾次應該打中他了，但他仍然繼續開著巴士離開。巴士的車尾從我面前經過時，我看見車尾有兩名警衛，他們手上的槍比我的大，我非停止開槍不可，否則他們肯定會殺了我。我對於罪惡的存在感到痛苦萬分。人生怎麼會是這樣的？世間沒有上帝嗎？沒有人能阻止這事發生嗎？我滿懷恐懼地醒來。

這個夢境告訴我們，對於我們開始探索他的過往，他心靈的某部分備感威脅，因此試圖要將往事密封在一個心智的容器（那輛巴士）中，並永恆地帶走（也就是確保它永遠自意識層面解離）。然而這一回，他與那個十二歲男孩似乎有所關聯，他「擔心他再也見不到他了」，對於男孩遭綁架感到痛苦萬分，並且試圖殺死綁匪，以便解救男孩。

隨著治療的進行，古斯塔夫逐漸接近了他創傷經驗中無可承受的情感，這時他開始夢見自己就是那十二歲男孩。例如：

我大約十二歲大，有個發瘋的醫生把我推進地下室的門內，對我扔了一枚手榴彈。把我解決掉之後，他毫無興奮之情也毫無任何情緒地走進屋子的另一個區域，去從事他的日常休閒活動。但是我躲在地下室的門背後，沒有受傷。我從一道鋼製門的一個小開口逃出來，差點卡在開口中。我沿著一條與海灘平行的馬路往北跑。我理解到萬一那個醫生發現我不見了……大可以聲稱我是他發瘋的個案，開著車來追我，那是輕而易舉的事，因此我得要非常小心，只往他不大可能會去的地方去。

創傷

這場夢過後不久，我們得以拼湊出他的創傷經驗。一如我的預期，創傷不僅來自父親的肢體虐待，連他母親也牽扯在內。指出這個事實的線索仍然是透過夢境來浮現的：

我被我媽叫醒，她告訴我一件什麼事，讓我感覺嚴重受傷。我仍然昏昏沉沉，沒有清醒，卻開始對著她尖叫，也對著她的背影尖叫，但她還是走掉了。我追著她，繼續尖叫……「我要怎麼做個人？要怎麼過我的生活？」我跟著她進入另一個房間，那房裡有具像木乃伊一樣巨大沒有形體的東西躺在床上。

正當他思索著這場夢時，彷彿他的心智內有個有毒的囊腫破了，他記起十二歲時無意間闖入浴室，看見母親在馬桶上打胎。他記得一個月前母親曾告訴他她懷孕了，他興奮地想像自己即將有個弟弟或妹妹，悽慘的寂寞歲月就要結束，這會兒他卻發現母親正在

辣手摧殘她自己,雙手沾滿了鮮血。母親對他尖叫,嚷著要他出去。古斯塔夫在困惑與羞愧中,懇求母親把插在身上的針拿開,但母親尖叫著說她不想要這個小孩。古斯塔夫愈來愈歇斯底里,猛力敲打門,母親則尖叫著說,當初如果有辦法的話,她連古斯塔夫也要打掉。

那一夜,母親住進醫院,古斯塔夫在臥房裡啜泣,父親進房來要他安靜,兩人交談了一番,古斯塔夫得知原來連父親也不想要那個小孩——他討厭小嬰兒,討厭像古斯塔夫這樣愛哭的小孩——他寧可古斯塔夫從未出生。接著父親就如他所熟悉的那樣盛怒,氣得滿臉通紅,眼中迸出恨意,扭絞他的耳朵,尖叫……在從精神病院出院之前,古斯塔夫所記得的就只到這裡。

在古斯塔夫發洩了與這段遭解離的記憶相關的所有深深潛抑的悲傷與憤怒之後,感到強烈地如釋重負,憂鬱大幅度消散了,他甚且考慮要結束治療。然而我們才剛剛鞏固了治療工作所得的收穫,準備要在有了這些成就之後休息一陣,他的夢境卻開始「處理」一個更早的創傷。這回是個六歲男童,出現在以下這樣的夢境中:

有個恐怖份子或綁匪開車載著我,我坐在後座,車上還有我五、六歲大的兒子。恐怖份子想要挾持我們,但我拒絕了,並且走下車。我的兒子仍在車上。我懇求恐怖份子放了我兒子,但他載著我兒子兜了一、兩個圈,我只能束手無策地旁觀。

此處我們又看到一個兒童自我表徵遭到迫害者兼保護者霸道控制的例證(古斯塔夫真正的兒子是個成年人,因此我們將這個五歲

大的「夢中兒子」視為他自己的一個面向）。在這段期間，我們透過持續檢視他的早年記憶，逐漸接近了他的經驗，這時如以下這樣的夢境開始浮現，彷彿是要告訴我們，我們走對了路：

有個工廠老闆（沒有以人的形象出現，而是某種隱隱然的存在）的兒子（約五、六歲），被人發現在外面的地上躺了許久，身上覆蓋了一層雪。我們把他挖出來之後，告訴他我們預期他會為自己的命運感到生氣、失望，甚至暴怒，也就是被遺忘在戶外這麼久。我們推測他父親壓根兒不太思念他，即使真的思念他且動身去尋找他，也是太輕易就放棄了。但這孩子似乎是太虛弱也太恐懼了，無力興起這樣的感覺。他幾乎說不出話來，只是結結巴巴，我認為這是由於他埋在雪地裡缺氧太久，以致於腦部受傷了。

這個夢境協助我們接近他孩提時被父親遺棄的感覺（他有覺知到自己思念母親），從而揭開了他最初對屠夫姨丈所懷抱的愛，也揭露了他之所以恐懼姨丈，不是由於圍裙沾滿血漬，而是由於一件他抵達農莊之後不久發生的事。有天深夜，他的姨丈走進他的臥房……當我們討論以下這個夢境，也是這一系列夢境中的最後一個時，那件事的細節一股腦兒地流瀉出來：

開頭似乎是有個男人的手環繞著一個小孩的脖子。我大約六歲大，住在鄉下的一個小鎮中。世界上出現了一種會吞噬人的隱形雲，這朵雲到處遊蕩，久不久就會碰觸一個人，通常是男人，通常會碰觸他們的腿，然後這人就會消失在這朵隱形雲當中。

我搭火車進城去，很開心能逃離那朵雲的獵場，但又想到說不定那朵雲會跟著我進城去，開始吞噬城裡的人。接著我到了火車總站，開始感覺冷和刺痛，我明白我就快要碰上那朵雲了。我想要退開，但雲緊跟不放。我往人群移動，希望它會鎖定別的人，放過我，但它還是緊緊跟著我。我身邊有些工人離我很近，我迫切渴望有人能碰碰我，好把那朵雲從我身邊拉開。我比手勢要那些工人碰碰我，只有一個人走過來，碰了碰我的陰莖。後來又來了一個，他們一面碰我一面嘲笑我。我要他們停在那兒別走。他們的碰觸把那朵雲碰觸我的感覺消除了一些，但還有一些沒有消除。我的下腹部及性器官感覺又冷又緊，好像著了魔或者被附身了。

古斯塔夫這時記起他的姨丈曾壓在他身上，碰觸他的陰莖，由於他抵抗，姨丈於是蒙住他的嘴好壓低他的哭喊聲，並且用手環住他的頸子嚇唬他。

我們此時必須中斷一下古斯塔夫的故事。發掘並且宣洩了這段六歲創傷及隨之而來的去人格化及現實感喪失的感覺，出乎意料地又引領我們發現他兩、三歲時的事。古斯塔夫在移情中若感覺足夠安全，他的夢境終能引領我們看見其中隱藏著解離情感的必要細節，我和他都對這現象感到相當驚異。在這段過程中，古斯塔夫極度地「敏感易怒」，對治療工作感到煩躁，有時堅決相信這樣的回溯很浪費時間，好似照護者人物（愚者／魔鬼、巴士駕駛、瘋狂醫生、恐怖份子／綁匪、工廠老闆、雲）拋出了非常多隨意變換樣貌的阻抗。經歷了重重阻礙，這些人物才緩緩鬆開了對夢中「兒童」的掌控，最後，與這些早年創傷相關的情感才終於得以重見天日。

為曾經經歷過使人生發生斷裂的創傷的個案進行心理治療時，這種由自我照護系統所打造的化身為人的阻抗很常見。用客體關係的說法來說，這些人對他們迫害性的內在「客體」表現了我們可能稱之為深度依戀（deep attachment）的感情。佛洛伊德（1923: 4a）是頭一個注意到這現象的人，他將這種現象稱為「負向治療反應」（negative therapeutic reaction）。之所以取這樣的名稱，是由於當他以充滿希望的口吻對某些個案說話時，他們毫無例外地都會變得更糟。佛洛伊德認為這是由於個案「性好施虐的超我」（sadistic superego）對「性好受虐的自我」（masochistic ego）發動了內在的攻擊。然而佛洛伊德遺漏了一點，創傷個案之所以抗拒改變與成長，遭到性好施虐的超我所威嚇僅是其中一部分的原因。使這個簡單的解釋變得複雜的是，性好施虐的超我同時也是負責照護工作的超我；也就是說，那個超我是個「較高層級」的內在人物，這個人物幾乎可說是拯救了個案的心理生命，這是一種奇蹟，而為了這項奇蹟，個案可能在潛意識中充滿感激。透過這位內在人物的安排，個案得以接觸到意識的變異狀態（我們可以想像，也接觸到了心身的變異狀態〔altered psycho-physiological states〕）。這種變異狀態具有安慰的效果，讓個案難以輕易放棄。也正是因為這種狀態在過去曾經有效地保住了某種彌足珍貴——個案「知道」它彌足珍貴——的東西，那就是神聖不可侵犯的人格精神。

凱伊與海豚

　　為早期遭受過創傷的個案擔任心理治療師的人，時常有幸能

短暫目睹心靈神奇的救命能力，或者說得精確一些，是看見聖祕（numinous）的精神現實（psychic reality）如何出手救助受創的自我。以下這個臨床案例便是這樣一個「目睹」的經驗。

有個女子經歷了一場嚴重車禍，住院好幾週、雙手殘廢變形之後，來向我尋求心理治療。我們姑且稱她為凱伊。在從嚴重的外傷恢復的期間，她的未婚夫對她「不再有感覺」，與她解除婚約，而她在世上最親近的朋友突然意外死亡。更糟的是，她原本從事的是活動量大的戶外工作，這下由於雙手殘廢，無法再工作，生計即將不保。她若期望雙手完全恢復功能，便有許多痛苦的重建手術等著她，然而手術的費用來源成了問題，更不用說，經過了這種種的創傷之後，凱伊心情沮喪，對未來充滿焦慮。

我逐漸認識凱伊後，發現這種達到創傷等級的恐懼對她而言並不是新鮮事。事實上，由於她孩提時異常敏感，生活本身的鋒利稜角對她而言往往尖銳得令她痛苦。由於早產導致呼吸不順，她出生的第一個月是在保溫箱中度過的。接著，原本該是個快樂且適應良好的小女孩的她，卻持續地恐懼死亡，並為了死亡或她在新聞中聽見的其他恐怖事物，例如可能爆發的核子戰，或德國集中營的恐怖狀況，而夜驚。在她頭腦中最揮之不去的是死亡本身。人怎麼會「存在」然後又「不存在」了呢？死亡怎麼就這樣結束了一切呢？她會整晚清醒地想這問題。當她一遍又一遍向父母詢問時，所獲得的訊息是她「太敏感了」，於是她開始覺得自己可能有問題。三歲時，她所崇拜的哥哥上學去，她哭了許多天——太敏感了！她的小狗死了，她傷心得不能自已，而她獲得的評語再一次是「太敏感了」。

凱伊在情感上的脆弱敏感，與她那極度強調堅忍自制與宗教奉獻的家庭格格不入。凱伊的問題若是太過「放肆」，母親便會用肥皂清洗她的嘴，或是愛喝酒的父親會先用侮辱的言詞怒罵她，再打她一頓屁股。她的學習障礙則使問題更加嚴重（她怎麼會這麼笨！），中學時她有些發展遲緩，體重也有些過重（她的母親經常給她量體重），她感覺自己醜陋，和外界格格不入。一種隱隱具危害性的自我評價逐漸成形，凱伊開始將一切煩惱歸咎於自己。她接受治療後最初的幾場夢境之一，顯示了她逐漸發展的自我照護系統迫害性的一面：

我在一個集中營裡，我們看著一群人被帶去殺害。有個婦人抓住我的手臂，把我帶離我們的團體。她叫我要時時背對守衛。她告訴我，我的手會讓我被相中，送去火葬場，因為我不完美，他們只留下沒有缺陷的人。

隨著納粹一般的完美主義自我照護系統在青春期逐漸成形，凱伊愈來愈退縮到自己的世界中。她有愈來愈多的時間待在自己的房中，或是孤獨地走長長的路散步。她開始撰寫大量悲傷的詩歌，把幻想和故事記錄在日記中，並且發展出她稱之為「靈魂出竅」的能力。當情況悲哀得無可承受時，她便「脫離」軀殼，「漂浮」在上方。漂浮使她進入自由奔放的意象想像遊戲中。這猶如是個清醒的夢境，但她多少能隨心所欲地進入這個夢。在這個世界裡，她處於一種能與自己進行特殊交流，也能與戶外的自然奧祕進行特殊交流的狀態。她喜愛游泳，也擅長游泳，這種感覺就像游泳，因此她想

像她私密的「漂浮世界」是個水底世界。在這個水底的奇境之中，她對海豚有著特殊感覺，也與海豚間存在著友好情誼。

　　治療工作進行了約八週後，凱伊面臨了另一個創傷。她指望著靠她的戶外工作來支付未來的手術費用，但公司有個主管視她為保險風險，將要獨斷獨裁地進行「人力精簡」，凱伊的工作可能會不保。凱伊為這件事恐懼得不能自已。她感覺自己完完全全仰賴這份工作及工作提供的保險理賠，假使她較獨立，或許還能好好地應付這狀況，如今她卻沒辦法。她愈是想討好主管，情況就愈糟，最後她的屈辱感到達了崩潰邊緣。這時她作了個夢，海豚出現在夢中。

　　我們正在開員工會議，我的主管對我吼了句什麼話，然後轉過身去。我心情很糟，詢問他他說的話是什麼意思。他譏諷地翻了翻白眼。我跟著他走出門到街上，他轉過身來說：「妳有什麼毛病？」我仍然沒理解他說什麼。忽然之間，他看起來像個街頭的拉丁少年，凶狠又粗暴。他在轉角扔下我，叫我在那兒等著。我難過得不知所措。忽然之間我身旁有魚兒游過──我以為是個巨大的環形水族箱。小孩子們站在街角，伸手指著那些魚。這時有兩隻瓶鼻海豚繞過街角游過來，剛好就從我身旁滑行過去。看見這兩隻海豚，我很興奮，牠倆則是在游過我身旁時，小心翼翼地瞅著我。我想和牠們一起游泳，但我得待在那兒等我的主管。一會兒海豚又來了──這次有九隻，全都瞅著我。這些海豚看起來很嚴肅，不像海豚通常看起來那樣開心。我的主管回來了，他說評估已經結束，他不能再和我一起工作了。我問他為什麼，我很害怕，開始發抖。他說我讓他很沒面子，說我不該在會議中發言，抱怨一些事。海豚從

創傷的內在世界：生命中難以承受的重，心靈如何回應

旁邊游過。我問主管我是不是被解雇了。我哭了出來，可是又不得不忍住。主管說他必須炒我魷魚。海豚游過來，放慢了速度。我腦海裡有個聲音一直說：「海豚！海豚！」我克制不住淚水，我覺得我快要窒息了。我一邊哭著一邊醒來。

在聯想這個夢時，凱伊說，這許多年來，她做過許多海豚夢。海豚通常出現在她面臨難以招架巨大困難的時刻。「我會感覺受到了保護。」她說：「我一直都感覺自己太脆弱——但又很奇怪地受著保護，好像有另一個現實就在伸手可及的近處。」兩週後，凱伊果真被這位主管革職，當晚，海豚再度回到她的夢中，只不過這一次，牠們帶著她一同游泳。

我和經理丹尼斯（現實中的他是個脾氣火爆、令她害怕的人）一同在一個海洋公園工作。我們在水深及腰的水中忙著，周遭到處是海豚。我認得其中的幾隻。我想和牠們一起游泳，但我得幫忙丹尼斯做事。他剛剛想起他忘記了一件什麼事，生起氣來，開始責怪我，走上走下咆哮著。海豚又浮出水面了，對我比劃著動作，要我和牠們一起走。我很想跟牠們走，但我覺得沒辦法和牠們游得一樣深，我怕我會缺氧。丹尼斯愈來愈生氣，怂怂走上岸去。我認識的那隻海豚直直朝我游來，側過身，游到我的下方，忽然往前衝，速度快到我得要抓住牠的鰭才行。我們愈潛愈深，其他所有的海豚也都跟我們一起游。我慌起來，覺得沒辦法呼吸，但就在這時，我們浮出水面了。海豚教我怎樣用我頸子背後的一個氣孔呼吸，我從來不知道那裡有氣孔。我們又再度潛到深處，一面游泳，海豚一面叫

我要一直摸牠。

　　這時丹尼斯回到水裡了，很生氣地呼喊我。我們愈游離他愈遠，我看不出來我們要游到哪裡去，海豚告訴我，只要抓緊了就沒事。時候到了，我抓緊牠的鰭，我們就在水裡馳騁。

詮釋與理論說明

　　我們在凱伊的夢中，看見她自我照護系統的超個人特使如何以正面的形象（海豚），前來拯救因為面對同一個「系統」負向面（主管及丹尼斯）的拒絕及／或強烈憤怒而感到嚴重焦慮的夢中自我。換句話說，令凱伊受創的不僅僅是外在的事件。這些外在事件確實任誰遭遇了都難以應付，但把這個情況變得令人受創的，是被她原型的內在自我批判者放大了的外在事件。有集中營的夢境作為背景，我們可以得知，凱伊的恐懼不僅僅是對於外在威脅的反應，而是她當年承襲父母的教養環境而發展出懲罰性的「完美主義」內在自我，這內在自我的一部分化身成了「納粹」。外在事件本身並不是創傷的決定性因素，真正的問題在於，這些外在事件對她的自我而言猶如**證據**，證明了她從前所獲得的可怕結論並沒有錯，她確實討人厭且「不正常」。克里斯多（Krystal）說，創傷並不僅僅是電荷過載，而是關係到意義（1988），便是這樣的意思。在這個案例中，指的就是凱伊孩提時從自己的痛苦中所歸結的負面且扭曲的意義，也就是對於發生在她身上的「壞」事，她是要負點責任的。

神話中的海豚

　　凱伊的自我照護系統以海豚的形象前來拯救她，這是件有趣的事。在面臨嚴重威脅之際，海豚作為自體正向療癒能量的化身及人格精神的載體，就神話而言是格外合適的意象。在神話中，海豚也時常在有人瀕臨死亡時出手救援（參考葛雷夫斯〔Graves〕，1955）。例如海神波塞冬（Poseidon）之子，同時也是七弦琴大師的阿里翁（Arion）被一群覬覦他財產的水手判處死刑。阿里翁在唱完最後一首歌之後跳船，被認定命喪大海，但有條海豚駝著他，趕在船之前，搶先到達了科林斯（Corinth）。他在科林斯接受了盛大的歡迎之後，與當初有意處決他的人正面相對，這些人最後反而遭到處決。類似的故事所在多有。伊納勒斯（Enalus）在絕望中跳船，去與墜入深海的心上人相會，據說便獲得一隻海豚相救，那隻海豚的伴侶則救了他的心上人。另有一隻海豚在法蘭托斯（Phalanthus）前往義大利的途中拯救了他，使他不致溺死。最後，偉大的阿波羅在尋找一個適合制定神諭的地點時，化身為一條巨大海豚，跳上一艘克里特島人的船，引領驚愕的水手來到德爾菲（Delphi），阿波羅在德爾菲現出原形，命令水手們建造一座神殿來敬拜阿波羅·德爾菲尼烏斯（Apollo Delphinius，意為海豚阿波羅），並欽點這批人作為掌管他神諭的人（見崔普〔Tripp〕，1970：62）。

　　海豚與精神重生的連結還能在保薩尼亞斯[譯註3]的作品中找到。保薩尼亞斯指稱，波塞東與米諾斯（Minos）之女薩梯蕊[譯註4]所生的兒子塔拉斯（Taras），就是多利安（Dorian）城市塔倫屯（Tarentum）騎著海豚的新年孩子[譯註5]。葛雷夫斯自保薩尼亞斯

作品中的其他證據發現，新年孩子的隆重抵達，很可能是經由一隻受過太陽祭司訓練的馴服海豚協助，而戲劇化地呈現於科林斯城面前的。

這些神話意象強化了潛意識心靈中榮格稱之為自性的那個聰明「核心」，與神奇、聰明、愛好嬉戲、與人類關係獨特緊密的海底生物——也就是海豚——之間的象徵關係。這個關聯以及其對人格精神原始的守護地位，似乎都與人類的歷史同樣久遠。

珮翠莎與鬼孩子

珮翠莎是個中年女性，成長於貧困家庭，少年歲月大半在貧困中度過，輾轉居住於拖車停車場或汽車旅館。由於母親經常醉醺醺，他們一家總是被逐出住宅。她的父親外出打仗，直到她兩歲時才回家。但回家後，他以醉酒發飆和毆打妻子的形式將戰爭帶回了家。有回父親險些在珮翠莎面前勒死母親，因此當晚她不得不與母親同睡，以保護她。珮翠莎整個的童年都在恐懼中度過，她用盡力氣保持家庭正常運作——照顧其他的孩子，讓他們保有童年，自己的童年卻隨著歲月慢慢流逝。她成為家裡的小媽媽，忙於燒菜、鋪床、把媽媽拖出酒吧，以及其他種種。在這個過程中的某個時刻，約略在四、五歲之間，這個後來成為我的個案的英勇小女孩放棄了。她的精神棄她而去，她的生活失去了一切色彩。她說，她之後的童年都是黑白的。

在向我尋求治療之前，珮翠莎參加過某種工作坊，進行了某種積極想像的活動，而她所想像到的意象也正是促使她尋求治療的部

分原因。在幻象中，有個男性嚮導前來，引領她走進一座神殿。在這座石頭砌成的聖殿最深處一個黑暗房間內，有個女性小孩躺在某種祭壇上，但她是石頭做的。珮翠莎陪在小孩身旁，小孩逐漸有了生命。小孩張開手掌，掌內有顆星星，星星閃閃發亮，金黃美麗，但逐漸變形成警長的徽章，而後這個幻象就結束了。

珮翠莎對警徽的聯想也為我接下來要敘述的夢境提供了重要的連結。珮翠莎早期在一個失依與被忽略的兒童安置中心工作，經常要處理領養事宜。在她的機構裡，每逢有生母要出養孩子，當地的警長就需要出具文件，正式認證這位母親放棄對這孩子的一切權利。珮翠莎一向痛恨這項手續，她感覺這道手續對生母而言是痛上加痛。

這些都是後來得知的。當珮翠莎看見那個幻象時，她知道神殿裡的那孩子也是她自己，而那孩子是個石頭做的孩子，她認為很合理，因為她感覺自己像是凍結在身體之中，與她的情緒及性方面的感覺是裂解的。她感到憂鬱。

之後她與我進行治療，花了許多節的晤談來探索她的早年生活與創傷歷史之後，真正的創傷經歷在移情中浮現。之所以浮現，與她的憤怒和悲傷有關，她發現她對分析師所感覺到的「愛」無法在「真實」世界中實現，她所想像的我與她完全的相互關係中有些其實是錯覺，她為此感到憤怒和悲傷，因而導致我們的諮商不斷在退縮與重建關係中來回循環。現在回想起來，我認為那段期間，她的自我照護防衛功能逐漸轉變，她的原魔會對她低語：「妳看吧，我就告訴妳，他不在乎，妳不過就是另一個個案！」他會切斷我與她的關係。但在她抽離之後，我們不知如何地又會重新恢復感覺上的

連結，於是治療工作又得以繼續。每回她如此敞開感覺，便是背叛了她的原魔，將她自己釋放到與我的關係之中，也釋放到她的真我之中。

這多少算是我與珮翠莎進行的「悲傷工作」歷程，但值得一提的是，我自己的「悲傷工作」也涉入其中。為了達成「與此階段相符的」（phase-appropriate）的創傷防禦的幻滅，有一些必要的工作。要進行這必要的工作，便有必要挑戰雙方都感覺樂在其中、都極可能會無限期享受且耽溺的正向的移情與反移情關係。自我照護系統的邪惡「聲音」往往會嚴重渙散個案的鬥志，因此心懷同情的治療師很容易便會受到誘惑，僅僅提供一個正面的「逆向」聲音，以便安慰或鼓勵個案。在治療開始的階段，安慰與鼓勵確實是必要的。但若僅有鼓勵，便是把個案交到了她的原魔手中任其宰割，因此在移情中匯聚出一點點原始的「創傷」，也就是說，匯聚出與個案的衝突，是有必要的。這裡就需要極度的敏銳細緻了，因為內在原魔利用心理治療的客觀超然本質，試圖自內部說服個案，期望與治療師建立「真正的關係」是徒勞無功的企求，而沒有「真正的關係」，一切就沒有希望了。創傷個案早年所經歷的剝奪，核心便在於缺乏相互的經驗，有時人們確實會好奇，心理治療是否有可能補足這些缺乏的相互經驗。當然也有人在嬰兒期受創過分嚴重，因此無法自心理治療中受惠，原因恰恰是由於心理治療矛盾地混合了親密與分離。

無論如何，這對珮翠莎都沒有形成問題。她勇敢地面對了對我及對情況一次比一次加深的失望，她明白這種失望是找回她在人世間真實生活的部分歷程，而她迫切地渴望找回那真實生活。每回當

我們誠摯地與治療關係中無可避免的局限纏鬥時，在某個層面（幻覺）犧牲掉的東西，便會在另一個層面（關係）中重建——這也就是為什麼，犧牲（sacrifice）這個詞的根本意義是「使它變得神聖」（make sacred）了。在這段艱困的時日中，有一件事情開始發生了，而我對這件事的唯一形容，就是她的精神重回她的身體了。我在此所要陳述的是與這件事相關的一個夢境，這是由於這個夢使我和珮翠莎都對於她的精神在童年離開她的那個時刻有了具體的意象。諷刺的是，唯有當情勢足夠安全，足以讓精神返回身體時，這個關於精神離開她的夢「才有可能被夢到」。

夢的背景是她早期在機構工作的情境。以下我依照她所告訴我的形式，以第一人稱敘述：

我在一間屋子裡，有個小女孩很顯然是住在這裡，屋裡還有各式各樣的律師。我們正在做這個個案的開案評估，打算將這個小女孩帶離製造創傷的家庭環境……終止她父母的權利。首席律師正在牆上畫一張圖表，顯示當她的父親或母親在場時，這孩子就變得焦慮。孩子的祖母就在不遠處，她深愛孩子，在那兒是為了保護孩子別被她的父母傷害。我是這個個案的工作員，我看得出這個祖母會放棄孩子，她不願讓人看出她有多傷心，她得要表現得堅強且漠不關心，製造一種這個家沒有人對這孩子有感情的假象，因為她希望首席律師讓孩子出養。我把祖母帶到外面，給她緊緊的擁抱，好導引出她的情緒。我們兩個都哭了，我知道她一定感受到了她全部的悲哀。她願意放棄孩子是因為她知道，這是救孩子的唯一方法。

然後我抬起頭，看見那小女孩從上方的一個窗戶向下望，我

頓時理解到那孩子也是我。我／她大約四、五歲。我比手勢要她下來，她下來時我才發現，她不是真正的小孩，而是某種鬼孩子，整個人輕飄飄的，用飄的飄下來。我把她抱到祖母的懷裡，好讓她在被解救到安全境地的同時，感受到我們滿滿的愛。

當成年的珮翠莎敘述這個夢境時，她感受到強烈的悲哀，卻不明白為什麼。她好奇這是否與工作上的一個個案有關。在一段長長的靜默之後，我簡單地告訴她，我認為這場夢與她自己五歲時發生的事有關……當時她覺得她無法再以一個完整的人的型態繼續活下去，必須把自己的一部分「解救」到安全境地。我對她說，那是一場痛苦的失落，而她直至此時才有辦法哀悼那場失落。我告訴她，矛盾的是，此時她能夠作這場夢，是因為在我們展開治療工作後，這個孩子重新返回她的身體。如今她已經夠堅強了，才能夠感受到當年的失落，並讓失落有「意義」。

她認為這話有道理，並且引發了更多情感，這些情感持續流露到一小時的諮商時段結束。這個例證證明，當心靈準備好時，夢境可以將情感與意象結合，從而創造出意義，而這意義又使進一步的苦痛有了發生的可能，然而這一次的苦痛是有意義的，能夠整合入個體生活深層的敘述史中。此處，超越功能（transcendent function）開始運作，想像的能力恢復了，象徵性的人生重新有了可能性。

我對這場夢及先前那段石頭孩子幻象的理解是，這位後來成為我個案的女子，在四、五歲的時候，對人生的希望破滅，放棄了她的精神，她心靈中某種我稱之為自性原型防禦的東西接住了那精

神。我的看法是,這個形體將那精神變成石頭,在石頭精神的掌心放了顆星星,這顆星星既象徵那精神永恆不朽且無可取代的精隨,同時也是警長的警徽,代表這孩子的精神「正式」被放棄。

夢境以影像描繪出了她精神獲得釋放的那一刻。我將首席律師和她的祖母詮釋為她那身兼搗蛋鬼和守護者的自我照護系統的兩個面向,這兩人正聯手「欺騙」這一家人。首席律師和祖母合作,務必要使那精神孩子被釋放到安全境地,而我的個案如今已沉降入身體中,則要確保精神孩子在「被釋放」時能夠感受到愛。那個「全身擁抱」代表個案新找到的具體化。

我們也可以將這一刻視為自性從其防禦功能解脫,而去從事真實工作的一刻,所謂真實工作,便是在個體化過程中擔任冥府引路人及調停者。我和珮翠莎在這一刻所經歷的治療工作的極度深化,至少可以如此詮釋。在之後的幾週,珮翠莎的夢開始聚焦於一個特定的終極目標或方向,我們的晤談感覺更加互惠且合作,一切都慢了下來,對於治療工作的意義,也有了感激之情。

此處我們與心靈的工作遇上了嚴重的諷刺。有些力量看似一心一意要破壞我們在治療上的努力,表面上對死亡、支解及消滅意識如此地全心投入,但假如這些力量透過「夠好」的精神分析轉化過程,達到了人性化,便可以成為豐沛的源泉,新的人生、更充分的整合及真實的覺悟都源自於此。這時我們愈來愈能夠理解《浮士德》(Faust,歌德〔Goethe〕,1941)中魔鬼的自我描述。當魔鬼被詢問「你是誰?」的時候,魔鬼回答:

　　我是那總是想作惡卻總是行了善

的力量的一部分

心身疾病與自我照護系統

在以下的文字中，我希望藉由樂娜和珮翠莎的個案實例，來說明在心理健康，以及與創傷相關的心理困擾中，心智、身體、心靈（psyche）與精神（spirit）彼此間的關係。我們知道我們的創傷個案曾被迫將身與心解離，因此心理憂鬱，並且失去了精神。我們該如何理解這精神的失去，以及這樣的失去與心智、身體、心靈及靈魂有何關聯呢？我們如何協助這些人將精神找回來？為了將精神找回來，該做些什麼準備？

心智

溫尼考特主張，在最理想的條件下，心智能與心身經驗完全整合，然而當母親提供的環境照顧不夠好時，心智便成為一個「物自體」（thing in itself, 1949：246），這導致環境功能被（早熟的）心智所「篡奪」，從而引發出「心智心靈（mind psyche）這種病態現象」（同前引書，247）。這種病態的「心智心靈」或「心智客體」（mind-object，見考利根與戈登，1995）等同於我們所說的自我照護系統。心智不是自感官經驗歸納出意義，而是將得自於最初的創傷情境中的意義強加在新的經驗上。如我們所看見的，這通常相當於有個專斷的保護者兼迫害者對內在的兒童自體施以譴責。

通常當我們談到「心智」（mind）時，指的是大體上與左腦相關的智力、理性方面的思考能力，以及其抽象、邏輯及概念形成

方面的傾向，包括透過一種將來自身體的神經與荷爾蒙訊號轉換為諸如語言或概念等表徵的過程，反思並超越即時性的能力。用榮格的語言來說，這是理法（logos，又作「邏各斯」）功能，也就是心智對來自身體及其感官毫無差別的訊號給予型態與表徵。語言是這個理法功能的重要部分，表徵性語言的演化使經驗成為自體與他人皆可理解的東西。我們若將右腦的功能也納入心智的概念中，表徵則不單單表現於乾燥的文字，而能表現於移動的影像，或是表現於能與身體連結的文字，如詩歌。

精神

我們稍早曾談到，當樂娜與珮翠莎早年的創傷變得無可承受，她們的心靈便分裂了，而隨著這個分裂，她們的人格精神也脫離了身心的統一體，而進入到潛意識，稍後則激發了一種特殊類型的憂鬱幻想。這類幻想是一種虛無縹緲的地帶，誠如溫尼考特所闡明的，這類幻想並不等同於想像力。這些臨床事實反映在古老的能量系統煉金術中，榮格對這種能量系統極感興趣。有句古老的煉金術格言是這麼說的：「人體中有某種虛無縹緲的物質……有著超凡入聖的性質，僅有極少數人知曉，不需藥物，因其本身即是純淨無瑕的藥物。」（榮格，1955：第 114 段註釋）根據煉金術，這個活力泉源（animating principle）是一種隱藏的性質（natura abscondita），唯有內在人（inward man）可以感知。在煉金術中，身體這「驅動生命力」的精神有兩個層面：世俗的層面與神性的層面。神性的層面具有翅膀，能夠攀登奧林帕斯山虛無縹緲的高峰，與神祇交流，並將他們的訊息帶給人類。對這樣一個具有雙重特性

的精神，煉金術稱之為荷米斯或墨丘利，而墨丘利正是具有雙重特性——他本身便是對立面的統一，橫跨身與心、黑暗與光明、陰柔與陽剛。身為具體化的精神，墨丘利代表了帕拉塞爾斯^{譯註6}所稱的「自然之光」（lumen naturae），但另一方面，身為純淨的神聖精神，他又代表了天界的、燦爛的「天啟之光」（numen）。帕拉塞爾斯如此提醒我們：

　　沒有天啟之光，人的內在便什麼也無法存在；沒有自然之光，人的內在也什麼都無法存在。天啟之光與自然之光使人完美，也唯有這兩樣東西能使人完美。一切都源自於這兩樣東西，而這兩樣東西存在於人的體內，沒有了這樣東西，人便什麼也不是。

——榮格（1954：第 388 段）

　　帕拉塞爾斯稱之為「發光」媒介或「自然之光」的東西，新柏拉圖主義（neo-Platonic）哲學家稱之為「細微身」（subtle body）。他們認為細微身由比物質領域所知的物質較為精良的成分所構成，然而並未達到精神的層級。這類哲學家將精神稱為「元氣」（pneuma），因此這個中間領域便稱為「元氣體」（soma pneumatikon），亦即虛無縹緲的肉體，或是精神性肉體，這當然是個自相矛盾的名稱。這個細微身或是精神性肉體對這類哲學家而言，代表了一個人重要的內在組成成分。如何將這個細微身淬鍊至完美境地，是煉金術的一項要務（見米德〔Mead〕，1967：34ff）。這與我們所知的心靈相符合。

心靈

　　細微身或精神性肉體與榮格所稱的心靈相當接近，有時他甚至將兩者劃上等號。榮格所舉出的一個臨床案例顯示，人在身體與心智都健康時，仍可能在這個部位——也就是心靈——患病。

　　榮格的這位個案是個非常聰慧且成功的人，他執迷不悟地深信自己患有腸癌，然而所有的檢驗都呈現陰性。醫生們時常向他保證他的身體毫無問題，也就是說，他並沒有罹患「真正的」癌症。但他的病態想法揮之不去，雖然他在心智上理性地「知道」那癌症純粹是出於他的想像，那想法依舊縈繞不去，纏得他整個生活都被這想法吞噬（榮格，1937b：第 12 段）。榮格進一步評論：

　　我們對心靈慣常有的物質主義概念（對這類案例）恐怕沒有太大幫助。倘若靈魂能有個細微身就好了，那樣的話，我們至少可以說，這個氣息身或煙霧身受著一種雖然有些縹緲但卻又真實的癌症所苦，正如同世俗的物質肉體受到癌症疾病的侵襲一般。

（同前引書，第 13 段）

　　榮格繼續說明此人病得如何沉重，**並非身體生病，也非心智生病**——他心知肚明自己沒有癌症——而是心靈生病，心靈是一種位於中間的第三地帶。榮格在此強調的是心靈的現實。他說，縱使心理的現實幽微且難以掌握，但心靈的疾病與身體或心智的疾病同樣「真實」。榮格曾如此形容心靈：

心靈的基本概念證實它是一半屬於肉體、一半屬於精神的物質，如煉金術士所稱，是大自然中的靈魂（anima media natura），是一種能夠統合對立面的雌雄同體的存有（hermaphroditic being），但若不與另一個個體相關，則個體並不完整。由於人類唯有透過靈魂，才能獲致整體性，而靈魂若缺了另一面，便無法存在，因此與其他個體毫無關聯的人類缺乏整體性。靈魂的另一面永遠都在「你」之中找到，整體性便是「我」與「你」的結合，這些我與你顯現成一個超越性統一體（transcendent unity）的組成部分，而這超越性統一體的本質唯有透過象徵才能掌握，例如透過玫瑰、輪子等圓（rotundum）的象徵，或是日與月的結合。

——榮格（1946：第 454 段）

　　於是我們在溫尼考特（1951）所稱的「過渡空間」中找到了心靈。在創傷後受身心分裂所苦的人，病灶是出在這個第三地帶——他或她的心靈之中——而不見得是在心智或身體。創傷後的個體可能有個出色的「心智」，他或她可能天資聰穎，智力卓越（雖然說這類個體通常在抽象思考或純淨的美學追求方面比個人方面的思考要自在）。同樣地，創傷後的個體可能也有健康的軀體，可能會強迫自己從事諸如馬拉松、十項全能、健身等等非凡的壯舉。但仔細加以檢視便會發現，這些人的身體經驗中缺少了點什麼，我們僅能含糊地形容是缺少了人格精神、一種活力生機、親密感與脆弱感，使得這些人無可抑止地總是感到不滿足，總是渴望更多的刺激。這些個體所尋找的是心靈，或者說靈魂，也就是身體與心智邂逅且墜入愛河之處。如果這種緊張態勢能夠保持，人格精神便有可能真切

誕生，但首先還是需要有心靈或靈魂，正因如此，我們才要談及心理病理學及心理治療。

　　將心靈理解為半身體、半精神（或半心智）的實體有著重要的意涵。心理治療的危險之一是過於強調心智（也就是過於著重以語言表達），而喪失了與身體的連結。當這種情況發生時，心理治療便也喪失了心靈。相對而言，純粹的身體工作療法（body work）也存在一種危險，那便是可能會釋放過多的身體化能量（somatized energy），而沒有讓這種原始純粹的情感以能夠使之獲得理解的影像或文字形式供給給心智。假使發自身體的情感無法以文字或象徵語言的形式在人際間表達，便無法達到「意義」的層次，而心靈所在的層次即是意義層次。因此身體工作治療師也可能會喪失心靈，而當心靈喪失時，真正轉化工作的可能性也就同時喪失了。

創傷中，心智、身體與精神的分裂

　　我們在前一章曾討論，早期創傷的自我照護系統不能容許整體經驗的所有元素同時出現，並討論到這個現象如何導致對經驗的身、心成分間連結的攻擊。由於身的成分與心的成分「不同」，我們可以說，自我照護防禦系統利用了身與心之間的不可通約性（incommensurability），並且據此將經驗分裂。經驗的情感與感覺面向留在身體上，而心理表徵的面向則分裂出去，歸屬於「心智」。這樣的人沒有辦法讓身體的感覺及興奮的身體狀態進入心理的覺知中，也就是說，無法讓他或她的心智用文字或影像來將身體的衝動賦予形象，身體傳來的訊息必須以其他方式釋放，因而停留在前象徵性（pre-symbolic）。這樣的個體沒有文字可形容感覺，

使得他或她陷入一種極不利的劣勢，將無法在精神層面修通感官經驗——無法玩弄象徵意義——這將使得這個人失去感覺真實或真確活在世上的經驗，這是個悲慘的狀況，一般稱之為去人格化。

例如，樂娜早年被母親數度拋棄的經驗無法以記憶方式「保存」，僅能以一種胃部的嚴重緊張留存，而這種胃部的緊張引發了她早年的胃潰瘍。唯有當她在婚姻中重新經歷這種被拋棄經驗時，她才恢復了這段早年創傷的「情境依賴」（state-dependent）記憶，也唯有在這時，她才有了童年自體的影像，也才能建立對她有所助益的支持性治療關係。榮格曾說，創傷的宣洩並非療癒的因素：「經驗必須在醫生在場的情況下重述。」（榮格，1928a，第269 段）有人在場見證經驗似乎是匯聚「他者性」（otherness）的必要條件，這個他者性則能引出心靈，使之成為「第三」因素。

心靈通常是經驗中為了整合、整體性及人格的完整性，而在人格的各元素間創造連結與關聯的器官。然而在創傷中，我們看到心靈的運作不是為了建立連結，而是為了阻斷連結——製造分裂或解離。我們或許可以把心靈的解離防禦功能想像成是在房子裡操控斷路器的小精靈，當天上降下閃電時，便啟動斷路器。這麼做，保障了人格的生存——在創傷中，心靈的目標在於存活，不在於個體化，因此這種防禦動作具有救命的效果。但後來卻將每一道「閃電」都誤認為是最初的那種災難，不由自主地切斷了電路。這麼做付出了慘痛的代價——精神喪失了。當身與心分裂時，心理生活的活力泉源——或者是我們稱之為精神的東西——杳然離去了。

此時事情變得更加複雜，因為這時問題變成了：「精神離去是到哪兒去了？」從我們的案例看來，精神可能去的其中一個「地

方」，是進入胃部的結，成為情境依賴「記憶」；換句話說，是被密封在某種「身體性的」潛意識狀態。然而在樂娜身上，我們看到她的精神似乎是被封鎖在她的「心智」之中——在那個由原型幻想編織而成的本身紊亂不安、同時又令人焦慮不安的內在世界中——溫尼考特（1971a：32）稱這種現象為「幻想」（fantasying）而非想像（imagination）。我們或許可以稱之為「心理」或「精神」的潛意識。在樂娜的案例中，她似乎在身體上某個「地方」封存了能量，在心智中又有另一個「地方」也封存了能量，兩個地方都是「潛意識」。但與其說是有兩個「潛意識」，倒不如採用榮格的說法，說潛意識有兩個面向，或兩個「極」，其中一極與本能及身體密切相關，另一極則與存在體的精神層面相關。

榮格採用的類比是，心靈可以想成是光的可見光譜，人的肉眼僅能看見這光譜中從一端的紅色到另一端紫色之間的色彩。在這光譜的兩端之外，仍存在著「顏色」，一邊是紅外光，一邊是紫外光，這些顏色永遠無法被覺知，可以說相當於潛意識。我們可能可以將紅外光想為陰暗或「類心靈」（psychoid）的層次，也就是潛意識中屬於本能、身體的面向，而紫外的那一邊則想成是潛意識的精神或「較高層」心智的面向。心靈似乎用這身／心光譜的兩極作為存放人格精神的「處所」，也就是躲藏的處所。當精神自身心的統一體分裂出去，似乎便同時來到了這兩個處所。當精神「回來」時，似乎也是從兩個處所同時回來。它並非如中世紀對靈感或天使報喜的印象那樣，像代表聖靈的鴿子從天而降，它同時也從底下往上升——如亢達里尼蛇[譯註7]般，自身體的地下世界開展。當精神的這兩個面向相遇，我們或可稱為靈魂或心靈誕生的事便會發生，其

精神或聖童有了具體化身，同時蘊含著天啟之光與自然之光（見榮格，1949：第 259-305 段）。

譯註 1： Simone Weil（1909-1943），法國哲學家、神祕主義者兼社會活動家。

譯註 2： fool，一般作愚人解釋，但在古典文學中亦有「弄臣」之意。

譯註 3： Pausanius，公元二世紀羅馬時代的希臘地理學家兼旅行家。

譯註 4： Satyraea，有的版本作 Satyrion，薩梯族人之意。Satyr，半人半羊的精靈。

譯註 5： 多利安為希臘民族之一支。塔倫屯又名塔蘭托〔Taranto〕，據說為塔拉斯所建，因此依塔拉斯的名字命名。「新年孩子」意義不可考，可能指新年出生或新年來到的孩子。

譯註 6： Paracelsus，中世紀的瑞士醫生、煉金術士、占星師。

譯註 7： Kundalini snake。Kundalini 一字出自梵文，又作昆達里尼、軍荼利、靈能、靈量，藏傳佛教稱為「拙火」。梵文原意為「蜷曲」，是一種生命能量，如蛇一般蜷曲在脊椎骨的尾端，需要透過修練來將之喚醒。

佛洛伊德與榮格有關
創傷內在世界的對話

糟糕的是美既神祕又可怕。上帝與魔鬼在征戰，而戰場就在人的心中。

　　——杜斯妥也夫斯基（Dostoyevsky），《卡拉馬助夫兄弟們》（〔The Brothers Karamazov〕，1950：127）

賈內與內在原魔

　　深層心理學之開啟，在於發現了人類的人格不只有一個組織中心與身分認同，而是有兩個（或更多個）。十九世紀中期，出現了一系列由「動物磁場」（animal magnetism）及催眠術執業人員所做的卓越不凡的個案研究，生動且鉅細靡遺地描述了雙重或多重人格、附身夢遊（somnambulistic possession）、僵直（catalepsy），以及其他種類的「精神雙元論」（Dipsychism）（見艾倫伯格〔Ellenberger〕，1970：112-47）。這些研究鮮明生動地向我們展示具有自己獨立生命的次級自我狀態（secondary ego-state），如何在意識的變異狀態中接管了主體平日慣有的人格。

　　這些早期研究將其所發現的次級人格理解為「原魔性質」，亦即其構成成分為一個自內部占據人格的「靈體」（通常是邪惡的）。在催眠的恍惚狀態下，這個附身的靈體往往自稱是原魔。早在佛洛伊德與榮格浮上檯面的許久之前，人們已經知道原魔的附身力量始自嚴重的創傷，而原魔造成的「恍惚」則使創傷經歷自記憶中消失。例如，在夏科（Charcot）與賈內（Janet）的早期工作中，他們會呼叫原魔、阿諛討好原魔，在治療中爭取原魔的合作，以便將原魔對個案自我的催眠力量「轉移」至醫生的手中，從而恢

　　　　創傷的內在世界：生命中難以承受的重，心靈如何回應

復創傷記憶。

　　賈內格外喜愛戲弄內在原魔。他有個男性個案名叫阿奇里斯，遭魔鬼「附身」，無法控制地口出惡言穢語，最後賈內（透過自動書寫）引誘內在原魔合作參與治療，從而接手從內在催眠個案！很快地，創傷經歷便浮現了，原來他在某次出差時對妻子不忠，從此便經常夢見魔鬼，而且突然發現自己遭到附身。直到賈內自個案內心奮力套出了這個深具衝突性的事件後，個案才停止妄想。個案的內在原魔對於吐露實情原本強力抗拒，直到最後才取得他的合作。賈內總結這個案例時說，這個個案真正的病灶不是出在原魔，而是出在懊悔（見艾倫伯格，1970：370）。

　　賈內在這個案例中表現出了他不折不扣的「現代」觀點，認為「真正的病灶」是出在個案的自我無法承受的心靈內部衝突（潛意識的罪惡感／懊悔），這個衝突太過痛苦了。心靈對無可承受的痛苦所做的防禦，便是派出一個原型原魔——一個自我照護系統的代表——來協助個案解離他無可容忍的羞恥感／焦慮感。原魔「思考」和「說話」的聲音即個案對自己潛意識痛苦的**詮釋**。「詮釋」（interpret）一詞來自希臘文 hermennuenein，衍生自荷米斯的名字，荷米斯是溝通與闡釋之神，在神界與人界之間聯繫斡旋，是睿智的調停者、界線與交叉路口之神（溫尼考特將界線與交叉路口稱為「過渡空間」〔1951〕），因此也是深層心理學的守護神；荷米斯同時是搗蛋鬼，於是我們可以看見，創傷的內在世界充滿了荷米斯的創作，他所傳遞的訊息往往是謊言與幻覺（見雷丁，1976）。對於被我稱為心靈的原型自我照護系統的東西，我們所能找到的最接近的單一人格化身可能就是荷米斯。在本書的第二部，我們將會

見到他以各種不同的變裝造型出現。

創傷與佛洛伊德發現精神現實

在佛洛伊德開始進行早期工作之時，諸如賈內對阿奇里斯這類個案的報告已經顯示，藉由催眠引出被「原魔」控制的「第二」意識，也就是意識的變異狀態，可以達到治療成效。但這項療法的動力機制為何，尚不明朗。精神病個案的雙重自我通常被認為是來自於腦中的遺傳性「病變」，或是個案的某種病理性精神弱點，因此召喚（或驅除）原魔何以往往能治癒個案，仍未得到解答。

佛洛伊德將夏科的催眠技術運用於自己的歇斯底里症個案身上，開始從個案口中挖掘出過去經驗的細節，從而發現一些現象，導引出史上第一個創傷的心理分析理論，更重要的是，導引出了精神現實這個概念。佛洛伊德發現，他的個案歇斯底里症狀的背後，都藏著某種停留在「被抑制」（strangulated）狀態的痛苦情感，而這種情感與一段與意識切斷了關係的記憶有所關聯。這個被抑制的情感記憶成為佛洛伊德所稱之「第二精神群」（second psychical group，1894：49）或「觀念的下意識情結」（sub-conscious complex of ideas，1893：69n）的核心。一旦這個核心「在創傷時刻」（1894：50）建立，就形成了一種脆弱性，當類似的印象再度出現時，創傷便很有可能再度發生。因此除非能夠重回最初的創傷時刻，同時找回與這個時刻相關的情感，否則治療通常都不會成功。用這位作者如今已十分知名的話來說：「歇斯底里症主要是受回憶所苦。」（佛洛伊德，1893：7）

於是此時問題轉變為：「對什麼的回憶？」那些受創的時刻，以及與其相關的「被抑制的情感」是什麼呢？此處佛洛伊德對於他所認為的創傷時刻是什麼時刻毫無懷疑。「在我所分析過的所有案例中，」他說：「令人痛苦的情感都是由個案的性生活所引發的。」（1894：52）。一八九六年，佛洛伊德提出更全面的主張：

> 我因此提出這個論點——在每一個歇斯底里案例之下，都有一次或不只一次的早熟性經驗⋯⋯我深信這是個重大的發現，是在神經病理學中找到了**「尼羅河的源頭」**（caput Nili）。
>
> ——佛洛伊德（1896：203）

其後做總結時，佛洛伊德主張，創傷不是在腦中造成病變，而是在心靈中造成病變（自我發生分裂），這個心靈的病變導致「第二精神群」的形成，對康復的阻抗則源自這個第二精神群。

誘惑理論

佛洛伊德的早期研究很快便遭遇阻礙，導致他必須在理論與實踐上加以修正。首先，許多創傷個案拒絕接受催眠，也以其他多種方式抗拒讓分析師取得他們解離的素材。其次，佛洛伊德發現有部分個案宣洩的是創傷性性虐待幻想，而非實際的創傷性誘惑。一八九八年，佛洛伊德在寫給佛利斯（Fliess）的信中抱怨：「我起初把〔精神官能症的〕病因學定義得太窄了；幻想在其中占據的分量遠比我起初所以為的要多得多。」（1954）

梅森（Masson, 1984）在許多作品中聲稱佛洛伊德「放棄」了誘惑理論（The Seduction Theory）（見庫格勒〔Kugler〕，1986），但佛洛伊德此言並非如梅森所言，代表他放棄了誘惑理論，而是表達他愈來愈懷疑，若是沒有較深層心智的參與，尤其是潛意識幻想及相關程度的潛意識焦慮的參與，單單是客觀創傷是否就能引發精神官能症？佛洛伊德此時是在尋找一種心理因素，來證明分裂心靈的不是創傷，而是創傷對個體具有令其恐懼的意義，這個意義造成了心靈分裂的結果。佛洛伊德推論，我們必須在一種普遍的潛意識幻想中找到這個意義，這種潛意識幻想也就是構成所有精神官能症基礎的核心情結（Kerncomplex）（見克爾〔Kerr〕，1993：247ff）。

佛洛伊德的小漢斯（Little Hans）案例提供了最清晰的證據。他發現這個小個案對母親懷有嫉妒感，將父親視為「敵手」並且滿懷憤怒，兩種感覺都明顯與性相關——這些主題在伊底帕斯神話中有神話式的表達，佛洛伊德將這神話定義為舉世共通的創傷，此神話從此獲得了崇高地位。根據這則神話，小男孩玩弄陰莖遭到父親責罵本身並不會造成創傷，而是責罵**意味著**威脅要將小男孩閹割，威脅閹割的意義引發了創傷性焦慮。將心靈分裂的，是潛意識幻想所導致的焦慮。此處的重點在於精神現實，外在的創傷性事件本身不再被視為致病元素，其內在的表徵、情感，或擴展的**意義**則被認為是精神病理學的根源。

榮格的情結理論與創傷

佛洛伊德致力將意義、潛意識幻想及潛意識焦慮等面向納入創傷討論中，榮格在這方面的看法與佛洛伊德是完全一致的，但意義究竟指的是何種意義，而潛意識幻想指的是何種幻想，那又是另一回事了。這另一回事終究成了兩人創傷理論分道揚鑣的分水嶺，但創傷不僅僅是「迴路過載」，而是與潛意識意義有關，這個觀念對榮格而言非常重要。縱使在與佛洛伊德即將決裂的一九一二年，榮格在福坦莫大學（Fordham University）發表的演講中仍然堅持這種一致看法：

> 有許多人……童年或成年期經歷過創傷，卻沒有罹患精神官能症……〔但有些人明顯不然〕。這個發現初看時有些令人摸不著頭腦，但有了這則發現後，童年期性創傷的病因學意義就徹底瓦解，因為現今看來，創傷有無真實發生與患病與否毫無關聯。**經驗告訴我們，幻想造成的創傷效果與真實的創傷無異。**
> ——榮格（1912a：第 216-17 段；黑體字為本書作者所強調）

我們可以想像，當榮格說「創傷有無真實發生與患病與否**毫無關聯**」時，是在誇大自己的論點（這是榮格特有的習氣）。很顯然，臨床上的事實並非如此，榮格本人也不相信這是事實。例如，榮格在其他的著作中，雄辯滔滔地主張真實的過往事件與創傷故事對心理治療多麼重要（見榮格，1963：117）。

在精神分析史上的這個時刻，佛洛伊德與榮格都反對當時時興

的「腦病變」理論，而強調**潛意識幻想**潛在性地**具有導致創傷的效果**。兩人都在個案身上發現，對創傷事件的記憶空缺往往會被潛意識幻想補足，以致事實與虛幻難以分辨，而使創傷更加惡化。兩人都同意，這些幻想製造的創傷效果可能與外在創傷無異，而且往往在外在事件結束了許久之後，仍持續在內在發揮創傷效果（即佛洛伊德後來所謂的「強迫性重複」）。換句話說，兩人都認為外在創傷（通常）並不是在心靈引發深遠影響的唯一原因。唯有將幻想成分納入考量，才能夠理解這種影響。然而幻想指的是什麼幻想？這便是佛洛伊德與榮格沒能達成共識的地方，也是八十多年之後，我們仍然為兩人不幸決裂所遺留的渾沌疑惑所苦之處。

在兩人於一九〇七年結識之前，榮格便在未受佛洛伊德指導下，獨自探索了佛洛伊德所稱建立在「被抑制的情感」之上的觀念的「第二精神群」，但他所探索的是屬於榮格的版本，採用的方法是字詞聯想測驗，他所尋找的則是干擾正常自我功能的內在因素，這些干擾因素以對一連串刺激字詞所做的毫無限制的自由聯想來估測。榮格發現受試者正常的聯想流暢度往往會受到多種不同的情感所阻礙——因此有了「情調情結」（feeling-toned complexes）這個詞彙。榮格進一步將這些情感字詞匯集起來，發現這些字詞似乎透露出一個共同主題，但**絕非都是性**。情慾情結確實存在，當所有經過較長時間才有所反應的字詞都是描繪情愛活動的字詞時，便是流露了情慾情結，但也有許多其他的情結，包括自卑情結、權力情結、雙親情結，或是以如賈內個案的婚外情那樣的過失行為為中心所形成的罪疚情結。

因此榮格認為，體現在情結中的次級自我狀態並非只是由性創

創傷的內在世界：生命中難以承受的重，心靈如何回應

傷所促成，而是由形形色色的人類悲劇與厄運所導致，每一樁悲劇與厄運都是個別且獨一無二的。他與佛洛伊德同樣有興趣找出創傷性精神官能症（traumatic neuroses）背後「放諸四海皆準」的核心情結，但他對解離狀態中「被抑制情感」的探索卻引導他看見**許許多多**的創傷，以及有關這些創傷的許許多多不同的個人故事與幻想（情結）。無怪乎他後來的原慾理論樣式多元，無法歸因於諸如受（普遍的）閹割創傷所迫而放棄亂倫性渴望的伊底帕斯劇情那樣的單一本能。榮格本身深深浸淫於神話研究中，他相信人類的性不過是世間普遍潛意識幻想對發展中的自我形成問題（創傷）的眾多路徑之一。

榮格自這些發現出發，最後終於提出一套多元模型，闡述心靈可解離成多種不同的情結，每種情結各自在其核心都有一套原型母題或形象。這些原型形象界定了潛意識較深的一個「層次」，使得這些形象具有了「聖祕」的特質。由於帶有聖祕性，這些形象在原始部族的宗教經驗中占有一席之地，既引發敬畏感，又令人恐懼，也就是說具有潛在的傷害性。榮格認為尋找精神官能症背後與創傷相關的舉世皆然的潛意識幻想，就該在這些具有聖祕性的矛盾原型形象及其相關的情結中尋找。換句話說，對榮格而言，伊底帕斯情結與性不是唯一的「原魔」，會對發展中的自我造成創傷的還有許多其他的「神」，其中尤以榮格在以下幾個案例中遇見的原魔現實黑暗面為最。

住在月球上的女子[註1]

　　榮格發現潛意識幻想具有宗教面向，而宗教面向與創傷有所關聯，這項發現是精神分析史上有趣的一頁。有個女性創傷個案所陳述的幻想格外令榮格感到興趣，內容是一整套祕密的劇碼。故事中，女主角居住於月球上，那裡有個長了翅膀的吸血鬼威脅著大地，女主角試圖拯救一群孩子脫離吸血鬼的魔掌。榮格完全治癒了這個個案的精神疾病，治療期間，他必須在移情中擔任一個原型形象的角色，也就是女個案童話般的幻想中的主角——她邪惡的「原魔情人」——的形象。榮格在這個角色的投射中，看見心靈中存在一種救贖的「意圖」。佛洛伊德將所有這一類的素材都歸類為性方面的想望或「白日夢」，但榮格所發現的這種救贖意圖並不符合佛洛伊德的論調。

　　榮格初見這位年輕女子時，她十七歲，有肌肉僵直現象（catatonic）。她僅受過基礎教育，成長於附近的一座小鎮，毫無一丁點兒的神話知識。兩年前她曾遭擔任醫生的兄長誘姦，之後又遭同學虐待。這些創傷性的事件擊碎了她的心靈，她退縮進徹底與世隔絕的狀態，唯一的關係是與鄰家飼養的一條凶惡看門狗為伴。哥哥在走投無路下，將她帶往榮格處求助，雖然女子有明顯的自殺風險，仍將她交由榮格全權處置，請他以任何可能的人道方式幫助她。榮格見到女子時，女子已經完全緘默，拒絕進食，並且幻聽。榮格如此描述初見她時的樣貌：

[註1]　榮格的作品中有兩處提到此案例，一是他的自傳（1963），另一是他的論文〈恩愛失調症〉（Schizophrenia, 1958），收錄於《榮格全集》第三冊。內文描述為兩處說明之彙整。

她的手冰冷發青，臉上有青灰色的斑塊，瞳孔放大，對刺激反應微弱。我安排她入住附近的療養院，每天將她接到我這兒做一個小時的諮商晤談。努力了數週後，藉由不斷地重複問題，終於成功使她在每次晤談結束時輕聲吐出少許幾個字。她開始說話的那一刻，瞳孔便收縮了，臉上的青灰斑塊也消失了，沒有多久，她的手便溫暖起來，恢復了正常的顏色。最後她終於開始跟我說話——開頭時不斷地吞吞吐吐——告訴我她精神病的內容。如今她向我敘述起一個冗長繁複的神話，描繪她在月球上的生活，她在神話中是月球人民的女救星。傳統「精神錯亂」（lunacy）與月亮的關聯[譯註1]，以及她幻想故事中無數其他的神話主題，她都一無所知。

——榮格（1958：第 571 段）

　　以下是這位女子最後終於告訴榮格的幻想內容：

　　她原本居住在月球上。看來月球上是有人住的，但起初她只看見男人。他們一度把她帶走，並且將她安置在月球地底一個他們安置妻兒的住所中。這是由於月球的高山上住了一個吸血鬼，他會綁架並殺害婦女和兒童，因此月球居民有可能遭到全數滅絕。這是為什麼占月球一半人口的女性都居住於月球的地底。

　　我的個案決心為月球居民盡點力，計畫剷除這個吸血鬼。經過了長時間的準備，她在特別為對付吸血鬼而建造的高塔平台上等待。數夜之後，她終於看見那怪物自遠方接近，如一隻巨大的黑鳥般朝她振翅飛來。女子帶了長長的獻祭刀，藏在袍子裡，等待吸血鬼的來到。吸血鬼忽然之間就站在她面前，他有好幾對翅膀，臉和

整個身形都被翅膀所覆蓋，因此女子除了羽毛外，什麼也看不到。她大感驚奇，興起了強烈的好奇心，想知道吸血鬼長什麼模樣，於是手按著刀上前去。突然間翅膀張開了，她的眼前站著一個只應天上有的絕美男子。這男子用生著翅膀的手臂緊緊包裹她，使她無法再揮刀。但縱使吸血鬼沒有抓住她，她也被他的外貌迷得無法出手攻擊。於是吸血鬼帶著她從平台升起，抱著她飛開了。

——榮格（1963：129）

個案將故事告訴榮格後，便可以對他暢所欲言，不再有所壓抑了。但一旦透露了祕密，她卻發覺她回不去月球了。此時她再度陷入嚴重瘋狂，必須重新住院，直到僵直症和緩了才出院。經過了兩個月的間隔，她又可以回到療養院，重新諮商晤談。榮格敘述，她逐漸理解她無法重回月球，無法逃避在地球上生活。「她死命地反抗這個結論及其後果，」於是她再一次向她的原魔屈服，再一次被送回療養院。「『我為什麼要回地球？』她納悶：『這個世界並不美，但月球很美，那兒的生活很有意義……』」（榮格，1963：12a）

一旦這位個案可以說是認了命，接受自己必須永恆回到這個世界，便在一所療養院接下了護士工作，後來外界才得知她在工作中竟一直偷偷隨身攜帶一把左輪手槍，有個年輕醫生向她示好，她竟拿槍射殺他。在最後一次與榮格晤談時，她將上了膛的手槍交給榮格，對他說：「你要是令我失望，我也會對你開槍！」這令榮格大為吃驚。在槍擊事件的騷動平息後（那醫生沒有死），女子回到家鄉，結了婚，生了好幾個孩子，之後的三十多年，她持續寫信告

創傷的內在世界：生命中難以承受的重，心靈如何回應

知榮格她的健康狀況,而她的健康狀況始終良好(見榮格,1963:
130 及 1958:第 571-3 段)。

榮格對這位月球女子的幻想做了以下的詮釋:

由於少女時代遭到了亂倫性侵,她感覺自己在世人的眼中受到
了羞辱,但在幻想的國度卻得到了提升。她進入神話的國度,因為
傳統上,亂倫是皇室與神界的特權。結果是她與世界完全疏離,進
入了精神錯亂狀態。她變得可以說是「超凡脫俗」,與人類失去了
聯繫。她一頭栽入遙遠的宇宙,進入外太空,並在那兒遇見了有翅
膀的原魔。正如同這種事的一般情況,**在治療中,她將原魔的形象
投射在我的身上**。我因此自動遭到了死亡的威脅,正如同所有可能
會勸她回歸正常人類生活的人也都遭到了死亡的威脅。她將故事告
訴我,某種意義上可說是背叛了原魔,並且依戀上一個俗世人類。
如此她便能返回生活,甚至能結婚。

——榮格(1963:130,黑體字為本書作者所強調)

為了符合現今的研究,我們必須將榮格對這個案例的詮釋談得
更深入一些。我們會說,是的,榮格的個案的確將吸血鬼原魔的形
象投射在榮格身上,但她所投射的並非僅是危險、破壞性的一面,
同時也投射了他「美麗」、令人驚嘆的一面,也就是使原魔有能力
迷醉她的正向面。除非她能在移情中對榮格產生愛,並且感覺到自
己被真實的客體,以及榮格所提供給她的真實可能性撩起了好奇
心,她才會願意道出自己的故事,背叛原魔。從案例報告中我們得
知,這個過程遭到原魔本人的劇烈反抗。身為年輕精神科醫生的榮

格對她的狀況表現出驚人的興趣，因此才使她的自我照護系統放棄了對她內在世界的掌控。

　　榮格治療這個案例時，全程與佛洛伊德通信。這個案例對他的思想演變具有多關鍵性的影響，可以從這些信件中看出端倪，例如，一九一〇年九月，榮格在給佛洛伊德的信中這麼寫道：

　　我勤勤懇懇埋頭苦幹，目前沉浸於伊朗的考古學中。我先前推測米勒幻想（the Miller fantasies）總加起來可以成為一個有關救贖的神祕故事，我想我的推測可以徹底獲得證實。才不過幾天前，有個所謂早發性癡呆（Dem. Praec）的個案，我之前幾乎已經幫她重新恢復健康了，前幾天她卻說出了一個非常壯麗美妙的月球幻想，一個有關救贖的神祕故事，完全由禮拜儀式的意象所組成，迄今為止都被她焦慮謹慎地保守著祕密。那是個建築在與兄長的亂倫關係上的幻想，美麗絕倫卻又棘手難解……有趣的是……她完全缺乏先備知識。幻想起始於童年早期（約七歲時），她如今已十八歲半，是猶太人。如我所說，我沉溺在驚奇之中。

　　　　　　　　　　　　　　　　──馬乖爾（〔McGuire〕，1974：356）

　　隔年三月，榮格抱怨：

　　我已經針對一個早發性癡呆個案進行分析超過整整一年了，其間的困難難以言喻。這個分析帶來了非常奇怪的成果。我藉由對亂倫幻想與「創造性」幻想兩相對照的平行研究，試圖理解這些奇怪的成果。待我的想法成熟後，必定要諮詢你的意見，目前我還在思

索中。

（同前引書：407）

一九一一年六月，他這麼寫：

我現在所做的一切都圍繞著潛意識幻想的內容及形式打轉。我想我已經得到一些相當好的成果了……我常希望你就在這裡，這樣我就能和你討論一個極難處理的案例——一個可說是有著龐大潛意識幻想系統的早發性癡呆案例，我得要花上難以言喻的力氣與耐心，才能將這潛意識幻想系統拖到陽光下。除此之外，個案還隨時有自殺的危險。這是個非常邪惡的案例，但格外地有趣且富有啟發性……在早發性癡呆的案例中，我們似乎有必要不計一切代價，將原慾的內傾性所製造出的內在世界攤在陽光下……〔這種〕內傾性除了在歇斯底里症中導致嬰兒期記憶的復發，同時也造成潛意識的歷史層面鬆動，從而導致結構危險，而唯有在極為罕見的案例中，這類危險結構才會暴露出來。

（同前引書：426-7）

佛洛伊德不喜歡榮格如此暗示潛意識具有原型層面。他趕忙回信給榮格：

我對於你所談到的早發性癡呆案例的潛意識幻想系統很感興趣。我從歇斯底里及強迫性精神官能症（obsessional neurosis）中得知這種結構；**這種幻想不過就是小心翼翼培養出的白日夢。**我曾

說這種症狀不是直接發自於記憶，而是來自於建立在記憶之上的幻想，這麼說便是將這種白日夢納入考量……在我發現到〔這類幻想系統〕的情況中，這個系統的產生並不比病因、動機及真實生活所提供的酬賞來得重要。

（同前引書：429-30，黑體字為本書作者所強調）

榮格對於潛意識中看似屬於神話創作的層面感到興奮，後來他將這個層面稱為原型層面或「集體」層面。佛洛伊德於此處抨擊榮格的這種興奮。榮格反擊：

若說讓個案吐露隱藏在心中的幻想在治療上的重要性不高，在我看來似乎是不大可信的主張。潛意識幻想中包含了非常多相關的素材，沒有什麼能像潛意識幻想一樣，將內在的素材帶到外在來，對於藉此方法來治療「難以接近」的案例，我看到了一絲希望。最近以來我的興趣愈來愈轉向潛意識幻想，對於這樣的挖掘，我很可能是寄予了過高的希望。潛意識幻想是女巫的神奇大鍋：「成形、轉化、永恆心智的永恆再創造……^{譯註 2}」

（同前引書：430-1）

創傷與潛意識幻想中的超個人元素

榮格認為他在那位月球女郎的「救贖」幻想中，對於心靈在經歷難以承受的創傷後如何試圖自我治療，有了驚鴻一瞥的深入理解。榮格好奇，這個不折不扣充滿神話色彩的故事有沒有可能真如

佛洛伊德所言，不過就是喬裝的「性白日夢」？個案在遭到兄長性侵的時刻，或許頭一次看見了兄長赤裸的軀體，那生著翅膀的原魔覆滿羽毛的身軀，有沒有可能代表的是她的兄長？或者這個具有「聖祕」力量的人物代表著更深層的意義？他有沒有可能代表的是個案自我照護系統的一部分，這個部分趕來救援，對個案施了咒，將她包裹在「精神錯亂」的世界中，以便保護她不再受傷害，也就是說，防止她再信賴任何人？這些是榮格對這類素材的目的論直覺。心靈似乎運用了潛意識的「歷史層面」，以便將若不這麼做便無法承受的苦痛賦予形象，除了以神話創作的方式外，這些苦痛沒有其他的方式可表達。

若我們考量到宗教與創傷間常有的關係，此處榮格直覺的智慧便可以從一個略略不同的角度來理解。摩根森（Greg Mogenson）在一本題名為《上帝是個創傷》（God Is A Trauma）的書中提出了一個有趣的論點：我們通常會以面對神聖事件的態度來體驗並緩解創傷事件。用溫尼考特的話來說，我們這麼做是由於創傷所帶來的鋪天蓋地的痛苦是無法在全能領域中體驗的事件，也就是說，是無法象徵的事件（見溫尼考特，1960b：37）。摩根森這麼說：

> 凡是我們心理上無法安適接受的事物，我們就以宗教反應來加以撫慰。重點不僅僅在於上帝是不可知且無可想像的，而是當想像力有負我們的期望時，我們向「上帝」求助得最為誠懇……面對一個無法隱喻象徵的事件，便相當於站在上帝的聖堂中。

> ——摩根森（1989：7）

但摩根森指出，緩慢發展的象徵隱喻似乎是治癒嚴重創傷的唯一方法：

威力強大的事件，也就是無法納入我們為自己所想像的人生中的事件，導致我們的靈魂向自身彎曲，與自己發生「亂倫」，並且回到了**根源（primary principle）**的異教模式。正如同化膿過程會去除傷口中的碎片，受創後的想像力也會反覆操作隱喻，直到我們可以以較良性的方式來看待「戳穿」它的事件為止。受創的靈魂是個神學化的靈魂。

（同前引書：156及159，黑體字為本書作者所強調）

榮格認為自己透過發生在個案身上的創傷所瞥見的，正是這個「根源」。他認為那生了翅膀的原魔是來自潛意識神話創作層面的「宗教」人物，比起用來掩藏對父母的性慾望——本案例中是對兄長——的自利（self-serving）錯覺，這個人物更為「深層」。潛意識的這個層次便是我們的內在客體關係逐漸轉變為榮格稱之為神話層或「心像」（imago）層（榮格，1912a：第305段）之處。在這個層次，個人父親的心像會逐漸轉變為較古老的、有著雅努斯臉孔的「天父」——既可怕又仁慈。因此那個生著翅膀的原魔既保護著個案脆弱的自我，將那自我強拉進內在聖堂，同時卻又摧毀了個案在人世間生龍活虎的生活。這個人物活脫脫是個魔鬼兼上帝——是個「原魔情人」。

榮格與佛洛伊德論心靈對痊癒的原魔阻抗

榮格對於這個案例中聖祕性的黑暗面採取開放（甚至欣賞）的態度，並且指出個案的內在吸血鬼實為自我照護系統，這個系統對無可承受的心靈痛楚與焦慮採取解離防禦，吸血鬼則是解離防禦的具體化身。榮格這樣的做法終於成功誘使這名女子脫離了吸血鬼的掌控，返回現實世界。對佛洛伊德而言僅是「小心翼翼培養出的白日夢」、與現實酬賞相較之下毫無重要性的東西，對榮格而言卻代表了迷人的潛意識幻想世界，這個世界能帶領我們看見宗教圖騰與神話的宏大遠景。由於榮格欣賞這位月球女子的幻想所具有的神話創作基底，因此能對她受創心靈的內在世界表現真誠的興趣。我們必須想像，心理治療之所以能讓個案終於離開有吸血鬼出沒的邪惡聖堂，這份真誠的興趣功不可沒。

佛洛伊德在一些受創的歇斯底里個案「被抑制的情感」（1894：49）背後，發現了性創傷及「小心翼翼培養出的（伊底帕斯）白日夢」（佛洛伊德語，馬乖爾編撰，1974：429）。此處十分重要的是，我們必須注意到，榮格所描述的這個案例中，他所面對的個案精神紊亂狀態遠比佛洛伊德那些歇斯底里個案嚴重得多。榮格認為這個較嚴重層級的創傷導致自我嚴重分裂、原始防禦啟動，且人格被來自集體心靈的惡魔心像所「附身」。這樣的用語對佛洛伊德而言，太過於接近神祕學，他不大能接受。他認為這些用語代表自精神分析的科學倒退回賈內、夏柯及早期催眠師原本就已知的知識，但對榮格而言，這些用語代表重新發現了一種舊有的東西，而這種重新發現具有無比的重要性。用榮格自己的語言來說，

是「古老智慧以精神分析的外型轉世重生」（榮格語，馬乖爾編撰，1974：439）。

　　佛洛伊德並不欣賞榮格眼中「轉世重生的古老智慧」。前述信件中已可清楚看見的緊張關係，至一九一二年演變成兩人間無可挽回的決裂。這件事在精神分析發展中的理論與實務上造成了不幸的裂痕，我認為我們至今仍未能從這裂痕中恢復。榮格自這個點繼續發展，詳細闡述了「多重」心靈的解離模型，這模型與近來治療嚴重創傷個案所發現的現象相符得多，尤其符合患有自戀型、邊緣型或思覺失調型人格障礙的個案，或是展現出極端解離防禦功能的多重人格障礙個案的狀況。這個模型包含了**心像心靈的宗教或聖祕背景**，對我而言，這個背景對於瞭解嚴重形式的性格病理學，以及這類狀況特有的原始防禦機制（自我照護的運作）至關重要。

　　於此同時，佛洛伊德及精神分析界持續將潛意識素材中的宗教意象貶抑為滿足願望的幻想，並且樂觀地專注於較溫和形式的創傷及精神病理學，這類形式的創傷及精神病理學可以透過潛抑防禦（repressive defenses）（相對於解離防禦）來加以解釋。唯有納入了所謂的「前伊底帕斯」狀況（pre-Oedipal conditions），加上克萊恩、費爾本、溫尼考特及岡崔普等探討古老形式潛意識幻想的研究作品，佛洛伊德精神分析學派才開始考量到創傷的內在世界及其魔鬼表徵（見第六章）。這時，榮格與佛洛伊德學派間的鴻溝已經遼闊到雙方無法再對話了。

佛洛伊德與潛意識的原魔防禦

　　佛洛伊德與榮格決裂後，確實見識到了心靈的「原魔」元素，他的發現與我們所認為由自性所統合調度的自我照護系統與原型防禦多麼符合，是值得注意的有趣現象。佛洛伊德在兩個地方發現這個原魔元素：其一，和他原先分析詮釋阻抗時的樂觀態度形成對比；其二，則是表現於他後期所提出的「嚴厲超我」（severe superego）理論中。我們在本章的最後一部分將針對這兩點一一探討。

佛洛伊德與「原魔」阻抗

　　佛洛伊德認定個案在原慾方面有其奮力的追求，卻驚愕地發現，縱使是透過詮釋將這些追求帶到意識層面，有些個案特定的「原始阻抗」（primitive resistances）似乎仍然屹立不搖。佛洛伊德在這些「邪惡」的內在力量中，發現與榮格所說的原型吸血鬼或附身靈體相當的事物，但他絕不會承認。佛洛伊德在這個「超越快樂原則」的領域提出了一些理論思辨，這些理論思辨提供了重要的橋梁，導引出我們在第六章中概述的許多精神分析理論（見佛洛伊德，1920b）。

　　佛洛伊德在探討歇斯底里症的早期著作中首次提出阻抗概念，用這個概念來描述他治療一名二十四歲個案時所觀察到的一種現象：這位名叫伊莉莎白・馮・R小姐（Fraulein Elisabeth von R.）的個案無法記憶，並且無法合作。佛洛伊德瞭解到，這個阻抗與最初製造症狀的是同一股精神力量，他將這些阻抗視為自我阻抗（ego resistance）。自我阻抗與潛抑來自於同一個源頭，即自我拒絕讓某些原慾追求浮上意識，這是由於這些追求含有禁忌（潛意識幻想）的意義。分析師只需要保持耐性，「修通」這些阻抗，便能達到樂觀的成果。這個方法對於精神官能症個案想必十分有效。然而後來，佛洛伊德對阻抗分析的樂觀逐漸消減，因為修通之後，個案未必能痊癒。阻抗看來不再像是自我對情慾願望的「反宣洩」（anti-cathexis）（潛抑）那樣簡單。至一九二六年，佛洛伊德已開始對來自自我之外——也就是本我或超我——的阻抗感到興趣（1926：160）。這類的阻抗較古老，較邪惡，比自我阻抗難治療得多。用本書的語言來說，**這類阻抗代表了由某種潛意識「動能」所統合調度的古老防禦，這個潛意識動能在意圖上顯得「原魔般邪惡」。**

佛洛伊德將這類原始阻抗中的第一種（來自本我的）稱為**強迫性重複**。他發現無論在分析情境內或分析情境外，許多人似乎都困在一種自我毀滅行為的強迫性重複中，這是一種暗流，使得人似乎注定要走上消極的命運。佛洛伊德對這種強迫性重複的解釋是，心靈傾向於將眼前的良性情境誤認為是原本創傷性的情境。例如有位年輕女性早年遭到父親遺棄，形成創傷，導致她日後每逢與開始愛上（例如移情）的男人相處，便會將類似的情境解讀為同等危險，於是開始排拒那位男士，而再度承受「遭到遺棄」的創傷（同前引書：153）。

利奧波‧史坦（Leopold Stein, 1967）認為自性猶如身體的免疫系統，可以以類似的方式加以愚弄，佛洛伊德的前述看法與史坦的這個概念十分相似。換句話說，自我照護系統最初採用解離行為作為對原初創傷的防禦，在後來原本應為良性的情境中，卻不經意地

創傷的內在世界：生命中難以承受的重，心靈如何回應

重複了這個解離行為。它無法被教育。

　　這種強迫行為在佛洛伊德看來太過邪惡，以至於他將這種強迫性重複與死亡本能相連結：

　　　　我得到的結論是，除了保存生命物質（living substance），並且將之納入更大整體中的本能，必定還有另一種相反的本能，尋求毀滅這些整體，將它們恢復成原始的、無機的狀態。也就是說，除了生之本能（Eros）之外，還有一個死之本能。

　　　　　　　　　　　　　　　　　　　　　——佛洛伊德（1920a：118-19）

　　因此強迫性重複的「邪惡」意圖正是徹底除去生命，也就是將生命還原至原本的無機狀態。這就是佛洛伊德的悲觀結論。

　　佛洛伊德認定第二種阻抗來自於超我。他如此形容：

　　　　在分析工作中，有些人表現出相當獨特的行為。當我們滿懷希望地對他們講話、或對治療的進展表示滿意時，他們則露出不滿的神情，而且他們的情況總是變得更糟糕……這些個案在治療期間病情加劇，而不是好轉，他們往往表現出所謂的「負向治療反應」（negative therapeutic reaction）。

　　　　　　　　　　　　——佛洛伊德（1923：49，譯文摘自《超越快樂原則》，
　　　　　　　　　　　　　　　　　　　　　　　　　　　頁 250，略有改動）

　　而後，佛洛伊德猶如當代客體關係分析師描述原始內在客體形象般地說：「毫無疑問，**在這些人身上有某種堅決與康復作對的**

東西，它害怕接近康復，好像康復是一種危險似的。」（同前引書，黑體字為本書作者所強調，譯文出處同上）

換句話說，這些人的心靈內部有個潛意識「情結」在運作，猶如一個活躍的內在動能，試圖阻礙變化與成長。佛洛伊德將心智的邪惡內在動能稱為「古老超我」（archaic superego），並認為這種動能在懷有深層潛意識罪疚感（我們今日稱為羞恥感）的人的內在運作。這個深層潛意識罪疚感是一種「壞」的感覺，驅使他們盲目地重複自我毀滅行為，彷彿是要為了某種無以名之的罪行而懲罰自己。佛洛伊德深信這種看似變態的傾向：

> 來自一種侵略性，這種侵略性已經內化，並且由超我接收……
> 當超我初形成時，運用了兒童無法向外釋放的對父母的攻擊性，來
> 裝備這項動能……〔這份攻擊性於是便〕內化了，並且由超我接
> 收。
>
> ——佛洛伊德（1933：109）

倘使佛洛伊德繼續依這套路線思考，並理出其邏輯上應有的結論，應會導引出內在客體理論，並且（可能會）回溯到「迫害性」內在客體的創傷性根源。「迫害性」內在客體，也就是諸如費爾本所稱的「內在破壞者」（internal saboteur），或克萊恩所謂的「壞乳房」（bad breast）。但佛洛伊德的心理學是以直覺為基礎的超心理學（榮格的也是），而他認為原始阻抗的「邪魔」特質來自於兒童在創傷時刻未表達出的攻擊，這個看法則為時序上晚了許多的心靈「邪惡」內在客體理論提供了基礎；榮格則是沒有注意到攻擊在

　　　創傷的內在世界：生命中難以承受的重，心靈如何回應 ├─────

這類古老防禦機制中所扮演的角色。我們在第六章將會看到,其他有關自我照護系統的理論納入了多少佛洛伊德的理念,這個理念對於榮格創傷內在世界理念的必要修正又有何種貢獻。

佛洛伊德的嚴厲超我

我們前面所描述的二元結構——一部分時而善良仁慈時而愛好施虐,另一部分「純潔天真」——在佛洛伊德的原始理論中歸結起來,便是超我(包含理想自我)與自我的關係。佛洛伊德原始理論認為超我是父母態度的內攝,父母的態度包括了撫慰與禁止兩方面。這個原始理論無法解釋他的許多案例中,超我何以對自我懷抱極端敵意,甚至施虐成癖。部分家長有時會對子女謾罵般地,或甚至羞辱地責備,這類來自父母的嚴厲批判的確都會反映在超我對自我的態度中,但超我的施虐癖往往遠遠超越了父母可能有的最嚴厲的負面態度。

佛洛伊德在其論文〈哀傷與抑鬱〉(Mourning and Melancholia, 1917)中,補充了另一種元素來解釋超我的施虐癖。他假定憂鬱症個案常見的嚴厲自責來自於他們對某個已失去的愛的客體愛恨交織的矛盾情感。當自我的一部分認同這位已失去的愛的客體,另有個部分代表對那遺棄他的客體原始的恨意與責備時,這個矛盾情感便在內在世界中被珍藏起來,對客體的恨意與責備反彈回自體身上,給超我的施虐癖性增添了火力。根據這套理論,自我攻擊最烈的面向衍生自原本指向外界、但卻在潛意識中「反彈」回自我身上的攻擊。自我接受超我施虐的受虐狂則衍生自早先對遺棄他的客體施虐的癖好。但就連這個解釋佛洛伊德也不滿意。這個理論仍然無法解

釋許多案例中超我所展現出的極端強烈攻擊，也不能解釋某些個案猶如聽從自己內在某種「邪魔」毀滅力量而不斷不由自主進行的自我毀滅行為。

我們在佛洛伊德對阻抗的看法中已經看出，部分個案自我毀滅性的「強迫性重複」及「負向治療反應」對佛洛伊德的影響之大，使得他在《超越快樂原則》（*Beyond the Pleasure Principle*, 1920b）中提出「死之本能」（Thanatos），作為原慾或生之本能（Eros）在潛意識中勢均力敵的搭檔。死之本能的表現是毀滅性的攻擊，這是心靈中的一股力量，致力於摧毀或瓦解生之本能所賣力創造的一切整合的「整體」（unities）。這是佛洛伊德的本能二元論，這個理論可以追溯自古希臘哲學家恩培多克勒（Empedocles）。恩培多克勒主張宇宙及心智由兩種基本成分所主宰，二者永恆地相互交戰，這兩種成分分別是愛與衝突（見佛洛伊德，1937：244f）。

接著，為了解釋超我對自我的施虐癖，佛洛伊德盡了最後一次努力（1924），提出自我的「原初受虐癖」（primary masochism），認為這個原初受虐癖會放大超我的施虐癖，藉此看法將死之本能與其超我理論相連結（見佛洛伊德，1924：163-70）。這個「最初的」或原始的受虐癖（Ur-masochismus）源自於死之本能中未被生之本能轉變為向外的攻擊性或施虐癖的部分，此部分留在有機體的內部，與愛欲能量融合（疼痛引起的性快感）。佛洛伊德指出，因此，「超我的施虐癖與自我的受虐癖互補」（同前引書：170），這導致自我愛好受虐，既引動性好施虐的超我對它施以懲罰，同時也在懲罰中得到滿足（強迫性重複）。

佛洛伊德的這套公式忽略了超我仁慈的一面，惟獨承認了超

創傷的內在世界：生命中難以承受的重，心靈如何回應

我以「理想自我」的形式負載有自我的完美「模型」。後世的心理分析師則強調超我的正向、慈愛面向,這些面向尤其存在於其理想自我中。努伯(Nunberg, 1932)及其他一些學者最早指出,超我限制本能生活的能力奠基於兒童對父母客體的愛與理想化,父母客體則被他們內攝成為理想自我。摩戴爾(Modell, 1958)指出,超我的「聲音」除了指責外,也包含有愛與支持的聲音,夏佛爾(Schaefer, 1960)描述佛洛伊德結構理論中「慈愛且被愛的超我」,為超我遭到忽視的撫慰及支持本質辯護。

在這段簡短的摘要中,我們可以看見超我概念在三個方面與榮格的概念相呼應,此處所說的榮格概念指的是他的原始矛盾自性概念,以及這個自性最初如何承載於父母的投射中。

一、超我在原初父母意象的周邊成形,原初父母意象包含了正向面與負向面,諸如師長及其他權威人物也蘊含理想自我,或使個體恐懼懲罰,這些人的影響力也與此父母意象相連結(見佛洛伊德,1924:168)。除了這些人物意象,超我的正向面還延伸至上帝形象的潛意識幻想,上帝慈愛且保護人,遠比真實父親力量強大得多。負向面的超我則與「命運的黑暗力量」相重疊(同前引書:168)。超我於是利用了潛意識中原初且神奇,或者說「超個人」的力量——這力量既仁慈又惡毒、既屬於原慾又具有攻擊性、既是生之本能又是死之本能——正如同榮格的古老矛盾自性結構。

二、(在健康狀態下)超我對自我發揮監管(指導)功能,高舉理想形象以供自我努力追求,對於註定不能滿足的衝動則加以克制,如此協助自我,保護孩子免除不必要的剝奪或挫折。這個監管或「防禦」功能需要仰賴生之本能與死之本能的力量達到最理想的

平衡，生之本能的力量意欲統合心靈的各元素，而死之本能則威脅要瓦解、分裂或溶解生之本能所達成的整合。然而生死本能之間最理想的整合則需要仰賴許多因素，尤其仰賴孩子整合對其原初客體的愛與恨，也就是將原始心靈的古老本能元素加以人格化。最後，超我對自我持續的自我監管關係若是喪失，會被自我體驗為遺棄與疏離（類似於我們用榮格語言描述為自我－自性軸〔ego-Self axis〕這樣東西的喪失）。佛洛伊德所謂超我的監管層面或防禦層面，與史坦及佛登所謂「自性的防禦」（見第五章）相似。

　　三、投射於分析師身上的超我正向面（作為理想自我）對個案的心靈具有穩定性的影響力，是正向移情的基礎，並且使超我較古老且負面的面向有逐漸修正的可能，這是由於這些面向也投射到分析師的身上，而由於正向移情占了優勢，這些負向面因此獲得了修通。這個想法與榮格相符，榮格認為，在心理分析中投射的古老理想化自性導致醫生被滑稽地理想化，而這個滑稽理想化的意象最終將內化成個案內在世界的一個內在「中心」（見榮格，1934a：第206-20 段）。

譯註 1： 西方傳統上認為月亮的盈缺會影響人的精神狀態。「精神錯亂」〔lunacy〕一詞的字根 lun 即為月亮之意。

譯註 2： Formation, transformation, Eternal Mind's eternal recreation. 歌德作品《浮士德》中的句子。

榮格對自我照護系統理論的貢獻

在精神醫學的情況下，個案來就診時都有一些沒有說出來，一般人不知的故事，我覺得，只有找出這些純屬個人的故事之後，對個案的治療才算真正開始。這些故事是個案心中的祕密，是讓他撞得粉身碎骨的岩石。

——榮格（1963：117，譯文摘自《回憶·夢·省思——榮格自傳》，頁164-165）

　　這一章，我們會更擴大來看榮格後期對於「原魔」的理解，這些原魔存在於生命經歷極大創傷者的自我照護系統中；下一章，我們探究分析心理學中其他貢獻者的觀點。我們會由榮格個人遭逢原魔的經驗及他面對早年創傷和創傷的「黑暗神祇」時，為保存我們所謂不可侵犯的人格精神所做的潛意識儀式性努力談起。正如我們所預期的，這些經驗使榮格後來對於讓個案「撞得粉身碎骨」的祕密岩石和故事非常敏銳。

榮格的創傷與阿特馬維圖

　　榮格在八十三歲時撰寫的自傳《回憶·夢·省思》（*Memories, Dreams, Reflections*, 1963）中，描述他的童年是在一個拘謹古板、篤信宗教的瑞士家庭中度過，父母疏離，從不討論彼此感受。身為一個極有想像力、敏感而認真的男孩，他開始為惡夢所苦，惡夢的內容讓他感到羞愧及「難以忍受的孤獨感」。他嘗試跟固執己見的牧師爸爸及心煩意亂、憂鬱的媽媽述說這些內在經驗，卻只讓他覺得自己更糟，於是他不再試圖表達感受，並躲進自己的內心。在他潛

伏期的那些年裡，榮格開始瞭解他體內其實有兩個人，他說，其中一個人格：

　　上學讀書，不怎麼聰明，專心，用功學習，行為得體，比許多男孩乾淨整齊；另一個是大人，其實是老人，多疑，不輕易相信，遠離人世，接近大自然，接近地球、太陽、月亮、天氣、一切生物，尤其接近夜晚，接近睡夢，接近「上帝」直接影響到的各種事情……這時，我知道我配得上我自己……只要獨自一人，我便會慢慢進入這種狀態……因此，我追求「「另一個人」」──二號人格的寧靜與孤獨。

　　　　　　（同前引書：45，中文版，頁 77-78，譯文略有改動）

　　榮格在早年的求學生涯中，曾參與一個寫作競賽，那是一個他很有興趣的題目，當那位通常以優劣順序來講評學生作文的老師，把他的文章放在最後才提起，他簡直被壓垮了。老師拿起榮格的文章說：「這裡還有一篇文章是寫得最好的，但很遺憾這是作弊，卡爾，坦白說，你是從哪裡抄來的？」榮格震驚而憤怒地猛然站起來為自己辯護，老師輕蔑地轉過身去，同學們則投以令人難堪的目光，他們心裡一定在想：「哈，原來如此。」榮格回憶說：「我感到，從現在起，我被烙上犯罪的標籤了，本來能使我擺脫與眾不同的所有道路也全被堵死了。」（同前引書：65，中文版，頁 100）

　　生命中的這個事件給他帶來難以承受的痛苦，他對這件事耿耿於懷，卻沒辦法鼓起勇氣跟別人述說這些，持續了好多天，「爾後，」他說：

發生了某件事（以前我已好幾次在自己身上注意到這件事）：內心突然變得寂靜，彷彿一間擾嚷的房間關上了隔音門，好像一種冷漠的好奇（與超脫）情緒來到我身上，我於是自問：「到底發生什麼事？好吧，你很激動。當然了，那老師是個白癡，他不瞭解你的本性，至少不像你自己瞭解的那樣多，當一個人不能理解事物時，他就會激動。」

（同前引書：65-6，中文版，頁 101，譯文略有改動）

榮格後來說，在這樣的時刻：

彷彿由一片星星和無邊無際的空間組成的一個廣袤的世界碰觸到我，或者說一個無形的神靈（spirit）進入了房間——一個死去很久的人的神靈，雖已死去，卻不受時間限制地永遠存在，一直到遙遠的未來。這類人的結局往往有引導力量〔numen，前譯「天啟之光」〕的光環圍繞。

（同前引書：66，中文版頁 101，譯文略有改動）

在這段時期，榮格個人內在的分裂（disunion with himself），以及對這世界的不確定感，引發了一個幻想的儀式性展演，只是那時候他並不瞭解這幻想。

那時，就像其他的小學生，我有一個黃漆的鉛筆盒，配有一把小鎖和一根普通的尺。在尺的一頭，我刻了一個小矮人，大約兩吋高，穿禮服、戴著高帽子，腳蹬一雙亮閃閃的黑靴子。我用墨水

　　　　創傷的內在世界：生命中難以承受的重，心靈如何回應

把他染成黑色，從尺上鋸下來，放在鉛筆盒裡。我還在鉛筆盒裡為他做了一張小床，用一點毛線做了件大衣。在筆盒裡面，我還放了一顆放在我褲子口袋很久的石頭，這是一顆我在萊茵河邊撿到的橢圓黑石頭，被我用水彩塗色，讓它看起來像是分成上下兩半。這是他的石頭。這一切都做得極為隱密。我悄悄地把鉛筆盒拿到屋頂那個禁止人上去的閣樓，很滿意的把它藏在一根大樑上……我十分放心，因內心矛盾而產生的苦惱也一掃而光。在所有難熬的時候，當我做錯了什麼事，或者感情受了傷害，每當父親大發雷霆，或母親病情沈重使我感到壓抑，我就想起那被我小心翼翼包裹、收藏著的小人，想起那光滑、染得十分漂亮的石頭……心中藏有祕密對我性格的形成影響巨大，我認為這是我童年歲月的根本要素。

（同前引書：21-2，中文版，頁 50-51，譯文略有改動）

　　在這些令人感動的童年經驗中，我們看到後來榮格所有著述作品的種子，一開始是心靈的創傷性解離——年幼孩子脆弱的自我無法容納難以承受的痛苦，導致防衛性的分裂，這分裂封存了一部分的自我，我們姑且將這部分自我稱為榮格的人格精神，防衛性的分裂並且確保這部分能在「另外」一個世界——也就是潛意識——裡安然無恙。接著，當集體潛意識心靈藉著精心安排的象徵性儀式「照顧」榮格，奇蹟般的自我療癒發生了。藉著保護他精神的一個形象，讓這精神安全地睡在鉛筆盒裡，和那被分成兩部分的圓石頭藏在一起，那石頭的分裂就像男孩心靈中分裂的兩半，光明與黑暗，這個儀式整合了小男孩傾向於粉碎的心靈。榮格許久之後辨認出那石頭是自性的象徵（Self-symbol），是對立的統一。那儀式性

的展演非常創造性地保全了榮格的精神，並且把它隔離在一個安全的地方，但那儀式性的展演並不止於他雕刻的小矮人。很久之後，在一九二〇年，當他四十五歲在英國的時候，他雕刻了兩個很相近的塑像。之後，他以石材重製了其中一個，並且放在他位於屈斯納赫特（Kusnacht）的花園裡。榮格說：「我在雕刻這一件作品時，潛意識提供了一個名字——阿特馬維圖（Atmavictu），意謂『生命的呼吸』（breath of life）。」當然，生命的呼吸，就是「精神」。

由這個例子，我們可以看到富含創意的潛意識；以及它卓越的象徵性儀式歷程，如何出手拯救榮格受創的童年心靈。榮格形容這個似乎十分聰慧的內在世界具有「聖祕性」，指的是它那不可思議的情感性質，以及超越性象徵展現中明顯的智慧，榮格後來稱之為「超越功能」。在這些早年的拯救與自我療癒經驗中，榮格體驗了心靈實相，並且看到他受苦的意義——這意義彌補了他的苦痛，也使他得以從永恆的角度（sub specie aeternus）來看待苦痛，讓苦痛以某種方式變得可以承受，而這個方式是在自我的狹窄範圍內無法達到的。

關於榮格的聖祕世界，以及聖祕世界對他精神的拯救，還有另一個我們之前的描述中沒有論及的面向，這可以在榮格的可怕夢魘中看到，尤其是那個他所謂在一生中「一直占據著我的心」的惡夢，那是在地底以人類血肉為食的陽具神（phallic God），這個神在地底的地位似乎與天上那位坐在寶座上的主耶穌相當。在這個夢中，榮格在一片草地上，偶然發現一個像是墓穴的地洞，他遲疑而膽戰心驚地沿著石階走下洞中。

到了底下，有一個圓形的拱門，門上掛著一塊……綠色帷幕……我很好奇，想看看後面藏著什麼，於是我掀開了帷幕。在黯淡的光線下，我面前是一個長方形的石室……中間有條紅地毯，通往一個低低的平台，平台上放著一個金光燦爛的寶座……寶座上立著一個東西，最初我以為是個樹樁，大概有十二到十五呎高，一呎半到兩呎厚，十分高大，幾乎頂到屋頂。它的成分十分奇特，是由皮和肉組成，頂上有一個圓圓的像人頭那樣的東西，沒有臉、沒有頭髮，頂端只有一隻眼睛，一動也不動地向上望……那個東西雖然沒有動，可是我總覺得它隨時會爬下王座，像一條蟲那樣向我爬過來。我害怕得全身都僵了，這時我聽見外面上方傳來母親的聲音：「對，看看它吧，那就是吃人的怪物！」母親的喊聲加深我的驚惶，我嚇出了一身冷汗，醒來後還怕得要死。從此之後，有好多個晚上我都不敢睡覺，生怕再作這樣的夢。

（同前引書：11-12，中文版，頁 40-41，譯文略有改動）

　　榮格三歲的時候作了這個夢，他說那是他「進入黑暗王國的開始」。那是榮格第一次經歷聖祕領域的黑暗面，後來他稱之為「上帝的另一面」——上帝形象的陰暗面。那陽具代表著他性意識的覺醒及其強有力的「他者性」，負載有榮格所稱的「神祕神靈」（chthonic spirit）。許久之後榮格回顧此事，如此說道：

　　外界普遍認為我看不到性慾的價值，這是錯的，其實正好相反，在我的心理學中，在精神的完整性的基本（不是唯一的）表達，性慾是很重要的一環。但是我關心的是如何超越個人的意義和

生物學的功能，去探究其靈性的面向和神祕的含意……性慾在神祕神靈的表達上是最重要的，這個神靈就是「上帝的另一面」，即上帝形象的陰暗面。自從我沉溺煉金術的世界以來，神祕神靈的疑問一直讓我魂牽夢繫。

（同前引書：168，中文版，頁223，譯文略有改動）

　　榮格晚年時特別熱切關注存在於神性（Godhead）及自性中的根本矛盾，也就是說邪惡的根本現實。他在這個主題上的重要論述〈答約伯書〉（"Answer to Job", 1952）中，描述了舊約聖經中耶和華殘酷的暴君面向，以及祂如何透過約伯的苦難緩慢地轉化成新約聖經中化身為耶穌的慈愛上帝。因此，耶和華由同時身為迫害者與保護者開始，逐步演化成祂的正向面。儘管有這樣的「發展」，榮格總是抱怨基督信仰將人生的黑暗面全都歸給魔鬼，將他排除在三位一體之外，於是這三位一體成為不完整的曼陀羅（mandala），或說是不完整的自性形象。他比較喜歡黑暗而腳踏實地的煉金術意象，在煉金術意象中，自性（表現為珍珠或哲人石）藏在糞便之中。不像基督信仰以耶穌為神性的傳遞者，榮格一直更喜歡具二元特性的墨丘利（Mercurius Duplex），他同時是拯救者也是破壞者，同時兼具美好與邪惡，同時是殘忍的搗蛋鬼，卻也是神的救命信使。

榮格對創傷的成熟概念

　　我們現在轉向榮格較晚期的思想，因為它適用於自我照護系統

　　　　　　　創傷的內在世界：生命中難以承受的重，心靈如何回應

及早年創傷。接下來的內容是榮格理論中和這主題相關的各個部分的彙整。

情感在情結的產生中所扮演的角色

榮格在專業生涯的早期，把他對心靈的理解下了一個定義：「人格的根本基礎是情意（affectivity），思想和行為只是情意的表徵。」（榮格，《榮格文集第三卷》〔Collected Works 3，第78段）這使榮格心理學成為一個以情感為基礎的心理學，儘管榮格理論家後來撰述的作品多傾向於「靈性」和智性（mental）功能——尤其是對「意義」的尋找——這偏離了榮格思想中的情感基礎。對榮格來說，情感是**精神生活的中心主旨**，因為它藉由賦予心智中互相矛盾的各個元素一個共同的情感調性（feeling-tone），將這些元素（感官知覺、想法、記憶和判斷）連結起來。如果一個生命經驗，例如一個早年創傷，伴隨著一個強烈的情感，所有和這經驗相關的知覺與心理元素會在這個情感周圍累積，於是形成一個情感調性的情結（feeling-toned complex，本書簡稱情調情結。見榮格，1907：第82段）。情調情結是心靈具有功能的基本單元，而因為人的情感具有普同性，這些情結在最原初的形式傾向於呈現出特定古老的（archaic）、典型的（typical），也就是原型的（archetypal）形式。在當代一個頗具盛名的榮格理論學者口中，情結有一個個人的「殼」和一個原型的「核」（惠特蒙〔Whitmont〕，1969：65）。原型核心賦予情結典型的、普世的特質，例如，「自卑／優越情結」、「雙親情結」、各式各樣性方面的情結（伊底帕斯情結、戀父情結）等等。

我刻意以榮格對情感（affect）的關注來開啟這個章節，因為嚴重的創傷總是留下「一生的感情障礙」（disturbance of affectivity）（克里斯多，1988：142）。如果我們想要瞭解創傷和創傷的內在「客體」，就必須瞭解它對情感發展及情感承受度（affect-tolerance）的影響。榮格在後續的著作中並沒有詳盡闡述全面性的情感理論，而是比較關注給情感賦予**意義**的原型**意象**，但我們仍可以從中看出一套有關情感及其相關內在客體意象的理論，尤其是他的早期著作中。

基本上，榮格從古老或原型的情感談起。這類情感在嬰兒期及成年的退行狀態中十分典型，克里斯多（1988）稱之為「情感前驅物」（affect precursors）。這些情感是「火山般猛烈」而未分化的「原始情感」（proto-affects），由於衍生自滿足（愛）與不舒服和痛苦（恨）的心身狀態，多半有兩極性。這些情感以古老且典型（即原型）的形式來到心智的意象層次，具有「超個人」特性，亦即若非靈性、滑稽、誇大，便是具有神話式的闡述。它們流入由潛意識幻想所供應的原始敘事主題中——這同樣也具有神話特性；換句話說，情感的「意象」可以在故事裡找到。這些未分化的情感會在照顧者和嬰兒的關係中逐漸成熟且分化，照顧者辨識、命名及詮釋嬰兒的經驗，（藉由投射）涵容嬰兒混亂的躁動，中和有毒的狀態，協助以語言且可塑的形式來具體化嬰兒的潛意識幻想，以這種種的方法將嬰兒的未分化情感加以「代謝」，而這些作為都發生在溫暖和支持的關係裡。經過了這樣的辯證歷程，特定的情緒得以分化，並且在語言的協助下，逐漸成為感覺（feelings），得以將自體的內在狀態向他人表達，包括屬於人類原始宗教經驗（宗教出神、

敬畏、神祕認同、感激）的情感。對榮格而言，宗教經驗是人類的特色。

榮格的情感取向觀點沒有得到充分重視的原因之一是，他對「情感」（feeling）一詞的用法很讓人困惑。在他後期的著作中，「情感」（feeling）一詞用來代表價值估量，並且用來指稱其中一個主要的意識功能類型，其他的類型包括感官（sensation）、直覺（intuition）及思考（thinking）。然而，當他提到「情調情結」時，又用「情感」（feeling）一詞表示情緒或情感（affect）。不幸的是，後來榮格的類型論風行，情感型、思考型等用法些許遮蔽了他心理學說中的情感基礎[譯註1]。

榮格對於被情結附身的見解

就榮格所言，情結普遍傾向於在夢中或其他幻想素材中**化為具體形象**，以有生命的生物（人類）意象出現來和自我互動，考量到這一點，我們便可以較為清楚地理解情結在所謂的自我照護系統及其保護性／迫害性內在客體中的角色。父母照顧得夠好的話，心靈會適切建構出天生的形塑象徵的功能，這種功能自動地把情感具象成能夠辨認的影像。每個情結都是一個不可分割的整體，由兩個因子組成，一是來自本能及身體基礎（情感）的動態能量因子，二是具有賦形、組織和建構功能的因子，使情結可以被意識利用來作為心理表徵（意象）。所以，每一個情結都是一個「情感意象」（affect-image，見派里〔Perry〕，1976：28），或者，就如榮格所曾說，是「情感的人格化意象」（1926：第628段）。情結組成我們夢裡的「人物」、腦袋裡的「聲音」、壓力下看到的幻象、精神

官能症個案的「第二人格」，以及糾纏或崇敬所謂原始心智的原魔、鬼魂或靈體。

情結對自我產生多少干擾，取決於它們「自主」（autonomy）的程度，而自主的程度又取決於情感的強度（榮格，1913：第1352 段），以及這情感是否能被**承受**。如果情結是在一個嚴重或早年創傷中產生，它的情感會是強烈的**焦慮**，這樣的焦慮對自我產生解離的效果，因為它干擾某些身體感官的穩定平衡，而自我仰賴這些身體感官平衡來維持一致（見榮格，1907：第 82-3 段）。在最嚴重的案例中，自我會完全被取代，或被次級情結（secondary complex）「同化」，從而處於被情結「附身」的狀態，於是原先的自我僅存一小部分殘留，而成為「情感自我」（affect-ego，見榮格，1934b：第 204 段）。榮格針對情結嚴重度的連續光譜作了以下的區分：

某些情結因為個人生活中痛苦或煩惱的經驗而產生，這類屬性為情緒的經驗會留下難以抹滅的心理傷痕，這樣一個壞的經驗通常摧毀個體中珍貴的特質，這些都會產生屬於個人性質的潛意識情結。非常多的自主情結以這樣的方式產生，但有些情結則是來自很不同的源頭……集體潛意識。它們實際上是個體從來沒有意識到的非理性內容物……據我判斷，當極具破壞性的事件發生在個體身上，而使得個體之前整個的生活態度都被瓦解時……就發生了這樣的經驗。

——榮格（1928b：第 594 段）

榮格接著對照比較我們如何經歷這兩種層次的情結，以及它們如何被早期人類所經歷：

　　〔如果一個產生自個人潛意識的情結被解離了，〕個體會經歷到失落感……（早期人類會談到失落的靈魂，因為心靈的某些部分確實消失了）。相反地，當這樣一個情結經由，例如心理治療等方法再度被意識到，他會經驗到力量的增強。許多精神官能症是這樣治癒的。但是，另一方面，當一個集體潛意識的情結和自我有了聯繫……會讓人覺得奇怪、不可思議……令人著迷……〔但也很危險〕。自我和潛意識內容物的結合通常產生疏離的狀態……這些不相容內容物的入侵是許多心理疾病開始發生的典型症狀。個案會滿腦子怪異、可怕的想法，整個世界似乎都變了，人們的面容都變得駭人、扭曲等等〔早期人類將這層次情結的經驗視為神靈附身〕。

　　於是，我們必須假設潛意識情結的存在有兩類，一是理當屬於自我的（失去它們會顯得病態），還有那些不應該和自我有所連結的（若和自我分離則帶來復原）。因此，原始病理學認定疾病的來源有兩種：靈魂的失落，以及被神靈附身。

（同前引書：第 587-91 段）

　　根據我們在這些篇章裡探究的假設，榮格所稱「集體」情結的「附身神靈」，正是我們在前述臨床素材中所頻繁遭遇到的「原魔」人物，他們的作用是「代為執行」自我照護系統的迫害／保護任務。「他」或「她」來自於心靈中古老的層面，因此對自我來說更為怪異及恐怖，也更容易臣服於它的力量。

　　身為心靈集體層次的情感意象，原型用全世界神話和宗教中典

型的意象與主題，來構築最古老而原始的情緒經驗。如果我們想像經歷創傷性遺棄或過度刺激的嬰兒心靈，遭到猛烈如暴風的情感橫衝直撞，就約略可以理解到為何被賦予這樣情感的形體本身是如此地古老，也就是說，是原魔或天使的意象（巨大的、神一般的「偉大生命」），威脅著要擊潰未成熟的自我。這些內在人物由於被嚴重的創傷增強了力量，因此持續地損傷內在世界。

使事情更糟的是，來自於個人經驗的情結傾向於藉由榮格所謂情結「自我放大」（self-amplification）的歷程，來將自己神話化。他指出，一旦一個自主情結在潛意識中形成，它不會以它和意識自我聯繫時可能改變的同樣方式來改變，也就是說，因為解離，情結不會被現實修正，反而有了不受影響不受控制的自主性，呈現出愈來愈「怪異」或「聖祕」的面向。（見榮格，1947：第 383 段）

最終，這樣的情結——很可能與它們和意識的距離成比例——藉著自我放大而表現出了古老且神話式的特色，因此有了某種聖祕感，這點我們可以在精神分裂性的解離中清楚看到。然而，聖祕感全然在意識決斷力的範圍之外，因為它把主體帶入狂喜癡迷的狀態，這是一個無意志的臣服狀態。

潛意識狀態的這些特性與情結在意識心靈中的表現有很大的差別，意識心靈中的情結可以被修正：它們不再具有自主性，且可以被大幅地轉化。它們蛻棄掉神話式的外皮，藉著進入在意識中進行的適應性歷程，將自己具體化且合理化，達到一個可以辯證式討論的程度。

（同前引書：第 383-4 段）

為了瞭解情結和它們的原型如何支配個體並構築自我照護系統，我們必須把榮格思想中的另外兩個元素納入討論，第一：他分析了心理病理學中占優勢的心智（mind，近似佛洛伊德的超我）如何在內在攻擊弱勢的情感自體（feeling-self）；第二：他強調所有原型都有雙重本質，尤其是被他稱為自性的核心原型。

榮格與攻擊性的「心智」

　　對榮格而言，所有的原型都是兼具對立兩極的動力結構，原型的一極代表**本能**與根源於身體的相應**情感**：另外一極則由賦予形象的**靈性**成分所代表，這成分則是由心智所產生的意象所組成。**心靈**（psyche）存在於這兩極對立之間，代表著「第三個」因子，把本能／情感與靈性結合進創造**意義**的**潛意識幻想**中（見前引書：第 407 段）。正如榮格所說，「意象代表著本能的意義」（同前引書：第 398 段）。當健全運作時，原型中固有的兩極由象徵歷程來中介調停，這歷程會給有彈性的自我（flexible ego）增加能量與豐厚度。

　　然而，嚴重創傷的其中一個影響是在**原型結構中分裂原型**。我們可以說其中一極（智性）攻擊另一極（情感），於是破壞了心理結構，使得已經很脆弱的自我更缺乏滋養。**創傷不只激起暴烈的情感，還把它從意象矩陣（image-matrix）中切斷。**受創傷嬰兒的原初經驗沒有獲得父母形象人物的調節，因此沒有意象，也就沒有意義。幻想的能力被破壞，經驗退化到僅存身體知覺或空無的心像和想法。客體關係分析師麥克道格描述有嚴重心身症的個案，對

這類個案來說，「意義屬於迴避使用語言的前象徵界（presymbolic order）。」她如此描述這類個案：

> 因心身症狀受苦的人，他們的思考歷程似乎常會除去語言的情緒意義，而身體則看似以「妄想」的方式來行動，往往過度運作到一個似乎生理上沒有知覺的程度，使人忍不住想說身體發瘋了。
>
> ——麥克道格（1989：18）

西多利（Mara Sidoli）以類似的風格，採用榮格的觀點，描述在分析中，當頓悟或改變即將發生的重要時刻，有些個案會有身體化表現。西多利推測這些個案**無法讓嬰兒期的情感取得象徵化的心理表徵**，因為「在他們嬰兒期時，母親沒有賦予這些經驗心理意義」（西多利，1993：175）。

> 我的觀察是，這類個案能夠順利無礙地製造原型意象，但這些意象是情感疏離的意象（如述情障礙的狀況），這些個案對他們自己的意象是情緒超然的旁觀者，他們防範自己感受到與個人經驗相關的原型意象所喚起的恐怖、驚慌和絕望，並且傾向於把那意象看成是藝術創作。
>
> （同前引書：175）

麥克道格和西多利都描述了被解離性防衛毀壞了整合經驗能力的個案。這種毀壞似乎牽涉到原型中一「極」對另一「極」的攻擊，亦即，「靈性」對情感／本能的攻擊，或心智對身體自我的攻

擊。用我們目前這項研究的語言來說,「古老的防衛」似乎破壞了原型的完整機能,斷絕情感和意象間的聯繫,從而使經驗變得無意義。當可能的整合或頓悟開始發生,將重新經歷難以忍受情緒的可能性會威脅到自我,觸發分裂的防衛。

在許多榮格的早期案例中,以及他後期關於負向阿尼姆斯(negative animus)原型的理論中,他描述了個案的智性及其分化的理法功能正好成為這類攻擊的來源,攻擊脆弱的情感自體,畢竟對心智的理想來說,情感自體總是相對弱勢。藉由獨特的臨床敏銳度,榮格提供了以下的闡釋來描述一個被攻擊性的超我或「超心智」("supermind")「附身」的年輕男個案:

> 這個案一開始給我們的印象是完全正常:他可以擔任職務,也有個金飯碗,我們沒有任何疑心。我們和他如常地交談,在某個時刻,我們說出「共濟會員」這個詞,突然間,我們面前那張愉快的臉變了,一個充滿極度不信任和野性狂熱的尖銳眼光看向我們。他成為一頭被獵捕的危險動物,四周都是看不見的敵人:另一個自我升到表面。
>
> 發生了什麼事?顯然地,在某個時間點,身為被迫害受害者的想法取得了掌控權,有了自主,形成了第二主體,有時完全取代健康的自我。
>
> ——榮格(1928c:第 499-500 段)

榮格堅定地相信,這類封存的妄想系統起因是心因性而非生理或身體性的,亦即,它發源自早期的心理創傷時刻。此外,這些時

刻之所以造成創傷，是因為個案慣常過度敏感的情緒生活導致特定的潛意識幻想持續不止，而這幻想在遭到他早熟智性的攻擊時崩解了。榮格這位年輕個案的危急創傷時刻是發生在「情緒賴以生存的靈性形式崩解時。它不是自己崩解的，而是被個案崩解的。」（同前引書：第 501 段）」

　　事情是這樣的：當他仍然是一個敏感的年輕人，卻已經擁有非凡的才智，他對兄嫂產生了熱烈的愛戀，直到最後，想當然觸怒了她的丈夫，也就是他的哥哥。他的感情就和所有不成熟的心理衝動一樣，是孩子氣的感情，大多是天馬行空的胡思亂想，尋找著母親。但這情感確實需要一個母親，需要較長的孵化期以便成長苗壯，禁得起現實無可避免的碰撞。它們本身是不該被指責的，但對於單純而坦率的心智，它們激起猜疑。他哥哥對這些情感的嚴厲詮釋有著破壞性的影響，**因為個案的心智認可這些指責是對的。**他的夢想被破壞，但要不是**他的感情也同時被摧毀了**，這件事本身應該是無害的。**因為他的理智接替了他哥哥的角色，並且以審訊式的嚴格毀去每一絲的情感**，在他前方豎立冷血無情的典範。生性較不熱情的人可以容忍這種情況一段時間，但極度緊張、敏感且需要情感的性格會因此崩潰。逐漸地，他覺得自己似乎達到了他的理想，突然間，他發現男服務生之類的人對他感興趣，會心地彼此微笑，有一天，他吃驚地發現他們把他當成同志。妄想的念頭現在開始自主。他那冷血摧毀所有情感的無情理智與堅定不疑的妄想信念間有著深刻的連結，這是顯而易見的。

　　　　　　　　　　（同前引書：第 501-2 段；黑體字為本書作者所標示）

對於考利根與戈登（1995）所提出的攻擊性「心智客體」（見第六章）及其相關的幻想系統，榮格的這個案例是一個卓越的例子。榮格描述個案的心智以早年的創傷性時刻為基礎，建構潛意識幻想系統。年輕個案錯覺式的愛情（天馬行空的胡思亂想），以及對哥哥的潛意識認同遭到創傷性的輕視，他的「夢想」崩塌了，而在他破碎的幻夢留下的空洞中，個案以與哥哥一同憎恨自己來保住他對哥哥滿懷愛意的認同（認同攻擊者）。這情況也如天馬行空的愛戀一樣，建構了一套幻想，但原來是愛的幻想，現在是恨，而且搭配著新的「故事」。為了恨自己，個案把自己分裂為二，他蒙羞與幻滅的情感經驗毋庸置疑是難以承受的，但是，他的「心智」插手給這難以承受的經驗「建構意義」，惡毒的意義。他幻想的結果是，為冷酷無情的哥哥保住值得深愛的客體形象，而個案則擔負起讓人憎恨的形象。藉著認同完美、認同哥哥的理想形象，「心智」把他脆弱的情感自體貶低成「壞的」，因為愛錯了人而令人憎惡，是個無法愛這世上真正女人的「媽寶」。有了這樣的防衛結構，他無法對同一個客體經驗愛與恨，也就是不能容忍矛盾。他的哥哥是「好的」，他自己必須始終是「壞的」，至少在他祕密的情感自體中是如此。對理想哥哥感受恨意對他而言是難以忍受的，而容許自己同情自己的（令人憎惡的）軟弱也同樣難以忍受。

最終，當男服務生開始想像他是同志時，他自我表徵的分裂得到了外在的「證實」。他的令人憎惡原本是個祕密，如今「現實」確認了這個事實，被迫害的幻想「證實是真的」。這是情結如何增生擴大的例子，情結會如太空中的黑洞般拉進愈來愈多的「現實」，在破壞性意義的「系統」中磨碎經驗。

榮格案例中的創傷與「意義」

　　創傷不只是刺激屏障（stimulus barrier）的破裂，也與「意義」或精神現實有密切的關連，榮格的案例是絕佳的例子。**精神官能症不是對於創傷本身的反應，而是對幻想的反應，創傷透過幻想被賦予了意義**。同樣地，防衛本身也具有與其不可避免的任務相關的意義，這任務就在於維護人類精神。藉著編織一個關於自己令人厭惡的羞辱性負向幻想，個案的心智可以說是「試圖」讓他與值得活下去並喜愛的現實維持關係，即使他的自我在這過程中變得不討人愛。對於心靈而言，負向意義顯然比沒有意義要好，負向幻想比什麼幻想都沒有要好。「過渡」歷程原可能保障真我的穩固，如今缺乏了過渡歷程，自體瀕臨分崩離析。他冷酷無情的完美主義（儘管意味著自我攻擊）變成了外殼，用以保護自體不致分崩離析。況且，如果一個人的自我表徵是「壞的」，總是可以致力改善。

　　遺憾的是，古老的防衛進一步侵蝕了對難以承受情感的容忍。自我照護系統是設計來保護人格精神免於被現實毀滅，這系統提供一個幻想，使苦痛「說得過去」，但是幻想分裂了心智與身體、精神與本能、思想與情感的統合。「心智」變成暴虐的完美主義者，迫害脆弱的情感自體，始終把它當成一個讓人羞愧的祕密夥伴般地藏起來，直到最後，當自我與這個受害自體間已完全失去聯繫，有人提出了一個讓人恐懼的觸發字眼（「共濟會員」）。自我如今已完全被令人厭惡的內在弱者所取代，後者變成唯一的自體，整個世界變成專橫、迫害的完美主義者。自我被分裂出的受害自體「附身」。這裡我們看到自我照護系統運作的最終（獨立的）結果──

情結逐步擴大，導致最後嚴重的精神機能障礙。

榮格的二元自我：光明與黑暗

在多數榮格早期的著作中，自性通常被描述為在分析過程中統一各種原型內容，並平衡心靈中各對立面的定序原則，朝向個體化或「自我實現」（self-realization）的「目標」邁進。榮格憑經驗得到這個假設。在他自己與被分析者的夢中，他發現自己面對一個存在於潛意識中流露明顯智慧的泉源，它似乎展現了一個關於個案真實生命的形象，而且非常不同於個案自我所維持的形象。這潛意識的「中心」似乎補償了自我偏向一邊的片面態度，好似它「意圖」修正個案不平衡的態度，並且設想一個似乎能欣然接受個案整個人格，而不單只是自我的「目標」。此外，這個心靈中的智慧「中心」似乎藉著聖祕意象在夢中「露面」，這些意象隱含了某種神聖的「他者性」、不朽性、衝突的解決、整體性、無可言喻的美。

由於這些緣故，榮格認定，儘管意識的中心是自我，代表包含意識與潛意識的心靈整體的卻是自性。

理智上來說，自性只不過是個心理概念，一個用來表達某種不可知本質的概念，我們無法清楚理解這個本質，因為根據定義，它超越了我們的理解能力。它同時也可被稱為「我們內在的神」。我們整個心靈生活的起始似乎密不可分地紮根在這個點，所有我們最高而終極的目的似乎是努力達到這裡。

——榮格（1934a：第 399 段）

依循這些定義，許多榮格的追隨者傾向於強調自性透過個體化歷程，以具先見之明的姿態「開展」——個體化歷程正是自性在鼓動偶爾抗拒的自我，鼓動它實踐預先訂定的個體完整性「計畫」。這幾位作者承認這「鼓動」可能令人不快，甚至很恐怖，但言外之意是自性最清楚什麼對自我最好（見惠特蒙，1969）。有時，自性以在內在世界說話的玄妙聲音出現，強迫「主人」若是要實踐某種獨特的個人真理，便必須進入與集體價值的道德衝突（見諾伊曼〔Neumann〕，1969）。其他學者接續榮格認為自性是「自我的預示」的觀念，強調自我與自性間的辯證關係，以及兩者間緩慢發展的軸，這可類比個體層次中肉身耶穌與他超個人父親之間的關係（見艾丁哲，1972）。所有這些取向中，自性被想像成至高的權威、備受渴望的生命的超越性整合、對立的整合、進入時光的永恆太一（eternal One）。

那麼，我們要如何將這些描述套在我們先前所提的持斧人、槍手及殭屍大夫等臨床案例上？這些人物實在不像是個體化路程中的「超個人嚮導」，但我們在本文中主張，這些可怕的破壞形象同樣也是古老自性在發揮防禦功能時的形象。

這問題的答案夠明確了。在自我的發展相對上較為完善的臨床狀況中——事實上往往是過度發展、過度肥大且片面時——個體化中的自體會獲得善意的描述。與這樣的個體進行分析時，意識與潛意識間補償性的辯證歷程確實恰如榮格與他的追隨者所描述。另外，當自我受到了嚴重的創傷，因此自我的建立僅是暫時性的、脆弱的、充滿焦慮的，並且時時刻刻掙扎著求生存。這樣的個案生活在持續的恐懼中，恐懼原初的創傷性狀態會回來，而且也預期會如

此。提心吊膽地審視環境取代了歡樂，且因生活在持續的恐懼中，恐懼所有事情都會崩壞，通常也確實如此。在這樣的情況下，可怕、具破壞性的自性意象占了優勢，原因並不全然清楚。我們可能要把這個自性看作是求生存自性（survival Self），以便把它與在心理健康的狀況中發現的個體化自性（individuating Self）做個區別。**求生存自性似乎是當原本該用於個體化的能量，轉移到某項早期發展的任務——也就是保障個體的存活——時，自性所採取的形式。**我們在前面的案例中看到這個求生存自性如何攻擊易於解離的自我（dissociable ego），將情感與意象分裂、將經驗分割，我們推測這些攻擊是（誤判情勢的）自性保護個人精神的「努力」，保護它別再承受原初創傷中難以承受的情感傷害，而這原初創傷如今似乎隨處虎視眈眈。這至少是一個方式來解釋心靈中明顯的分裂驅力，這種驅力常見於榮格（1928b：第 597-91 段）所謂的「神靈附身」情結。

耶和華與自性的黑暗面

榮格明確表示，以發展的角度來說，最早的原初自性是極度強大能量（愛與恨，創生與破壞）的整合，而我們在西方文化一神教上帝——即希伯來的耶和華——的早期形象中看到這原初自性的意象。榮格說，在耶和華中，我們不只「看到」原初雙極性的自性，**我們還看到它**與它的「另一面」——即以色列人——**關係的轉化**（即人性化）歷程。耶和華開始時是一個暴君，祂以憤怒的手對以色列人發威，迫害他們、殺死他們的新生兒、降下洪水與疾病來懲

罰他們，甚至沒有原因就殘忍虐待他們，同時不斷要求持續的流血獻祭以平息祂的怒氣。然而，這個殘害人命的專橫神祇也以祂原始的方式來表現關愛。在盛怒過後，祂與人類訂定聖約，表示再也不毀滅他們，在以色列人為逃離奴役而出埃及時，祂持續給予指引與保護。榮格（1952）認為這（顯然）全是由於自性「想要」化身為人！只不過耶和華直到看見了自身破壞性所產生的後果，才「接觸到」了自己的慈愛本質。這是不幸的約伯（及全體人類）發揮作用的地方——因為神自身的對立矛盾而受苦，並藉由受苦來「協助」神具體化。若是採用克萊恩的隱喻來描述，我們會說，認同神的全能自我必須要體驗到對同一個人的愛與恨之後，才能進入生活。艾丁哲沒有使用兒童發展的客體關係隱喻，也提出了同樣的觀點，在他評論榮格的書中，他這麼說：

耶和華既仁慈又憤怒，既公正又偏頗，祂涵容了這些對立卻沒有自相矛盾，因為沒有意識曾介入來挑戰這矛盾。約伯在與耶和華相遇後，成了那意識，覺知到這矛盾，因此形成了對耶和華的挑戰。

——艾丁哲（1992：12）

艾丁哲的看法是，在面對耶和華的殘酷時，約伯既沒有報復（以牙還牙），也沒有在挫敗與羞辱中崩潰。他駕馭著自己的人性，**因上帝無法為自己受苦，他便為上帝受苦**。他表達了他的憤怒，但也在耶和華的力量面前表達了他的謙卑，並且從未忽略耶和華潛在的仁慈。對於在心理治療中如何與自性的原型防衛工作，這可以給我們一些端倪。榮格在《答約伯書》中說：

這就是約伯最特別的地方，儘管看到這些難以接受的事〔覺察到耶和華可能是不公的〕，但是他並不懷疑神的統一性，反而明白上帝和祂自身的矛盾正爭辯得不可開交，甚至使約伯相信要在上帝裡找到救贖主和「辯護人」，好向神辯白。他既確信耶和華裡頭的惡，也相信在祂裡頭的善……祂〔耶和華〕既是迫害者也是救贖主，這兩個面向同樣真實。耶和華並沒有分裂，而是個二律背反（antinomy），一個完全的、內在的對立性，這是祂的全能和全知的必要條件。

——榮格（1952：第 567 段，譯文摘自《人的形象和神的形象》，頁 236，略有改動）

根據榮格所說，集體心靈中的原始矛盾自性或神的形象經歷了歷史的轉變，這轉變與每個個人的自性在內在發生的**發展性**轉化（developmental transformation）相似（胚胎重演律〔ontogeny recapitulates phylogeny〕）^{譯註2}。就如我們所見，這個變動是朝向人性化與化為肉身而去。榮格甚至說，約伯為上帝內在的對立所受的苦導引出後來的道成肉身，上帝化身為耶穌——也就是「神人」。我們可以說，這個神話式的發展記錄了一種發展成就，即超個人力量被馴服（上帝據信是「被馴服在聖母的膝上」），從而以經過調整的形式供自我運用。此時，善與惡的問題不再存在於「上帝之內」，因為「上帝愛世人，甚至將祂的獨生子賜給他們」，也就是說，新約聖經中的上帝變得完全慈愛且善良，祂的兒子也是如此。邪惡的問題現在被轉移到基督的黑暗孿生兄弟——敵基督（Antichrist）或惡魔——身上。

榮格從不喜歡基督教這樣的發展。他認為這太過輕易就讓人擺脫了痛苦與掙扎。他喜歡他的上帝是一個二元性的神：

　　所有對立都是屬於上帝的，因此人們必須去承擔，他才會發現，蘊含著「對立性」的上帝附身於他，在他裡面道成肉身。他成為充滿神性衝突的器皿。（《答約伯書》，第 659 段，譯文摘自《人的形象和神的形象》，頁 281，略有改動）。人必須要能忍受上帝，這是思想載體（carrier of ideas）的最高任務。

　　　　　　　　　　　　　　　　　　　　　　——榮格（1973：65）

譯註 1：　feeling 與 affect 在榮格學說中都譯為「情感」，易於混淆，因此於本段中每一個「情感」之後均附上原文。

譯註 2：　由德國生物學家恩斯特・黑克爾（Ernst Heinrich Philipp August Haeckel, 1834-1919）提出。他認為動物的胚胎發育會重演過去祖先演化的歷史，「高等」動物的胚胎發育初期會重演「低等」動物發育後期的形態，乃是演化論中所有生物都來自於同一祖先的證據。但是這個學說因為自始至終都沒有可靠的科學依據可供佐證，在黑克爾死後數年內就被束之高閣。但是，他創造的諸多名詞，如 ecology、phylogeny、ontogeny 等等，反而因為自然科學／演化研究領域日漸壯大而廣為人知。

榮格的其他貢獻

心理治療不是為了減輕痛苦，而是為了修復人與現實的關係。

——作者不詳

　　本章我們將轉而談論其他的榮格理論學家，其中每一位都試圖以分析心理學的角度，來對善惡兼具的原魔加以解釋說明。我們所談到的這幾位理論家所代表的，僅不過是許許多多曾經試圖處理早期創傷及其防禦、有所貢獻的人士當中的一小部分，而我僅聚焦於曾經以某種方法將我們的核心概念加以擴大的人士。所謂我們的核心概念，即自我照護系統及主導其運作的矛盾自性人物。

艾瑞旭・諾伊曼與創傷的苦惱自我

　　榮格的追隨者中，最具創意的人士之一當屬艾瑞旭・諾伊曼（Erich Neumann）。諾伊曼將正常的母嬰情境描述為「二元整體」（dual unity），將兒童的第一年歲月描述為「後子宮胚胎階段」（post-uterine embryonic stage），在這個階段，兒童是以全然神祕參與的方式，在精神上包含於母親之內，而尚未以獨立的個體「存在」（1976）。在這個階段，榮格稱為自性的較高層級中心與人格整體性存在於兩處——孩子的身體與母親身上。在與現實的接觸逐漸增多後，存在於母親身上的自性逐漸「遷徙」至孩子身上，終止了部分與母親的神祕參與，並且建立自我－自性軸，以作為兒童心靈中的內在極性（interior polarity），藉此保障自我的正常成長。諾伊曼指出，成功的原初關係（primal relationship）以及穩當建立的自我－自性軸，是無論宗教性或非宗教性的所有狂喜出神經驗的基礎，在這樣的經驗中，聖祕性得以消融自我界線（ego boundaries），自我於是接受自己的主導地位暫時中止，並且暫時回歸自性，任自性將之納入其中。

假使原初關係遭到創傷的中斷，聖祕性會發生負面的匯聚，匯聚成恐怖母神（the Terrible Mother），導致負面化的苦惱自我（distress ego）形成，背負痛苦或末日的印記。受干擾的原初關係有個核心特色，即初始的罪疚感。不被關愛的孩子感覺自己不正常、有病、「患了瘋瘋病」且「受到譴責」（同前引書：86）。與這個「又壞又骯髒」的孩子搭檔的，是個陽剛的邪魔靈體（父系銜尾環蛇），它代表狂暴的超我，如今這個超我與自性混淆了，自性持續攻擊著「壞」孩子，這孩子始終沒能達到超我的要求。

諾伊曼在描述中，自始至終都覺知到一件事，即所有兒童都存在於一種「神話統覺」（mythological apperception）的層次，這使原初關係遭到的創傷性破裂有了完全神話性的面向，而這個面向是無法以指意的語言（denotative language）[譯註]來充分理解的。諾伊曼寫道，原初關係中的大母神形象（the Great Mother figure）：

> 是個命運女神，她根據她的喜惡來決定生與死、正向發展或負
> 向發展，此外，她的態度便是最高判決，因此她的怠忽職守就相等
> 於孩子這方無以名之的罪惡。
>
> （同前引書：86-7）

母親的「怠忽職守」導致自我－自性軸的發展發生缺陷，並且相對應地導致形成負面的自性形象（Self-figure），也就是恐怖母神意象（同前引書：49）。

諾伊曼並不是主張負面的自性形象具有防禦功能，而是想像防禦機轉位於自我之中。換句話說，他的理論中並不存在「原始防禦」這東西，僅有原始的負面形象，這形象衍生自與真實母親之間受干擾的原初關係，真實母親如今讓位給了善良母神（the Good Mother）或恐怖母神的幻想意象。

倫敦學派與原型防禦

利奧波・史坦

率先提出原型防禦概念的是史坦（Leopold Steun, 1967）。他用身體的免疫系統做類比，來支持自己的論點，主張「自體……是個『原型的共聯體』（commonwealth of archetypes）……在一個〔比自我〕基本得多的層次上執行防禦動作（同前引書：103）。」史坦提出一個迷人的觀點，認為啟動了原型防禦機轉的人身上所存在的極端負面性及自我毀滅性，可能可以解讀為原初自性將部分自我誤認為是外來入侵者而展開攻擊。他指出，正常的免疫反應有賴身體的免疫系統精確辨識出非我元素，向那些元素展開攻擊並加以殲滅。史坦主張，同樣地，對心靈而言，為了維護自性，人格的一部分被誤認為非我元素，並且遭到攻擊，導致心靈發生某種自體免疫疾病（AIDS），因而自我毀滅。心身自性（psychosomatic Self）何以會攻擊自己的一部分，史坦未加詳述，僅表示，自性「免疫系統」的正常功能有賴嬰兒的原型期待與環境「相符合」。當創傷發生時，「符合性」遭到毀滅，導致嬰兒的自體「免疫不全」。

麥可‧佛登

麥可‧佛登在他的經典論文〈自性的防禦〉（Defences of the Self, Michael Fordham, 1974）中，探討了史坦免疫系統類比的部分臨床意義。在佛登更早的作品中，他提出防禦早於自我發展的假說，他曾與早期嬰兒自閉症個案工作，這類病症會以自我封閉及全面的退縮，來「防衛」難以承受的有害刺激（如母親但願孩子死掉的願望）對主體造成災難性的影響。**縱使在生命最初的日子，亦即在嬰兒的自我鞏固之前**，這個現象也會發生。這個臨床事實似乎意味著自性的原型防禦必須藉由將嬰兒與生活完全切斷關係，來保護受創的嬰兒。

佛登發現，假設一名嬰兒遭遇到具有致病性質的有害刺激：

> 防禦系統可能會開始持續不斷地過度反應；〔對非我客體的攻擊〕可能會藉由投射性認同而與部分的自體相混合，因此某種自體免疫反應開始運作，這尤其可以解釋何以當有害刺激已遠去，防禦動作仍持續進行。〔當這個狀況發生時〕……內在世界僅能有些微發展，或完全無法發展，自我整合變得僵化死板且持續不停……以成熟壓力為基礎的所有後來的發展導致的都不是分化，而是瓦解，而防禦系統主導一切則造成暴力與敵意的累積，這些暴力與敵意的累積，則從與客體間可能發生的任何原慾驅動且充滿關愛的溝通中分裂出去。

——佛登（1976：91）

史坦與佛登二者綜合起來的觀點，常讓我覺得非常能夠應用在我們的邪魔人物，以及這類人物在創傷中可能具有的保衛人格精神的原型防禦功能。例如，若我們想像自性的防禦作用極早便建構起來，其功能便可能在於攻擊所有特定的經驗與知覺元素。這些經驗與知覺是與兒童「向外接觸」曾對他造成創傷的客體世界相關的經驗與知覺，這樣的攻擊則導致兒童對客體的需求遭到迫害，以及自體與他者間的閾限遭到攻擊，同時也意謂心靈內部發生對經驗各成分間整合聯繫的攻擊，以粉碎兒童的慾望。這會形成比昂所謂「對連結的攻擊」（1959）——他認為這個攻擊與死亡本能相關。這樣的說明能夠解釋創傷個案的內在世界何以始終不懈地保持負面，以及這類個案何以不斷重複自虐行為，到了不斷重複造成創傷的程度（強迫性重複）。若我們再加上自性的古老防禦機能無法被教育的可能性，亦即如榮格所主張，所有情結都不會自經驗學得教訓，得到的結論便十分近似於史坦所提之心理自體免疫疾病的概念。換句話說，自性將後來所有有希望增進自體與世界關係的發展都「誤認為」是當年兒童「向外接觸」而造成創傷的經驗的翻版，因而加以攻擊。此處我們看到的是一種嚴重抗拒改變、抗拒個體化、抗拒心理治療的防禦。

倫敦學派的其他人士

倫敦學派的其他人士進一步探討自性的防禦，以及伴隨而來的負向治療反應，例如普洛納（Proner, 1986）。如同克萊恩，強調這類個案的內在發生了對內在好客體的破壞性嫉羨攻擊，赫貝克（Hubback, 1991）研究強迫性重複的原型基礎。沙繆斯（Samuels,

創傷的內在世界：生命中難以承受的重，心靈如何回應 ┤

1989）大量撰寫文章，批評自性的一元且完美主義的形象。邦斯特
（Jane Bunster, 1993）推測，受了創傷因而難以觸及的個案在自閉
的核心之中始終保持著去人格化的狀態。戈登（Rosemary Gordon,
1987）探討精神受虐癖，認為普世皆有崇拜或敬仰超越性事物，並
臣服於它的需求，精神受虐癖即為該需求的陰影面。最後，瑞德芬
（Joseph Redfearn, 1992）描述某種源自於創傷的特定原始防禦「情
結」，這種情結在兩個內在次人格間運作，其中一個是脆弱的孩
子，另一個是「全能的、預示世界末日的上帝次人格」，後者威脅
要用「炸彈」殲滅一切。

美國的榮格學者

美國的榮格學派圈子裡，有好幾個分析師討論過我們的內在原
魔二元體。一些美國暢銷書中可以看見這類防禦的通俗版本，在談
完榮格理論家的貢獻之後，以下是我對這些通俗版本簡短的摘要。

希爾曼與老人／少年的分裂

「原型心理學」（archetypal psychology）及其極富創意的創始
人希爾曼（James Hillman），之所以格外令人感興趣，在於他提出
早期創傷所具有的「治療意義」（雖然這個意義需要從他的神話表
現手法中辛苦地汲取出來）。希爾曼指出，來自潛意識心靈最古老
的意象大多不是如大母神那樣的單獨意象，而是成雙成對，或一前
一後，或兩極對立，或相對相望（1983：166），如母親／孩子、
受害者／迫害者、少年／老人。這點對我們大有幫助。他指出，

榮格學者往往忽略這個事實，僅僅研究諸如大母神、永恆少年等原型人物靜止不變的形象。他認為這樣的取向忽略了成對搭檔間的感傷、情節及動態關係，而成對的搭檔對於神話與想像力而言是必不可少的。

希爾曼還對榮格學者的另一個傾向不以為然。他表示，兩極性自然而然會傾向於兩極對立，例如「好」孩子、「壞」母親。「原型進入自我意識後，其中固有的對立分裂成兩極。」（1979：12）因此愛與恨的二元對立始終存在，導致刻板印象、爭辯、選邊站，以及片面性。

在希爾曼探討的所有搭檔之中，他對老人／少年雙人組的分析與我們的原魔內在人物格外接近（同前：20）。與我們內在二元中暴虐的一面相近的，是老人。老人若是單獨分析（而非與少年搭檔一同分析），代表的是老國王及他專橫的命令、父權結構等所有冰冷、疏遠、抽象、僵硬、無感情的事物。他是詭計與騙術及保密與獨處的高手，而且保守、偏狹、悲觀。希爾曼指出，這種負面性反映出老人與少年基本原型的分裂。「負面的老人是從他自己的少年面向分裂出來的老人。他失去了他的『孩子』。」（同前：20）這個「孩子」則是「自性精神面向的化身」──「我們最初本質的幻象……我們與美的親近關係，我們作為神的信使、神的信息的天使本質。」（同前：26）

由於少年給了我們與靈性的聯繫，因此他總是關切著我們自己及世界的永恆面向。當這個關切排他且負向地為少年所獨有時，世界就有溶解成非現實世界的危險。這個危險格外存在於心靈及這

　　創傷的內在世界：生命中難以承受的重，心靈如何回應

個時代的這一段歷史中，因此辨認出少年並加以珍視，是極其重要的，因為少年背負著我們的未來——無論是正向或是負向的未來。

（同前：28）

　　儘管希爾曼不曾探討創傷或防禦的議題，並且認為此原型的分裂十分「正常」，我們卻視之為精神病理學的一項功能，但老人與少年的原型無疑是我們探討的原型防禦背後的塑型結構之一，例如他指出：「原型進入自我意識後，其中固有的對立分裂成兩極。」（同前：12）」根據我們的分析，心靈在父母「夠好的」照顧下發育成熟的人並不會發生這種分裂。這些人內在的原型運作正常，能串連起情感與意象。無可非議地，希爾曼不喜歡的分裂是創傷性環境的一種功能，在這種環境中，激烈的分裂居於主導地位，並帶來了我們所描述的防禦。

舒瓦茲・賽隆與施虐受虐二元組合

　　納森・舒瓦茲・賽隆（Nathan Schwartz-Salant）描述聖祕元素的負向面如何在邊緣性人格（borderline）個案身上匯聚；而繼榮格之後，他也採用《舊約聖經》中耶和華與約伯交鋒的意象，作為構成邊緣性人格內在自我攻擊的其中一種原型二元組合。這個二元組合在尚未轉化之前，具有施虐－受虐癖性，其所導致的殲滅性情感引發邊緣性人格的「內在性自體」（immanent self）產生近似死亡的無助感，類似於煉金術中的黑化（見舒瓦茲・賽隆，1989）。

　　舒瓦茲・賽隆主要關注的是移情／反移情領域，他並描述當雙方組成了施虐－受虐二元組，治療師與個案可能會快速交替地扮

演起約伯或耶和華的角色（同前引書：24），或者治療師可能會與此負面能量分裂，而進行起假我的分析。又或者，治療師可能會「加入第三物，即對令人苦惱的約伯－耶和華雙人組的一種心像上的覺知，以及對靈魂真誠的關懷」（同前引書：26）。治療師這種心像上的覺知會導引出治療師與個案間可能發生的「融合歷程」（coniunctio processes），最終則導引出聖祕元素的正向匯聚。這番描述對我們很有幫助。

　　舒瓦茲・賽隆的分析的重要性在於，他察覺了負向匯聚的聖祕元素（及其暴虐的內攝形象）是創傷的內在世界中值得考量的關鍵因素。但他假定邊緣性人格個案「天生具有〔卓越不凡的〕潛力……能與原型歷程及聖祕能量，以及超越性自性建立超越性連結」，並且仰賴他與個案間雙人關係中的心像性「融合」經驗，我認為這個假定很有問題。我自己的經驗是，邊緣性人格個案並不「害怕與正向聖祕性交手」（同前引書：33），反而沉迷於將聖祕性的正向面（靈性面）用作防禦，只要可能便無所不用其極地運用它。他們所害怕的是將治療師當作真正的客體來依賴，以及當這份依賴落空時隨之而來的憤怒。當分析情境的挫折導致原型負面能量匯聚時，就我所知，沒有什麼方法能避免這類個案發生負向治療反應。就我的經驗，這類狂暴激烈的歷程的確如舒瓦茲・賽隆所描述，會使內在世界逐漸染上較正面的色彩，同時也可能與聖祕性建立較正向的關係，但在我的經驗中，若沒有在移情或其他情境中進行極其重大的悲傷工作，這現象絕不會發生（見第七章）。這個重要的哀悼工作當然需要個案與治療師之間保持溫暖且人性化的連結，然而必要的「分離」（separatio）並不會因為心像上的「融

合」經歷而變得較為平順。

薩爾曼與有角的守護神

　　謝莉・薩爾曼（Sherry Salman, 1986）在賽爾特（Celtic）神話中的角神（Horned God）形象中看到我們的邪魔人物。角神是個代表神聖陽剛力量及保護（同時也是個搗蛋鬼）的原型意象。關於角神，薩爾曼是這麼說的：

　　角神代表守護者、醫治者，也是個會變換形貌的魔法師，他居中調解客體心靈（objective psyche）的世界。他是心靈本身難以捉摸、會變換形貌的物質，既是對手（魔鬼或敵基督），**又是**救星，一方面保護祕儀遠離毀滅性的影響力，一方面又保護人類心靈遠離其所不能承受的接觸。要遇見他，便必須要面對客體心靈，以及面對我們自己的侷限，這是心理治療必不可少的工作之一。

　　　　　　　　　　　　── 薩爾曼（1986：7；黑體字為原文所強調）

　　薩爾曼指出，每當心靈的類心靈層面被觸及，這個形象就會啟動。角神有一個恆常不變的功能，那便是保護功能（同前引書：11）。因此在男性的心靈中，這個形象往往彌補了父親角色的不足，邂逅之初常是以具危險性且威力強大的男性形象呈現，並往往具邪魔特質──有時呈現為幽冥晦暗的長毛野人，仁慈且聰慧。身為薩滿教的變形魔法師，角神能變身成動物，表現其陰影面時，有時是狼人。當這個能量在個體的生活中被潛抑或分裂出去時，角神便以冥界之王的形象出現。冥界之王便是黑帝斯（Hades），大地

女神蓋亞（Gaia）親自為他將大地裂了罅，他便從裂罅中擄走波瑟芬妮（Persephone）。身為冥王，他代表了開創性的生命力量，是心靈中必要的陰莖創造能量，能夠衝撞出來，將自我強擄至黑暗中。在基督教中，這個人物統治著冥界，也就是地獄。另一方面，身為路西法（Lucifer），他是光明使者，正面積極地為潛意識做中介。

薩爾曼說，當我們表現暴力、對藥物上癮、有強迫性的反常性慾及濫用物質時，這個意象的負面形式伴隨著我們。若是得到整合，這個人物使男性擁有本身具有毀滅性的有效陽剛自我（同前引書：16），使女性擁有與外在世界、身體的世界，以及心靈世界保持連結的有效阿尼姆斯。

山德納及畢比與原魔搗蛋鬼

唐納‧山德納（Donald Sander）與約翰‧畢比（John Beebe）在一篇重要的臨床論文中（1982），詳細闡述了榮格所提出的情結的兩個層次，區分與自我一致的情結（ego-aligned complexes，即投射內容為自我的一部分並且遭到潛抑的情結），以及自我投射情結（ego-projected complexes），即通常不被感覺是自我認同的一部分，而是投射於他人身上特質的那類情結。這些情結「位於潛意識中比陰影情結更深的層次」（同前引書：304）。兩位作者指出，自我投射情結也往往是兩極化的，「占主導地位的嚴苛與脆弱的受傷狀態」兩種特質「分裂開來」，「兩端可能各自表現於夢中」（同前引書：305）。此處我們看到了我們的二元結構。

兩位作者追隨榮格的腳步，重申自我被「自我投射情結」占據，會導致產生原型情感（archetypal affects）、原始形式的投

射，以及投射性認同。這類原型形式投射的基礎似乎是位於情結的原型核心。例如，有名男性的父親情結（父親是個酗酒、反社會、殘酷、缺乏道德的人）原型核心是「原魔搗蛋鬼」（daimonic trickster）。個案變得非常認同這個人物，以至於最終自我了斷（比照前引書：311-12）。

兩位作者又更進一步闡述這個搗蛋鬼原型，認為「躁狂通常代表自我被陰影的原型面占據，這原型有個貼切的名字，叫搗蛋鬼」（同前引書：321）。這引發了極具操縱性的分裂手段，我們必須認識到，這些手段「是搗蛋鬼原型的邪魔效應在起作用……搗蛋鬼是個把人逼瘋的人物，在躁症發作期的個案往往試圖逼瘋他人，包括分析師在內。」（同前引書：322）

作者並且提出以下與我們的分析相符合的論點：

〔自我投射情結〕邪惡的表現……來自於自性的黑暗面，是自性的防禦手法。這種強力防禦手法的功能似乎在於抗拒分析師揭開潛抑的努力，以維持潛抑，在發展過程中，面對父母嚴苛的要求或侵犯，潛抑成了保住至少部分自性存活的必要手段。自性的這些否定面向作為魔鬼般的防禦手段，導引阿尼瑪或阿尼姆斯做出可能具有毀滅性的真實有效的投射。

（同前引書：326-7）

在與山德納合作之後，畢比（1993）提出佛登「自性防禦」概念的擴大版，納入較不自閉、較不脆弱的自體，這個自體能夠與自性一致，也能與自性相對抗。我們目前的研究中，夢境內容中攻擊

性的內在客體（自性）總是與一個脆弱的對應人物成對出現，攻擊性的內在客體對這個對應人物又「愛」又恨，對應人物對攻擊性內在客體同樣又愛又恨。畢比的這個有趣的「對話」概念可能可以與我們所看見的現象相符合。

韓德森與卑劣／優越自性

約瑟‧韓德森（Joseph Henderson）是少數曾追隨榮格廣泛研究、且仍在世分析師之一，他非常關注榮格陰影概念的個人形式與非個人（原型）形式。韓德森（1990：66）認為榮格的陰影概念得自於自性，亦即他經歷人生與上帝的毀滅性黑暗面的經驗，而非來自於自我。這與我們在榮格自傳中看見的狀況相符合：人生（以及上帝）十足的毀滅性明顯地一再令榮格感到困惑。後來在擔任精神科醫師的期間，他在夢境中遭遇一些黑暗形象，這些形象似乎是冥頑邪惡的具體化身，解釋起來煞費苦心。韓德森如此敘述：

榮格詢問陰影何以以如此具毀滅性的形式呈現，答案是人一旦拒絕相信上帝，上帝便在最不預期祂會出現的地方出現——〔以魔鬼身分出現在〕陰影〔中〕。人若是不畏懼上帝，也就是說，人若是謹慎行事，就會被看似完全無害的個人陰影的神祕面糾纏，人愈是將個人陰影合理化，非個人陰影便會變得愈大，終至成為自性的容器（container），提供意識與潛意識的整體經驗。我自己的看法是，人一定要先經歷過了非個人陰影的毀滅面向，才能夠接受這個劣勢功能。

（同前引書：65-6）

和榮格一樣，韓德森的臨床經驗使他相信，心靈中可能存有一種絕對的邪惡力量，無法被合理化，這個原型陰影「與一個普世的宗教問題密不可分」（同前引書：97）。他引用舊約方面的學術研究，顯示舊約中撒旦的原始概念不是一個人格化的人物，而是個動詞，意謂「阻礙」。後來這個人物才成了「敵手」，到了更後來，他才被納為神性（自性）的一部分，成為上帝的「另一隻手」（憤怒）。韓德森這樣說：

榮格原始的構想或許可以改述成這樣：〔真正的〕個體指的是其原始自我情結（primary ego-complex）被自性的展現所取代或深度修改的人，這意味著藉由超越功能將集體潛意識的內容同化，透過此同化，意識便擴大了。在這個發展過程中，個體碰上了兩個基本原型人物——幾乎可以說是兩個人格——並且認識了他們的許多形式：其中一個是自性的優越面向（the superior aspect of the Self），歌德用浮士德來代表他，尼采則用查拉圖斯特來代表；另一個則是**自性的卑劣面向**（the inferior aspect of the Self），歌德用梅菲斯特（Mephistopheles）來代表他，尼采則用最醜陋的人（the Ugliest Man）來代表。只要經歷過個體化歷程的人便會知道，其中一個掩蓋了另一個……這導致了一句古老諺語的產生：「如果有上帝在，魔鬼也就在不遠處了。」

（同前引書：64-6，黑體字為原文所強調）

美國的其他貢獻者

本章藉由援引其他研究者的知名創見，來吸引讀者注意精神生活中的「原魔」人物，但由於篇幅有限，無法充分概述這些學者的貢獻。這些研究中較重要的包括有沙蒂諾沃（Jeffrey Satinover, 1985）早期對原型防禦的描述，他並描述榮格與佛洛伊德痛苦決裂後如何退入了原型防禦中；馬德（Peter Mudd, 1989）闡述有問題的親子關係中自性的致命層面；沙維茲（Carol Savitz, 1991）描述思覺失調症個案內在世界的迷宮中，監禁著令人恐懼的牛頭人身怪物，這描繪引人共鳴；安和貝瑞‧烏拉諾夫（Ann and Barry Ulanov, 1987）描繪吸血女巫原型，並解析認同心靈中威脅生命的形象有何危險性。還有許多其他的研究可以提及。以下我們列出一些通俗版本，因為這些版本探討了邪魔人物與從成癮到強迫性創意等日常問題的相關性。

通俗版本

本節的開頭，我們先來談談榮格學派三位最具影響力的女性作者——伍德曼（Marion Woodman）、倫納德（Linda Schierse Leonard）、平蔻拉‧埃思戴絲（Clarissa Pinkola Estes），最後則以豪爾（John Haule）探討浪漫愛情「神妙瘋狂」（divine madness）的重要性做結。每位作者都大量運用了文學、神話及童話，來詳盡闡述我們所稱的原型自我照護系統——或者說是「二元組合」——的現象。

瑪麗恩‧伍德曼與原魔情人

伍德曼將矛盾的照護者自體（caretaker self）命名為「原魔情人」（daimon lover），她描述這個原魔情人是惡性父女情結的衍生物。原魔情人的功能是作為內在的誘惑者，並且阻擋在〔女子〕與外在世界任何的真實男子之間。伍德曼是這麼說的：

> 父親情人情結（father-lover complex）的核心是她既景仰又厭恨的父神（father-god），厭恨他是因為在某個層次，她知道這個父神正誘惑著她離開她自己的生活。而她是景仰他或恨他都沒有差別，因為無論是愛他還是恨他，她都被束縛在他身邊，毫無力量可探究自己究竟是誰。只要她能幻想她的愛，她便認同父神的正向面；一旦幻想粉碎了，她沒有自我來撐持自己，便會擺盪到另一個極端，在這個極端，她會經驗到神轉而與她為敵，她在神的懷抱中毀滅。
>
> ——伍德曼（1982：136）

伍德曼提出，女性的原魔情人情結往往彌補了未充分內化的母親，也防禦著這個未充分內化的母親。之所以未充分內化，是由於早年母女之間沒能建立心身聯繫，這導致陰性自體無法在身體上充分「安在」，也導致她較深層的幽冥晦暗本質強迫性地「靈性化」（spiritualization）及「性化」（sexualization）。這個問題對富有創意的女性而言，格外難以治癒；一般女性若是試圖解開與男性分析師或男性良師益友的這種情結，這個問題也十分棘手（見伍德曼，1985）。伍德曼的論點是個重要的貢獻。

琳達・倫納德與「變態老人」

　　倫納德（Linda Leonard）也探討「少女型女性」（puella woman）的父親情結。她描述這類女性的內在有一個「變態老人」（perverted old man）在活動，這個變態老人代表了一個批判性、持負面評論態度的陽性內在人物，榮格將這樣的人物稱為「負向阿尼姆斯」。

　　正如同每一個波瑟芬妮都有一個綁架她並將她帶到地底的黑帝斯，少女的心靈中也都住著陽剛氣概、嚴苛獨裁面的變態化身，他可能是個由於遭到忽視而轉為變態下流的睿智老人。在我看來，他之所以遭到忽視，是由於父親形象的發展受損，她的父親沒有以堅定承擔且負責任的態度參與女兒的成長。

——倫納德（1985：87）

　　在較晚的一個作品中，倫納德從吸血鬼主題的角度，描述一個類似的內在情結，其相關的口慾（另一種版本的原魔情人）顯示此人物來自於前伊底帕斯時期（1986）。在之後的兩部作品中，倫納德探討自己在對抗成癮問題時搗亂作怪的多種搗蛋鬼人物（1989、1993）。在兩部作品中較早的一部中，她寫了這段自傳性的評述：

　　在我遭逢人生的轉捩點之前，經歷了一連串的復發。每一次的復發都有個狡詐又力量強大的原型人物，並不是與我心靈中的創意力量合作，而是同我作對，這個人物是搗蛋鬼。每個成癮個案都對

　　　　　創傷的內在世界：生命中難以承受的重，心靈如何回應

這號人物相當熟稔。搗蛋鬼在成癮之初是一股具有高度誘惑力的能量。隨著病情進展，每當個案否認、躲藏或自我欺騙，他便會冒出來。在成癮期間，具誘惑力的搗蛋鬼經常與其他黑道形象的角色結盟——放貸人……賭徒……浪漫主義者……地底人、桀敖不馴的亡命之徒、亂七八糟的瘋婆子、吹毛求疵的法官，最終則是殺手……承認自己的內在存有這個惡魔力量，以及承認自我無力單獨與之對抗，可能可以帶領我們向外界求助，從而突破囚禁我們的力量圈，進入愛之圈。

——倫納德（1989：95）

倫納德最近的一本暢銷書（1993）討論心靈中矛盾搗蛋鬼的主題，這個人物在不分男性女性的潛意識素材中，呈現出一個具有「瘋狂」破壞性、同時又具有創意潛力的女性形象。

克萊麗莎・平蔻拉・埃思戴絲與「與生俱來的掠食者」

在另一本近期的暢銷書中，平蔻拉・埃思戴絲（1992）加入了其他試圖描繪心靈中邪魔負面「力量」，並協助我們對付這些力量的女性作家，貢獻了她的看法。平蔻拉・埃思戴絲認為，我們不該因為矛盾的保護者／迫害者具有創造力量而「與之為友」，因為至少對女性而言，這個人物代表我們與生俱來的違反自然（contra naturam）的面向，它反對正面，反對發展，反對和諧，並且「反對野性」（同前引書：40）。所謂「野性」，根據推測，作者的意思可能是指「我們內在渴望由靈魂〔而非自我〕主導生活的野性慾望」（同前引書：270）。平蔻拉・埃思戴絲指出，個案的自我必

須要有勇氣為這個違反自然的因子命名，面對這個人物，並且學會向他說「不」。

　　根據平蔻拉‧埃思戴絲的說法，我們「與生俱來的掠食者」與創傷或「粗率的養育」並無關係，而是「本來就如此」的惡毒力量（同前引書：46）。

　　它內建在我們的生命哩，是個充滿譏諷與殺氣騰騰的反派角色。就算得到最慈愛的呵護，這個入侵者唯一的使命還是想把十字路口變成死路。

　　這股獵殺的力量一再出現在女人的夢境中。它在她們最深情和最有意義的計畫中爆發出來，並切斷女人和直覺本性之間的連結。在它完成切割之後，它讓女人陷在死沉的感覺裡，讓她覺得無力提升生命，而她的意念和夢想攤在腳旁，她的活力被汲盡一空。

　　（同前引書：40。譯文摘自《與狼同奔的女人》，頁 78-79）

　　這個惡毒的構造是「古今男女的共同敵人」，其作用在於「對抗自然自性的本能」（同前引書：46）。「自然自性」的其中一種「本能」——事實上是最核心的一種——正是平蔻拉‧埃思戴絲所稱的「我們內在的野性慾望」，這慾望是自我追求靈魂的慾望，最終追求的是靈性（spirit）（平蔻拉‧埃思戴絲指出，在童話中，靈性往往誕生自靈魂，同前引書：271）。

　　最後，心靈中「與生俱來的掠食者」對抗著所有慾望中最深層的一個——追求新生命的慾望——平蔻拉‧埃思戴絲將這新生命稱為「靈子」（spirit child，也就是我們稱之為個體不可侵犯的人格

精神的東西）。

　　這個靈性小孩是奇蹟小孩，她能聽見遠方的呼喚在告訴她返回本我的時間已經到了。這孩子是諄諄教誨我們的中介本質的一部分。因為她能聽見正傳來的呼喚。她從睡夢驚醒、下床、走出房子、走進狂風不斷的夜晚、走到洶湧的海洋邊、聽見海洋把這些自信放進她的心裡：「上帝為證，我將朝這方向前進」、「我將堅忍下去」。

　　（同前引書：273。譯文摘自《與狼同奔的女人》，頁440）

　　我們曾將不可侵犯的人格精神形容為保護者／迫害者自性的「案主」，此處平蔻拉・埃思戴絲對這個「案主」做了精采的刻畫。然而儘管這位作者的描述優美又有深度，她卻沒能看出這個惡毒的內在人物「具有雙重性格」，同時她也否認這個人物與創傷或「粗率養育」有所關連，而情願將這個人物視為心靈中「本來就如此」的存有物。這種態度當然是承認了這個人物的負面性和破壞性，但平蔻拉・埃思戴絲將這個人物與個人發展的跌宕起伏脫鉤，則是忽略了臨床研究學者的發現，同時也破壞了治療的可能性。

　　平蔻拉・埃思戴絲的觀點有個令人不安的面向，那便是會增進原型現實的神祕化和具體化，彷彿這種現實並不與自我的客體關係及環境供給密切相關。心靈中的事物並非一切都是「本來就如此」的。意象會根據環境因子、療癒因子或其他因子而改變，而且會劇烈地改變。

約翰·豪爾與自性統合之下的「虎坑」

約翰·豪爾（John Haule）探討的主題是浪漫愛，包括往往導致死亡或毀滅的強迫性、成癮性形式的愛。豪爾抱持的觀點是，「對上帝的愛」是人類的愛的根源，也是「人類心靈最根本且核心的活動」（1992：8）。浪漫愛追求與心愛的人融合（喪失自我），這種渴望最終則暗示了一種更深的渴望——「法納」（fana）是個阿拉伯文的動詞，意味「個體我（individual self）毀滅，融入了宇宙的存有」（同前引書：11）。豪爾指出，這反而將我們引領到危險的境地，這是由於自我功能的喪失正是精神病理學的特徵。那麼，我們要如何分辨以原魔情人（我們的自我照護防禦）的迷人誘騙之姿吸引我們的毀滅之愛暗潮，以及與阿尼瑪「高級功能」及其對自性的中介相關的真實的愛（同前引書：20）？

豪爾的答案對榮格學者而言十分熟悉，因為這答案用「陰影」人格來解釋潛意識的黑暗面。因此：

> 魔鬼情人來自於未能將陰影與阿尼瑪或阿尼姆斯加以區辨。我們內在的聖祕異性原本的工作應該在於將我們與自性（阿尼瑪或阿尼姆斯）連結，但它被我們所但願自己絕不需要面對的種種特質（陰影）所污染了。
>
> （同前引書：107）

豪爾並在其他地方提出，阿尼瑪或阿尼姆斯的「邪魔力量」「居住在它迷人的面具之中」，一旦這個力量「被削減」，它就不

再如自主情結一般操控我們（同前引書：20）。他以相似的風格如
此提到：

> 魔鬼情人與我們透過對方來愛上帝的心上人之間的差別，就在
> 於其中感受到的整體感程度高低。當發生真正的**法納**（fana）時，
> 我們透過自性與我們心愛的人相聯繫，我們的阿尼瑪或阿尼姆斯具
> 有透鏡的作用，能聚焦於對方的存在……然而……與魔鬼情人來往
> 時，彼此間的聯繫卻開啟了各自的傷痕。
>
> （同前引書：83）

很明顯地，豪爾希望將真愛與原魔之愛區分得盡可能清楚，
真愛根植於「對上帝」以及對自性的愛，原魔之愛則是被陰影污染
的愛。然而他也不得不承認，縱使是原魔之愛，也存在著一股令人
著迷的魔力——甚至存在一股或有可能透過臣服來達到超越的神祕
潛力——這與「真的」浪漫愛極為相似。兩種形式的愛都屬於心靈
的「聖祕」層面。然而豪爾卻迴避了這個兩難窘境最明顯的解方，
這個解方與榮格的作品非常相符，那就是**陰影包含在自性裡**。他反
而提出了一套集體潛意識心靈的模型，將心靈的「最底層」描繪
為崩解粉碎的大量本能或原型（「先天釋放機制」〔innate releasing
mechanism〕）滋擾作亂（「虎坑」），而較上一層則是保留給自
性的統合活動（同前引書：51）。自性的統合中若是有「瑕疵」或
「傷口」，我們便可以一窺那個深淵，那個有原魔情人從中向我們
招手的混亂世界。萬一我們落入了他的魔掌，道德上或其他方面發
生退行，退到了我們過往自體的醜惡陰影中，「我們便知道至少有

一個先天釋放機制從自性的統合中掙脫出來，占據了意識。」（同前引書：86）。

豪爾取材自杜斯妥也夫斯基（Dostoyevsky）的作品《被侮辱與被損害的人》（*The Insulted and Injured*），以其中一名沉迷於性愛的女性角色作為文學案例，這名女性表面上是個品行端正、循規蹈矩的模範，暗地裡卻過著骯髒下流、注重感官的祕密生活，「在高漲的肉慾之中……像個被附身的人一樣地」笑。豪爾這麼說：

> 她被附身了——被某種先天釋放機制附身。她的自我發展完善，她將這發展完善自我的大量力量運用於發狂失控的性本能。我們在她的笑中聽見自性與虎坑間痛苦的衝突。她已站在老虎的那一邊了。因為這個原因，她是個格外荒誕離奇的魔鬼情人例證。
>
> （同前引書：87）

有些分析師（其中許多篤信宗教）希望將榮格的自性（與上帝）概念保留給心靈中綜合、整合且療癒的歷程，豪爾的分析正是這類典型分析師的分析。然而我認為這套理論無論運用於臨床上或理論上，都會發生問題。臨床上遭遇問題，是因為這套理論不信任黑暗；理論上說不通，則是因為很諷刺地，這套理論並不忠於榮格的心理學——至少就我看來是如此。豪爾的模型成功做到的，是有效地在潛意識中套用一套佛洛伊德的超心理學。在最低的層次是本能（本我），其上是有益健康的整合器官——心靈（佛洛伊德的自我，豪爾的自性），這個器官在健康狀態會將下層的紊亂情況加以整理安頓使之和諧（較高層次的歷程，次級歷程），但是並沒有參

與其初級歷程（primary process）。就我對榮格的理解，他的意思與豪爾所說的徹底不同，他認為自性（神的形象）是矛盾的，包含了善與惡，相對應地，初級歷程是由善與惡、靈與肉所構成；換言之，善與惡、靈與肉，**都是初級歷程的構成元素，也就是說，都是深層心靈的一部分**。這意味著潛意識中的每一個黑暗衝動（先天釋放機制）都有其靈性**意象**（超越功能），因此都是自性的一部分。

　　榮格在描述他與佛洛伊德的決裂時，也表達過同一個論點。一九一一年，榮格在結束撰寫《潛意識心理學》（*Psychology of the Unconscious*）時，正研究看來兼具毀滅面向與建設面向的神話素材。米勒小姐（Miss Miller）在創作了〈創造的讚美詩〉（Hymn of Creation，關於創造能量的正向開展）之後，很快又寫出了〈蛾之歌〉（Song of the Moth）。榮格說：

　　原慾表現在蛾的身上，是用自己所創造的光亮燒毀了自己的翅膀，牠將要在促使自己誕生的同一股衝動中結束自己的生命。這本書就在談及宇宙定理的雙重性中結束。這雙重性導引出了對立偶（pairs of opposites）的概念，也就是類型的初始。

——榮格（1989：28）

　　佛洛伊德在這本書中唯一看見的是對父親的反抗，他對這本書最不以為然的部分，便是我有關原慾會分裂並且製造出事物來克制自己的主張。佛洛伊德是一元論者，我的主張對他而言是十足的褻瀆。見了佛洛伊德這種態度，我比以往更確信他對上帝的概念是建立在性上面，對他而言，原慾是只朝向單一方向的衝動。然而我認

為，我們事實上可以證明，人有求生的意志，也有求死的意志。

　　肉慾與靈性是一對對立偶，彼此互相需要。

（同前引書：29）

　　外界普遍認為我看不到性慾的價值，這是錯的，其實正好相反，在我的心理學中，在精神的完整性的基本（不是唯一的）表達，性慾是很重要的一環……性慾在神祕神靈的表達上是最重要的，這個神靈是「上帝的另一面」，即上帝形象的陰暗面。

　　——榮格（1963：168，譯文摘自《回憶‧夢‧省思——榮格自傳》，頁 223，略有改動）

譯註：denotative 被定義為單詞的字面意義，或字典意義，與在文學中有其象徵意義形成對比。

214　　　　　　　　創傷的內在世界：生命中難以承受的重，心靈如何回應 ┤

有關自我照護系統的
精神分析理論

面對極為嚴重的個案，治療師很少在一開始能處理到真正的病症。個案是帶著一套行之有年的自我照護系統前來治療，而我們的首要任務就是與這套系統建立起某種合作關係。若僅把個案的自我照護系統視為阻抗，就大大忽略它對個案的價值。以我的臨床經驗，我相信人們身上的病症多半不難控制或治癒，真正難以處理的是那套自我照護系統。面對這類個案，我們必會陷入一種怪異矛盾，亦即，必須治療個案的療癒系統。

　　　　　　　　　　　──馬殊・可汗（Masud Khan, 1974：97）

　　先前幾章中，我們已看到在臨床情境裡那種非常古老原始、常以兩極對立面向存在的內在自我照護系統，是如何奮力地維護、保護或迫害個體脆弱的人格精神，以將它保存在「內在」，隔絕外在現實。接著，我們又透過回顧榮格和佛洛伊德合作發現的內在「原魔」意象，顯示兩人不同取向的整合如何導引我們更全面瞭解早年曾經歷「難以承受」經驗的個案，他們防衛歷程所具有的原型本質。第四、五章，我們分別探討了榮格晚期的看法，以及榮格學派追隨者的相關作品。到了這一章，我們整理非榮格學派治療師的作品，這些治療師也在早年嚴重受創個案的內在世界中，發現類似保護者／迫害者與其「案主」的情境。

　　本章的目標有三：一，透過不同理論背景治療師的發現，補足內在自我照護系統的各種面向；二，藉由比較這些臨床／理論的證據，顯示我們所討論的內在原型角色乃普遍現象，是所有深度心理治療師與所謂「原始」心智狀態工作時都會發現的；三，審慎評論其他研究者的作品，藉此將他們的看法引入與我們到目前為止呈現

的榮格取向對話。若不同理論背景的治療師分別證實我們所謂的內在邪惡角色確實存在,並有自我保存的活動,就能有力說明他們具有原型的根源。

伯格勒與自我傷害的「原魔」

放眼佛洛伊德的弟子及後代追隨者,艾德蒙·伯格勒(Edmund Bergler, 1899-1962)對心靈受虐傾向所提出的理論的完備度(或是執迷度),恐怕無人能及。伯格勒用二十四本書、三百多篇論文發展他的理論,提出精神官能症的核心是施虐性超我施行了自我傷害,這遠比其他研究者所認知到的都更嚴重。伯格勒的超我毫無慈愛,幾乎如同怪獸,是個「原魔般」的內在機制,全然投注於對無助、性好受虐的自我施予殘酷折磨和虐行,永生永世(見伯格勒,1959)。

這種內在的磨難來自某派發展理論,與稍晚克萊恩學派提出的嬰兒最初(前伊底帕斯期)狀態相仿,伯格勒稱之為魔法般全能,或是嬰兒式狂妄,會要求立即獲得滿足。當這種嬰兒式願望遭現實所拒,嬰兒的挫折感會引發極大憤怒,這乃是一股攻擊性,但因嬰兒的動作發展還未完備而無從適度洩解。這股攻擊性先是投射至自體之外並歸咎於「壞母親」,但隨後會「回返」攻擊自我,與從內在毫不留情地攻擊自體的施虐超我融合為一。建立這樣的內在施虐機制後,孩童在面臨對其種種願望充滿敵意的現實環境時,便會潛意識地防衛起自身的狂大與自我滿足狀態,情願自己抑鬱也不願承受屈從於他人意志的「羞辱」。整個歷程的最後一步,是將超我

引發的痛苦原慾化（libidinalization），即防衛性地將痛苦轉為愉悅（心靈受虐傾向）。這類個案會表現得像急需支持的無辜受害者，實際上卻在潛意識中策劃自我傷害的處境，藉此內心竊喜。他們一定要能理解到這點，且打破自我傷害的模式，支持性的心理治療才能奏效。

就伯格勒的論點，內在除了超我之外，還有另一個幫助孩童保護全能幻覺的機制結構，也就是理想自我。孩童在理想自我中緊緊抓住完美和自我頌揚之古老意象，他們雖在現實中碰壁，卻可將之封存在這個大體上由嬰兒式自戀所組成的內在結構之中。不過，孩童總是難以達到理想，因此自我理想多會落入超我之手，成為自我折磨的主力。

此即走向伯格勒的最終推論。他將針對自我不斷累積的攻擊與酷刑稱為「原魔」，此詞出自柏拉圖《申辯篇》（Apologia），蘇格拉底稱之為「具神性與魔性的某物……像某種聲音，能將我驅離所欲之事，卻從不告訴我該做什麼」（伯格勒，1959：46）。根據伯格勒，原魔乃惡靈，是擁有神祕力量的內在對立者，它讓蘇格拉底在有機會逃離囚禁時卻默然服毒。

若用精神分析語彙，原魔是某種內在之物，是個體最凶惡之敵。它是由兒時回返的攻擊性組成，化為殘酷的獄卒及酷刑者，不論人們多麼有意識地追求幸福快樂，皆不斷地在內在運作。它隱匿於人類心靈，破壞人生樂趣、滿足與成功，追求悲慘、不幸與自我毀滅。

「理想自我」與「原魔」這兩股潛意識的力量，融合成為潛意識良知（超我）。原魔會藉由自我理想施行折磨，不斷向自我展

示理想自我要求的那種嬰兒式誇大全能成就，不斷反覆詢問：「你達到兒時設定的所有目標了嗎？」答案若非肯定，罪疚便湧上心頭（同前引書：46-7）。

伯格勒認為，超我的「原魔」之聲會**利用**理想自我的形象，創造出更苛刻的**完美主義**，更進一步迫害自我，有不少近代臨床文獻與這個論點相呼應。伍德曼（1982）將多數的飲食疾患歸咎於「完美成癮」，布拉特（Sidney Blatt, 1995）則是鏗鏘有力地提出當代許多看似健康、事業有成的自殺案例，乃出自某種「精神官能性完美主義」，因此這些會自我批判、經常過度獨立自主的個體，「被自己無法達致的完美標準緊咬不放」（同前引書：1003）。不論性別、心理健康程度，嚴厲的超我確實是人類心靈中一股強大的「力量」。

奧迪耶與善／惡「神祇」

夏爾・奧迪耶（Charles Odier）是與榮格同期的精神分析理論家，聰穎絕頂，卻長期遭世人所遺忘。在他的著作《焦慮與魔法式思考》（*Anxiety and Magic Thinking*, 1956）中，他針對皮亞傑（Jean Piaget）研究的數種原始思考形式（「魔法」的、前邏輯〔prelogical〕的、二元性的階段），探討這些思考形式與佛洛伊德創傷焦慮論的關係。奧迪耶指出，所有的心靈焦慮皆可溯自嬰兒期無法承受的創傷經驗，這些創傷經驗繼而讓自我的某些部分退行，如此便無法與其他部分的自體繼續發展成長。他提出的創傷觀點早於溫尼考特（參照本章〈溫尼考特〉，頁 230），認為創傷來

自無助的嬰孩失去了母親的關愛和保護，因此陷入極度不安的淒慘狀態，這樣的創痛會破壞心靈平衡，癱瘓或解離意識。嬰孩並不會「記得」這般不安的受創狀態，但在日後的童年卻會因類似的可怕情境復甦，而過度放大當下的痛苦，讓屬於既往創傷的混亂焦慮淹沒了自我。

　　一旦啟動恐懼或痛苦，自我中處於退行的部分便會在認知及情感上皆回到嬰兒期的魔法階段，在認知上相信災難即將降臨，情感上則無比懼怕邪惡的「力量」或「某物」，接著恐懼被焦慮取代了。由於對退行的自我來說，這種充滿惡意的想法恐怖無比，在個案的經驗當中，這些想法本身就足以觸發創傷，於是形成了惡性循環。即便外在的創傷事件早已平息，有關邪惡魔法的念頭卻依舊蓬勃，於是不斷預期有重大災難和死亡發生。這種負面思考和堅信災難死亡就成為恐怖的內在客體，個體因而不斷受創，不是因為外在真實的創傷事件，而是被自己邪惡的負面預期所傷（見同前引書：58）。

　　奧迪耶所謂的「魔法階段」就是滿佈各種迷信、全能思考和原始情感的階段。這個階段會對心靈產生兩種極端作用：有時毀滅，有時庇佑。於是一方面有來自於受創童年的邪惡具破壞力的魔法式思考（所謂黑魔法），另一方面則是圍繞著歡樂童年的正面良善魔法式思考（白魔法或粉紅魔法）。而奧迪耶稱作「神祇」（great beings）的事物正與這兩種魔法思考相呼應，會騷擾或崇敬創傷兒童的內在世界。就如同魔法思考會產生「毀滅」和「庇佑」兩種相反的作用，這些幻想出來的巨大「神祇」也分為兩類：一類邪惡作亂，另一類則有良善庇佑的形象。換言之，這些神祇代表了童年

創傷的內在世界：生命中難以承受的重，心靈如何回應

原始情感的客體化（見同前引書：37-113），用榮格學派的語彙來說，祂們代表了原型意象。

　　奧迪耶舉了個案阿芮安（Ariane）的夢境為例，她夢見這兩類神祇，先是善良庇佑的神祇出現，緊接著就有邪惡作亂的神祇。阿芮安童年時期曾經被多次遺棄，後來又受到父親殘酷責罵。在她第一個夢裡：

　　我在某個奇怪的地方，隻身一人。眼前是一片廣大黝黑的水域，蔓延無盡。面對這般廣闊我心生恐懼，感覺空無。可是有個神出現了，是個半身赤裸、高大無比的巨人，我緊緊尾隨祂，試圖讓祂注意到我、保護我。但祂卻讓我看到家人哀慟不已的畫面，告訴我：「留在他們身邊，他們同樣無人陪伴。」我醒了，覺得有個偉大的使命要去完成。

（同前引書：104）

　　第二個夢：

　　我躺在家中露台的躺椅上，月色分外皎潔。我的頭後方不是原本通往客廳的門，而是一條漆黑的走道，走道入口有一隻可怕的巨大黑色青蛙，牠醜陋猙獰，難以言喻的恐懼襲來。突然，景象起了變化，恐怖的青蛙變成我父親拿著槍在走道的暗處現身，像個殺人魔，嚇得我魂飛魄散！醒來後，我深深被童年不幸的陰影壟罩，久久無法消散。

（同前引書：105）

個案的父親非常暴躁易怒，喜歡青蛙和蟾蜍。阿芮安還是小女孩時，為了要與父親親近，就得和這些動物為伍，她在花園裡餵養牠們、照顧牠們，甚至在晚上吹笛子給牠們聽。「於是乎，」奧迪耶說：

她得和這些噁心詭異的動物當朋友、照顧牠們，等於是把邪惡的角色轉為良善可親的，不過，這可沒辦法發生在她那糟糕的父親身上……。在惡夢裡，青蛙就是父親，原因清楚不過。

（同前引書：106）

從榮格派觀點來詮釋這些夢，可能會質疑奧迪耶為何認為青蛙對個案而言是「噁心」的生物，除此之外，也會以原型的觀點來理解夢的內容。如此一來，阿芮安夢中那些「神祇」代表了擬人化的潛意識幻想／結構，就如同我們在榮格「月球女子」幻想中見到的吸血鬼（見第三章，頁144），而不必要解讀成現實中某個人物（父親）的「化身」。潛意識幻想就是心靈將自身與真實客體互動時屢屢難以承受的經驗創造出某種潛意識「意義」，而這些「意義」是透過原型或是神話的結構／意象來進入意識層次。更有甚者，潛意識中的這些神話意象／結構，並非僅是跨文化的共同「奇景」而無作用，反倒由於心靈有其遠古根源，會透過這些「典型」（原型）的形式展現原始情感，於是可以藉此探知心靈的種種「意向」。礙於篇幅，我們僅說明至此。

費倫奇與扮演照顧者角色之自體的超個人智慧

我們已知佛洛伊德是如何強調「超我」（我們在此稱作「自我照護系統」）的負面、迫害面向，也知悉奧迪耶對此有些補充，他的「神祇」是良善／保護與邪惡兼具的。對於受創的內在世界，費倫奇還有另一種觀點，在他的名作〈語言之惑〉（Confusion of Tongues, 1933）中，提到了自我照護系統有一種最驚人的特質，亦即會運用看似神奇的智慧，讓一部分的人格提早成熟，另一部分人格則停留在退行狀態。費倫奇指出，一旦遭遇嚴重創傷難以承受的情感：

> 此人的某部分會退行到創傷發生前的幸福狀態，因為此部分就在極力減除創傷。然而更驚人的是有第二種機制……我指的是在創傷後倏然出現的機能，就像是魔棒一揮出現的奇蹟，或是有法力的高僧，在你眼前就讓小小的種籽瞬間發芽生長、開花結果。
>
> 當遭受性侵……兒童會立即發展出各種成熟大人的情緒，以及喚起原本只在成家生子後才會甦醒的潛力。這可以說成是**創傷性前行**（traumatic progression）或**提早成熟**（precocious maturity），與我們原本熟知的退行全然相對。
>
> ——費倫奇（1933：164-5，黑體字為原文所強調）

為了提出「創傷性前行」的證據，費倫奇引用了典型常見的「智慧童子」之夢，這類夢中會有小嬰兒或小小孩給其照顧者預知性的建議（同前引書：165）。費倫奇認為，這類「智慧」多是兒

童「認同了（成人）施暴者」的一種作用（同前引書：162），但並非全部的作用。費倫奇也極為驚嘆，在催眠狀態下，有時受創的心靈會開始運用心智的超凡能力。

費倫奇曾與一位名為伊莉莎白・瑟芙恩（Elizabath Severn）的女性進行治療，她遭受過性虐待。在與她工作的臨床筆記中，費倫奇精彩描繪了因創傷而前行的自體所擁有的超個人（超自然？）能力，以及這部分自體對其（在二元自我照護系統中的）退行「搭檔」所具有的既保護又迫害的作用。這份案例化名為「R. N.」，收錄在《臨床日記》（*The Clinical Diary*, 1988）中。以下是這個案例的概述。

R. N. 第一次創傷發生在一歲半，父親對她注射毒品並性虐待她。進行分析治療之前，她早已忘記這段往事，僅存非常原始的痛苦和死亡意念，直到她與費倫奇進行分析治療，探索到五歲左右的創傷事件時，才想起這段經歷。到了五歲，父親再度虐待她，R. N. 的陰部被外物侵入，她不斷被告誡要順從於男性，還被施予毒品。費倫奇在文中寫下，想起最初的記憶後，個案覺察到難以承受的巨大痛苦、徹底無助的感受，對外援完全不抱希望；她的自殺意念還伴隨著徹底放棄對自己的控制──這意味著對自己棄守，全然認同了施暴者。不過在她「垂死」之際（同前引書：39），內在世界有了新的變化。此時，費倫奇所稱的「整頓式生存本能」（the organizing life instincts）（同前引書：8）或「奧琶」（Orpha）甦醒了，這個本能取代了死亡，反將人格切段、散成碎片，藉此讓人格陷入瘋狂以保存生命（此處可見的是迫害面向）。根據費倫奇所述，此時，個案內在分為兩部分：一部分已然摧毀，此乃退行的情

感部分；另一部分是前行的理智部分，則是目睹毀滅。被「摧毀」的孩童部分為：

> 僅在潛意識中心靈痛苦者，即實際受創的孩童，醒覺的自我對其全然無知。這個自我裂片只在深沉睡眠，或是深層催眠時才能觸及……它表現得有如昏厥或死去的孩童，對自己渾然無察，最多僅能發出呻吟的「行屍走肉」，心靈上必須要被搖醒，有時肉體亦然。
>
> （同前引書：9）

另一部分是「奧琶」，也就是「目睹」毀滅的部分。「她」是超越個體的，顯然不涉時間和空間（同前引書：13），若遭逢無法承受之痛，便「神遊至另一宇宙，在遠處如星般閃耀」（同前引書：206），她旁觀一切、知悉全局。費倫奇描繪，這個「星辰裂片」的部分遠離俗世與自身之境，成為先知——「不只是理解施暴者，更可以說到達『客觀理解』全宇宙的層次，藉此領會那猛暴行徑的起源。」（同前引書：207）

根據費倫奇所述，奧琶僅心繫於保有生命，因而行如守護天使。她會為受難或遭奪命的孩童創造滿足願望式的幻想，也會尋遍全宇宙求助（R. N. 就相信是無所不知的奧琶找到了全世界唯一能幫助她的人：費倫奇）。可是在 R. N. 的案例中，當最殘劣的創傷事件在她十一歲重重襲來時，連奧琶都束手無策了。當時，R. N. 的父親除了反覆對她催眠、性虐待，更是遺棄她、咒罵她，讓孤苦無依的她陷入無法抹滅的自我穢惡與卑恥。在這般處境下，費倫奇指出奧琶也無法支撐下去了，於是開始安排 R. N. 自我了斷，

不過卻因為 R. N. 住院而無法實行，退而求其次的方式就是把心靈生活徹底散為雲煙。

R. N. 記得自己彷如被轟至宇宙的感覺，心中留有星群耀眼閃爍的意象，在幻象中，有著如「我是宇宙之卵」（同前引書：29）這般種種不連貫的意象與文字。這如火山爆發般的感覺直到徹底「焚毀」後（暫時性的徹底瘋癲、緊張性僵呆）才告終。不過費倫奇說，R. N. 並未持續瘋癲。奧琶就如同埃及神話中的伊西斯（Isis），四處遍尋愛人歐西里斯（Osiris）被分割失散的遺體，最終回歸並重掌一切，「有如施展奇蹟，在徹底粉碎之後，又重新站起」（同前引書：10），甚至成功重建了創傷前的人格，雖然這是藉由記憶失誤，以及時間長短不一的逆行性失憶來達成的（同前引書：39）。

費倫奇對這種由奧琶發動的「消散在宇宙間」和「重新凝聚」如此評論：

當全然捨棄外在控制，內在的生存適應啟動（此時甚至會想到要用死亡來生存、適應），感受到的反而是獲救、解放。這種時刻大概就代表人類放棄自我生存，將自己融入更浩大、或許有如宇宙般的平衡靜止狀態當中。

（同前引書：7）

此般創造出自己一套宇宙起源論，常會奇幻到令我們瞠目結舌，但這種傾向在思覺失調個案身上相當常見，他們要將他們「不可思議」的苦難納入那個浩大整體，創造出自己的一套宇宙起源論

是這種努力的一部分。

（同前引書：33）

　　不論如何，這些回憶開了一扇窗，讓我們得以理解在極度痛苦當下，潛意識會做出的驚人明智之舉……包括耳熟能詳的「智慧童子」之夢，〔以及〕靈媒能令事物退行的力量。

（同前引書：81）

　　是否要進一步在心理疾病的形式和內容當中找尋超物質、超自然的意涵（就像物理學家認為物質最終都能還原成能量），是每個人要自己決定的事。

（同前引書：29）

他更進一步推測：

　　因為痛苦而「瘋狂」的人，也就是抽離常態自我中心觀的人，透過他們的特殊狀況而體驗到我們這些物質主義者所無法接觸到的非物質現實，能體驗到什麼程度？此處研究的走向必須涉及所謂的神祕學。個案在分析當中出現傳心術（thought transference）的機會特別頻繁……很有可能我們引以為傲的智慧並不屬於我們所有，而需有節奏地將自我抽至能夠知曉一切的時空加以取代或重生。

（同前引書：33）

　　費倫奇在此指出，奧琶是重生的宇宙「智力」的一部分，或在

創傷當下運用了心靈的深層智慧，這種說法令人聯想到榮格對「自性」的其中一種看法。自性是心靈的整體性，含括了「類心靈」層次，代表個體的「命運」因子，擁有超越自我（ego-transcendent）的能力，能夠指引和調節個體化歷程。它代表了一種真確「高於」自我的因素。

客體關係理論家

克萊恩與比昂

　　克萊恩和比昂的觀點對這個主題非常重要，他們倆皆強調死亡本能，且認為在小小孩的潛意識幻想系統，以及精神病層次的心智歷程中，死亡本能會**化身**為可怕的「客體」。他們都用佛洛伊德的超我說來描繪殘暴的內在攻擊者，可是兩人也都拓展了佛洛伊德的說法。克萊恩是兒童分析的先驅之一，她很訝異兒童隨興的遊戲中充滿暴力（1946），並歸因於前伊底帕斯期的超我，這比佛洛伊德描繪的超我更嚴厲殘酷，可能是源自有可能達到精神病層級的焦慮。兒童為了不被自身的死亡本能殲滅，會將自身的憤恨投至（壞）乳房或陰莖上（透過投射性認同），藉此將自己難以承受的焦慮「轉移」成對攻擊的被害恐懼（即所謂的偏執／迫害位置）。愛的感覺也是同樣投射出去（到好乳房或陰莖上），這階段是為了讓兒童最終發現到好與壞的乳房／陰莖都在同一人身上（此乃憂鬱位置，也達到完整的客體關係）。兒童在修通自己對真實／幻想母親（或者日後的分析師），以及母親不同部位的愛與恨的過程中，超我就會有所調整，變得較不嚴厲，轉化為罪疚的能耐（良知），

接著去修復想像中對客體造成的傷害。

　　但在此激烈階段之初，投射出去的恨意及相關的幻想元素，都會附於母親／分析師身上，於是他們會變成部分屬於幻覺的恐怖「某物」，或者分裂成不同碎塊，變成嚇人的「東西」。母親／分析師若無法接收或調整這些投射、重新引入愛的感覺，兒童（以及日後精神病的成人）就會內化這些憤恨的內攝，感到自己在內在世界遭到惡虐的乳房／陰莖、事物／人物殘害。

　　比昂將克萊恩的觀點更推至成人的精神病歷程，提出克萊恩的施虐超我不只攻擊兒童的自我，而是更肆虐地攻擊心智中的所有「連結」歷程，阻礙了孩童在成長過程中體驗到自我的凝聚合一（1959）。由於乳房和陰莖是連結性客體，也是嬰兒經驗到的原初客體，對其施予攻擊就會延伸攻擊這兩者所象徵的事物，也就是於外在世界與其他客體的關係，或內在世界各個客體間的整合。這會導致對能夠體驗整合、整體經驗的能力發動攻擊。演變至此，思緒就會遠離情緒，意象遠離情感，記憶遠離意識——就連思考的能力也遭受攻擊，最終結果就是「殘害自我的超我」取代了正常的自我發展，也篡奪了正常的自我功能（1957）。

　　比昂相信有個惡毒人物在精神病個案的內心世界中橫行，因而讓他們極難在心理治療中前進。這股惡性的內在力量是一種「怪異結構」或「怪異客體」，會系統性地除去所有經驗的意義。比昂說道：

　　若母親無法忍受投射……嬰兒就會以更強的力道更頻繁地持續進行投射性認同。更激烈的強度似乎會將投射所具的模糊意義徹

底剝除，再內攝的歷程也會以類似的強度和頻率發生。我從個案在諮商室中的行為去推論其感受，藉此建立出一種模型。在我的這套模型中，嬰兒的反應並不如我所想像能思考的成人那般，倒像是內在客體已然建立，有著貪婪、陰道般「乳房」的特性，會將嬰兒所有接收或給出的好物卸除，徒留頹廢的客體。這種內在客體會令主體無法獲得任何理解，在分析當中，這種個案似乎無法從環境中獲益，也因此無法獲得分析師的幫助。

——比昂（1962b：115）

比昂提出的強大惡毒超我會憎恨並攻擊心靈中所有的連結歷程，大大呼應了我們的假設。我們認為，原初的求生存自性會將自我表達與連結的微小機會都誤判成會再度受創，進而發動「自體免疫」性的攻擊。針對這點假設，比昂做出豐富且發人深省的補充，他認為榮格所稱的「超越」功能（比昂稱之「阿法」功能〔"alpha function"〕）會由於內在的憎恨而崩解，因此在最棘手的狀況下，**心靈用以消化自身情感的象徵能力會遭到攻擊**。這是非常激進的假設，此論也挑戰到我們在分析心理學中獨有的認為心靈具有象徵形成功能的假定。比昂認為，這個能力是相對性的，與某些無法預測的變因相關，像是母親對於投射的消化代謝能力，以及嬰兒天生需要代謝的攻擊性有多少。

溫尼考特

溫尼考特的所有作品都在陳述各種不同形式的創傷，因此我們僅討論其中一小部分，其餘某些部分先前已有引述。對溫尼考特來

說，環境／母親要提供「夠好」的照顧，好讓內外現實能維持一種流動且富創造力的關係，創傷與這個過程失敗了有關。如果母親的照顧變動無常、過度刺激，又或是大幅忽略，嬰兒身心上的「真」我就會開始分裂出「假」我（主要是心理層面），目的是要早熟地將真我與進一步的創傷隔絕，並**替代**已經難以承受的環境。對溫尼考特而言，整體身心分成這兩塊乃是源自於原始防衛的介入，原始防衛則是為了要防堵與早年創傷有關的「無可思議之痛」。用我們討論主題的語言來說，這種「原始防衛」就等同於二元的自我照護系統：人格的一部分是「前行」的假我，存在於心智當中，另一部分則是有如其「個案」的退行真我。

溫尼考特所指的真我，含括了我們提到的人格精神，這在生命非常早期就已出現，早於「內在客體」形成之前，最初僅「比所有的感覺動作活力的總和多不到哪裡去」（1960a：149）。真我的「全能」特質則是另一種能藉以探知其具有聖祕、原型基底的特點，這必須要在母嬰雙人關係中緩緩地「化為人形」。若無法適度地進行，溫尼考特認為，真我就會停止在體內繼續成形，順服外在要求的（多半是心理層面的）假我反而會主導個體，將仍具全能特質但已受創的真我隱藏起來，彷如其存在是羞於見人的祕密。

溫尼考特認為，假我主導個體就像光譜一般，有程度之分，最病態的狀況是真我完全隱匿，就連假我也不知道真我存在。健康一點的程度，真我是「以潛能的方式被察覺，被允許祕密存在」（同前引書：143）。若再健康一點，假我會尋找讓真我能實際存在的最佳環境，屬於這種程度時，假我就會變成「照護者自體」般照顧真我。

溫尼考特提過一則女性案例，她有假我，卻終其一生都沒有踏實存在的感覺：

我發現我面對的是個案所稱的「照護者自體」（Caretaker Self），是這名「照護者自體」（1）找到精神分析，（2）前來體驗分析，也精細測試分析師是否可靠，（3）帶她出席分析，（4）在進行分析三年多後，逐步將自身功能交給分析師……；（5）在旁守候，分析師失效時（分析師生病、休假等）就重掌照顧之責。

（同前引書：142）

在我們所稱的自我照護系統中，溫尼考特著重的是正向（照護）的面向，至於迫害面向幾乎少有著墨，除了提到當照護者自體無法找到讓真我存在的方法時，由於絕對不會背叛真我，就會籌畫自殺。這種看法與費倫奇描述的奧琶及退行自我相互呼應。「在這種情況下，」溫尼考特說：「自殺是為了不讓真我被銷融而徹底毀滅全部的自體。」（同前引書：143）

考利根與戈登：「心智客體」

考利根與戈登提出的「心智客體」，則強調溫尼考特所稱位於心智中的假我的迫害面向。他們提出，費倫奇稱為「前行」自體的東西在某一群個案身上成長得太快，變得早熟，並且認同了心智，包括心智的完美主義理想。這種完美主義的「心智」會化身為內在的「心智客體」，因為心身自體永遠無法跟上心智不停歇的要求，便會對心身自體發動殘酷攻擊，因而引發憂鬱症、強迫症，以及各

種形式的思覺失調退縮（schizoid withdrawal）。套入我們的用語，就是自我照護系統主導並防堵所有進一步的依賴關係，而無法有所成長。

麥可・艾根

此處提到的多位精神分析理論家當中，艾根（Michael Eigen）的論點最近似用原型觀點來理解自我照護系統的原始防衛。他將焦點集中於比昂的想法。比昂相信早年創傷衍生的「精神病痛苦」會激發「惡毒心智」，最終會在心靈中掀起狂亂風暴，可能會破壞消化自身經驗的能力。惡毒的「厭生超我」（life-hating superego）幾乎會霸占正常思維，合理化自身的破壞意圖，進而拆解心靈的象徵能力。艾根用以下文字精要簡述比昂的觀點：

> 比昂是想像〔心靈進化〕在反向運作來比擬這種大規模的破壞。創傷並未轉入初級歷程，於是無法被併入意象，阻礙了後續象徵與思緒生成，倒是出現了某種驚人的反向運作，所有進化都解構回創傷原本的元素，無法進一步消化。永恆不滅的原始災難占去心靈所在的位置。心靈（此時已所剩無幾）變成一架「災難機具」，將所有可能發生的經驗都攪爛成駭人的空無。
>
> ——艾根（1995：114）

可是艾根並不滿足於比昂的「災難機具」之說，他繼續延伸，寫下一段就連榮格也可能會親筆寫下的觀點：

嬰兒會無法消化自己所遭遇的衝擊，這點很容易可以想像，不過，我認為若去承擔一個人終其一生都會有無能消化的情況，是有幫助的。我們的宗教和心理治療其實為如何消解難以承受之苦提供了參考架構，或許也為消解難以消受之樂提供了參考架構。不時，藝術和文學會將人生苦樂領至短暫燦爛的巔峰；好的詩文可將時光凝縮，在一生當中供予情緒轉化的空間。生命中亦會有前行、喧騰的時刻，將人生點綴得別有意義或神祕難測。不過我認為這些美學或宗教產物之所以有力量，部分是來自於它們所涵納的各種人生崩解時刻。

（同前引書：117）

　　此處艾根提出的心靈某種特質，正是榮格與佛洛伊德觀點分歧之處，亦即嬰兒心智因防禦早年創傷而生的各種潛意識幻想，是（至少有可能是）取自既存的意義結構，並非為了讓嬰兒／兒童好過一些而「憑空創造」出來的；相反地，就如我們所見，這些幻想常常呈現的惡魔形象其實經常讓受創者感覺更糟。換言之，心智是含有原型的，建構心靈的原型參考架構在嬰兒早期與母親互動的經驗（包括創傷）中「釋出」，不過全人類都有相同的參考架構，此外，在個體因人世所苦的期間也持續「釋出」。因此，當受創的嬰兒日後在宗教、詩文和藝術當中，接觸到同樣「類別」的敘事符號系統（也就是故事），這些東西就會具有轉化的潛能和「意義」，**正因為它們（這些類別）一開始就存在**。實際上，就是由於後來接觸到這些類似的原型之意象或再現，才能「記起」早年創傷。從這種觀點來看，心理疾病是人類所普遍共有的，只不過程度有所不

　　　　創傷的內在世界：生命中難以承受的重，心靈如何回應

同。即使是創傷引發的「強迫性重複」，也是人類共通經驗的一部分，不需要影射是「死亡本能」，即使佛洛伊德的這種幻想，也是他和其他人從治療創傷的臨床經驗中所得出的部分意義。

羅納・費爾本

費爾本（Ronald Fairbairn）提出的內在破壞者對「原慾自我」（libidinal ego）的施虐關係，是最能巧妙吻合有個脆弱「無辜」內在客體對應著殘暴保護／迫害者的理論之一。費爾本與二次世界大戰期間遭性侵害的兒童工作時，驚愕地發現這些天真無辜的兒童對於遭到侵犯感到羞恥，並因為創傷記憶讓他們感到自己很「壞」而抗拒記憶。費爾本指出，這些須依靠他人的孩子之所以會覺得自己壞，原因是「要把客體變好」（1981：65），而這是藉由先內化客體的「壞」，再去潛抑自體與客體「壞」的意象所完成的。費爾本**強調兒童的攻擊性發動了這番潛抑**，對我們討論的主題頗有幫助，他的描述是：

> 是原慾遭到挫折，引發嬰兒對其原慾客體產生攻擊，繼而進入了矛盾狀態……因為對嬰兒而言，很難忍受擁有一個壞的好客體，為了紓解這種情境，他就把母親分裂為兩個客體。其後，每當母親給他原慾滿足，母親就是「好」客體，一旦母親無法給予原慾滿足，她就是「壞」客體。
>
> （同前引書：110）

〔此種〕矛盾一旦建立，嬰兒要向母親傳達感覺時，就會陷入

一種對他來說極為險峻難安的狀態。

（同前引書：112）

　　若他要展露攻擊，就會遭受失去好客體的威脅〔母親會更加拒絕〕，若他要表現原慾需求，就會面臨極為不堪的威脅，包括自身愛意被踐踏的屈辱感、需求遭貶低忽視的羞愧感，〔或〕……更深刻的，整合出現裂解和心靈將亡的經驗。

（同前引書：113）

　　〔在這種險峻難安的狀況下〕……兒童為了不向客體表達他的原慾及攻擊情感，透過運用最大量的攻擊去壓制最大量的原慾需求來閃避，藉此減輕原慾和攻擊情感的強度，也可降低向外索求……過多的原慾就會被原慾自我接管，過量的攻擊則被內在破壞者接收。兒童運用攻擊來壓制原慾需求的技巧，於是就轉為內在破壞者攻擊原慾自我。

（同前引書：115）

　　這一類的內在攻擊，我們在第一章Y太太和槍手、女藝術家和她夢到持斧男人的案例中都可以找到絕佳範例。根據費爾本所言，這兩例中的迫害內在客體乃是個案本身攻擊逆轉的化身，通常這種攻擊應是可以用於適應的，在此卻不然，讓個案徒留「假我」以及轉向內在的攻擊，個案用這個討好的「假我」在世上協商各種關係。

　　費爾本重要的觀點當中，其中之一是在分析情境裡，目標必須

放在讓個案願意冒險去釋放其內化的「壞」客體，如此他們才能解除原慾貫注。阻礙通常是個案不斷地「忍不住要去運用與分析師的『好』關係，來抗拒冒這個風險」（同前引書：69）。費爾本說，他相信：

> 若追溯所有心理病態的發展至最初起源，其實會追溯至壞客體的領域，而非超我的範圍。對於所有的精神官能症與精神個案而言，若說正統的彌撒是在教堂的聖壇舉行，黑彌撒便是在教堂的地下室進行。如此就非常明朗，心理治療師其實如同驅魔師的正統後繼者，不僅要「寬恕罪行」，還得「驅趕惡靈」。

（同前引書：70）

岡崔普

哈利・岡崔普（Harry Guntrip）更進一步拓展費爾本的觀點，他在受創個案的夢境當中，同樣發現有「內在破壞者」及一個無辜「受害者」的情況（1969）。這幾位分析理論家中，唯有費爾本和岡崔普運用夢境來證明受創者的內在世界。岡崔普提到，遭忽略或受創的兒童：

> 必會認為在不友善和險惡的世界中，過於脆弱是很可怕的⋯⋯若不能改變世界，至少可以試著調整自身。結果他開始害怕和憎恨自己的脆弱和依賴，此刻他便面臨一項任務：要一面成長，一面難以忍受自己的不成熟。

（同前引書：187）

岡崔普認為，這種「難以忍受自己的不成熟」會展現為「反原慾自我」（antilibidinal ego），此乃兒童認同了拒絕給予依靠的「壞父母客體」所形成的內在表徵。反原慾自我會「憎惡」依賴，因為這會讓兒童去依賴沒有耐性的父母，於是便內攝了父母形象，在內在世界中成為其「第五根支柱」。岡崔普指出，在心理治療中出現阻抗的主因之一，就是反原慾自我：

反原慾自我……會對朝他人求助的依賴之心具有敵意，也厭惡去承認自身需求。抗拒心理治療和治療師的種種原因當中，這種傾向是最頑強的，反原慾自我憎惡內在那位需索的小孩，也厭惡其欲向外求援的治療師。

（同前引書：196）

要描述反原慾自我如何對抗突然湧現的依賴性時，岡崔普引述了某位女個案的夢，夢中有攻擊性的角色，令人想起 Y 太太和槍手那一類的夢境。

我是個小女孩，站在大房間的門邊，怕得不斷發抖。我看到你在裡頭，心想：「如果我可以到他身邊，我就安全了。」我跑進房間，但有個女孩大步迎來，把我推回門邊。

（同前引書：196）

岡崔普繼續寫道：

大約兩年後，個案對我更信任了，她又作了同一個夢。這一回

　創傷的內在世界：生命中難以承受的重，心靈如何回應 ｜

她已經來到只差一吋就能碰到我的地方，可是另一個女孩又憑空出現，狠狠地掌摑她，再度把她趕走。

（同前引書：196）

費爾本和岡崔普兩人都只注重內在破壞者或反原慾自我的惡行，並將退行的或具原慾需求的自我視為其無辜的受害者。從榮格學派的立場，我們會質疑這流於單方面，尤其在岡崔普的論點當中，只看見反原慾自我的憎恨與暴力面向，而作為受害者的「自體失落的心」則全然善良無辜。不過我們從先前提到的幾個案例中看到，古老防禦系統的暴行雖說有可能會失手，變成只是殘暴地攻擊心靈，但似乎仍另有目的和意圖。

格羅斯坦

美國客體關係理論家詹姆士・格羅斯坦（James Grotstein）的論點令人想起克萊恩和比昂，他提到在自戀、憂鬱和成癮的個案身上，也有各種惡性的內在角色會阻礙分析進行。格羅斯坦認為，自戀型個案會：

恐懼任何轉化。〔隨著分析的進行〕……在向前進步的自體和原地踏步的不成熟自體之間……差距愈來愈鮮明。當人格這兩部分的差距到達臨界點時，有時會有負向治療反應，個案會出現嚴重的行動化。這就像是人格中原地踏步的那部分在阻饒向前進的部分，並藉此引起注意。

（同前引書：1987：325）

格羅斯坦曾提出某個案例，個案將他母親瘋狂浮誇的部分內化，變成一個納粹般的內在人物，用盡全力防止個案遭逢更大的災苦。它促使個案在事業上獲得極大成就，卻也對他施加殘虐要求。當個案在分析當中有所進展，躁狂的自體便開始反擊，包括攻擊分析師的詮釋、破壞治療、矮化分析師，在諮商時段之間的空檔由他對個案施行「真正的分析」（同前引書：329）。這可成為佛洛伊德所謂負向治療反應的經典範例。

　　格羅斯坦認為，個案這個「躁狂」的部分有時幾乎變成了真實的「幽魂」，將依賴、無助的自體「困於天羅地網之中」，奮力爭取自主性。

　　我見過某些長期憂鬱的個案，他們有如對憂鬱症上癮一般難有進展，但最終他們會透露，憂鬱症像是一個分裂出來的內在人格面具，奮力要活下去，同時又恐懼個案與希望、進展或幸福有任何的聯繫。我把這種憂鬱的人格面具稱為「七苦聖母」（Madonna of Sorrows），這種經驗就像是一名極度封閉的自體母親（self-mother），在面對他人折磨虐待以及整體而言不幸福的生活時，憐憫並安慰著自戀的個案。

（同前引書：330）

　　在另一則關於厭食症女孩的案例中，格羅斯坦便因為個案的厭食症狀難掩懊惱：

化身為封閉的「母職功能自體」（mothering self），彷彿在避

難所中保護脆弱的個案，對她極盡理解，也很有辦法運用個案驚人的自制計畫來撫慰她。治療師在某個層面上被視為幫手，但在另一個層面上卻又是個案「厭食母親」及自體的敵人。在某個案例中，個案的神經質人格一直很投入分析，直到她正常前進的自體與依舊落後的厭食原始自體出現明顯分野為止。那時，她的嘔吐症狀加劇，體重急遽下降且化學物質失衡，讓她險些失去性命。她對分析一直存有抗拒，直到我承認那個厭食自我其實有重要的功能，在保護她對抗童年時期令她失望不已的客體，她的抗拒強度才降低。

（同前引書：325）

　　格羅斯坦的重大發現就在於這位「七苦聖母」是如何成為能撫慰人心、誘人的內在角色，她能對個案正進行個體化的自我施予令人上癮的「魔咒」，並與之發展出一種「共依存」的關係。這個觀點令人想起賈內早年發現某些個案的附身原魔會從內在進行一種自動催眠，直到他取得原魔的合作，才能順利對個案進行催眠。

科恩柏格等人

　　科恩伯格（Otto Kernberg）和他的同僚認為邊緣型個案的內在世界充滿了犀利諷刺、片面、誇大的部分客體（part-object）表徵，不論是懷有愛意或不懷好意的，都與扭曲、刻板的部分自體（part-self）表徵彼此互動著。由於愛意和惡意若同時存在於完整的自體或客體意象上，將會引發個案無法承受的焦慮，因此，原始的防衛會避免這些部分自體與客體意象整合，使其無法成為完整的自體與客體表徵。

這些部分自體與部分客體意象將自己兩兩搭檔，當個案與外界他人互動時，就依此上演各種「角色」，這讓分析師得以一窺個案的內在意象，因他們都在移情關係中外化了。通常，兩兩搭檔中會包括以脆弱的孩童或嬰兒所代表的部分自體，以及由提供照顧的「父母」所代表的部分客體。最典型的搭檔有：

慈愛父母－隨興所至、無拘無束的小孩
嚴厲懲罰且施虐的父母－骯髒惡劣的小孩
粗心、自私的父母－不被疼愛的小孩
殘暴的攻擊者－被虐的受害者等
（見科恩伯格等人，1989：103）

治療的重點在於，要先辨識出這些被投射或認同的分裂的內在角色，將他們及其相關的情感命名，接著協助個案忍受含括好壞兩相對立的自體或客體意象衍生的焦慮，此段過程的目標是提升對矛盾情感的耐受力。逐漸地，個案開始可以覺察到自己和治療師都是更複雜的人類，於是，個案感知自己和他人都進入了新的層次，意味著他從部分的客體關係轉化至整體的客體關係（同前引書：122）。

有趣的是，科恩伯格的客體關係取向會使用如「犀利諷刺、扭曲、未經調節」等字眼，來形容我們所稱的內在世界原型幻想元素。榮格曾清楚表明，人們一旦遇上了這類兩相對立的意象，通常就是進入了原型「聖祕」能量的範圍。不過他並未闡明這些對立意象在治療情境中會如何顯現，也未提出如何透過反覆的投射性認

　　創傷的內在世界：生命中難以承受的重，心靈如何回應

同歷程及詮釋來進行修通（也就是說如何將這些意象人性化），因此，科恩伯格實際的治療建議是相當受用的。

戴維絲與芙蘿莉：對童年性侵的觀點

在科恩伯格等人的客體關係流派中，戴維絲（Jody Messler Davies）和芙蘿莉（Mary Gail Frawley）不久前在著作中說明她們如何治療童年遭性侵的成人個案（1994）。她們認為，治療師／個案二元組合的過渡空間是一個重要「場域」，個案在這個場域中，可將其在早年創傷下被分裂出去、已難以觸及（已解離）的自體和客體表徵，重新隨著其他潛意識幻想元素一起外化（透過投射性認同），於是就在移情／反移情情境中重新建構出「已遺忘」的創傷情境。在個案與治療師共同創造出的空間中，不斷反覆出現幾種典型的內在自體與客體二元關係，頗類似科恩伯格提出的兒童與家長意象，像是：

不經心、也不施虐的家長－遭忽略的兒童
殘暴施虐者－無助、憤怒卻又無能為力的受害者
完美、全能的拯救者－認為需被拯救的兒童
引誘者和受誘者
（見同前引書：167）

以上四種基礎關係都代表了我們所提的二元自我照護系統（dyadic self-care system），個案和治療師共有八種「位置」可以認同或扮演，兩兩彼此互補。比方說，如果個案擔任了殘暴施虐者

的角色，治療師就會在反移情當中經驗到受害者憤恨卻又無力的感覺。治療師最終必須透過詮釋，使這些模式清晰可辨，好讓與這些關係相關的情感能被辨識、表達並修通。這仰賴治療師能積極介入，並能保持客觀中立。

兩位作者提到個案會在治療中認同施虐－受虐關係中殘暴施虐者的片段當中，有一段文字描述到早年受創者經常試圖去摧毀治療師懷有的希望，這對我們特別有幫助：

在多數案例中，成人倖存者會恐懼好的事物無法存留、承諾終究會破滅，與其坐以待斃，個案……經常會採取主導全局並粉碎他們相信僅為幻覺之事物，以此干預希望感所帶來的焦慮……而治療師便會進入認同受害者的位置，親身經歷受創兒童的絕望與喪氣。

（同前引書：174）

科恩伯格等人對於整體邊緣型狀態的觀點，尤其是戴維絲和芙蘿莉對於童年創傷的看法，都說明了在移情場域中，我們所謂二元、古老的自我照護系統會如何組織起來，以及我們如何運用關係加以治療。但就榮格學派來說，我們會強調，二元自我照護結構能展現的想像「場域」，並不限於移情和反移情，夢境也是一個可能的場域，或是能讓個案投入「積極想像」的沙盤或其他稱為「創造藝術」的治療皆是。這些治療方式其實並不亞於戴維絲和芙蘿莉提出的關係治療技巧，同樣都需要治療師和個案用積極、輕鬆的態度去挖掘那些尚未能付諸文字、遭封存的情感。

馬斯特森

馬斯特森（James Masterson, 1981）提出的發展性客體關係理論中，指出了當正常的分離／個體化歷程遭創傷中斷時，個體的內在世界會形成一組施虐－受虐的關係。馬斯特森表示，正常的發展中，原本融合的母嬰自客體會經歷一個中介階段，先分化成部分意象（分成好、壞的自體表徵），再結合為完整的、好壞兼具的自體表徵。客體表徵也是同樣歷程。

一旦母親無法讓兒童分離，或只獎勵順從的「好」孩子，不顧兒童獨特、自我主張的想法和願望時，就會出問題。自我表達會遭母親捨棄，唯有順服、依賴和配合的消極態度才會獲得讚許。這個在讚許／捨棄間輪轉的意象被內化了，而母親客體意象的任何一面都會有其對應的自體表徵。「捨棄性客體關係組」（withdrawing object-relations unit, WORU）會批評且攻擊醜陋的「壞」小孩，獎勵性客體關係組（rewarding object relations unit）則「關愛」且獎勵順從的「好」孩子。在此理論中，我們可以看到保護者／迫害者的「對象」分別是「好」小孩或「壞」小孩（見前引書）。

在此情況下，兒童的內在會批評自己真切的自我表達需求（此乃「捨棄性客體關係組」），而退至病態地透過獎勵組（等同於溫尼考特的「假我」）自我撫慰。在治療中，邊緣型個案會將獎勵組投射至治療師身上，希望治療師能讚許他的「好」表現，以此避免任何自我表達引發遭遺棄的哀傷。一旦治療師挑戰這點，個案投射的就是捨棄組了，個案會感到崩垮、「壞」等等，此時治療師已和其內在的迫害性客體融而為一。雖說馬斯特森不像戴維絲和芙蘿莉那

般詳述反移情反應，但隨著這些分裂的內在意象在移情中被投射和詮釋，治療也就來來回回地進展。

　　讀者會發現馬斯特森對於二元體中人格精神端的解釋，在某些方面與岡崔普、費爾本或溫尼考特恰恰相反。岡崔普等人認為，遭貶抑的脆弱真我是充滿愛意和需要關愛的，但被內在的攻擊者拒絕；馬斯特森則相信，是追求個體化的積極自體遭到捨棄性客體關係組所排拒。如果能發現到某些依賴需求被滿足了之後，是可以用於分離／個體化的需求，另外某些依賴需求則無法轉換，上述兩種說法就可以找到平衡點。人格精神無疑既脆弱卻又積極表達自我，而內在的自我攻擊都對這兩者產生破壞。

賽費爾德

　　美國客體關係理論家傑佛瑞・賽費爾德（Jeffrey Seinfeld）融合了溫尼考特、費爾本、克萊恩、馬斯特森、傑考森（Jacobson）、席勒斯（Seales）及其他人的理論，描繪邊緣型和自戀型個案的內在世界中，他所謂的「壞客體」（the Bad Object）是如何肆虐（賽費爾德，1990）。比起馬斯特森或科恩伯格，賽費爾德更注重內在客體形成時潛意識幻想的作用，同時也關切發展中的脆弱自體對護持性環境（以及移情中的共生階段）的真切需求，這種需求比兩位理論家強調的分離需求更早。他還很有創意地運用費爾本提出的「興奮客體」（Exciting Object），指出有些家長無法提供孩子理想的護持、鏡映和安撫時，經常改用食物、玩具、性刺激和金錢等替代，於是在孩子身上衍生出無法滿足的需求。這個興奮客體會繼而與壞客體結盟，引發永無滿足的成癮現象、施虐－受虐的強迫性

創傷的內在世界：生命中難以承受的重，心靈如何回應

症狀，亦會深化自身惡劣的信念。

賽費爾德眾多精彩的個案研究中，多數都呈現了個案自身脆弱性的覺醒及強烈渴求外在有「好客體」，觸發了「反依賴防衛」（我們所說的自我照護系統又出現了）。就某部分而言，這代表內在壞客體的占有慾，壞客體會害怕原先握有的自體元素（討人厭的脆弱兒童自體），會流失至治療師這個潛在好客體手中，於是壞客體就攻擊脆弱的感覺（這種感覺通常投射在治療師或其他人身上）。這種對自身脆弱性發動的內在攻擊，同樣也發生在先前章節許多案例中。

值得注意的是，除了費爾本和岡崔普之外，這些客體關係理論家都未以夢境佐證內在的登場人物（dramatis personae），反而是從研究移情當中個案反覆出現的互動模式來推論。不過，這種方式描繪創傷者的內在世界是全然機械化的，我們這份研究反而可以提供一些意象式的證據。

科林 A. 羅斯

科林・A.・羅斯（Colin A. Ross）雖不認為自己屬於客體關係學派，但在他大量治療多重人格障礙個案的經驗當中，觀察到個案擁有非常精巧、複雜、多層次的內在人格系統，可以進行繁複的人格轉換和失憶。羅斯本人和他所訓練的治療師都曾對心靈的潛意識智能、心靈精巧的布局策畫和防禦功能感到驚詫，他還發現多重人格障礙個案會比其他障礙類別有更多超自然經驗。直到他讀到榮格的博士論文，才意識到解離性的障礙其實會與通靈、心電感應、隔空移動物體、預知未來、鬧鬼現象等息息相關。

羅斯在多重人格障礙案例中發現數種典型的替代人格,其中一種他稱作保護者/觀察者人格。據他所稱,這個人格是沉穩、成熟、理性、抽象的,並且多半只擷取創傷記憶的事件資訊,不會涉及創傷的感受、生理反應或緊繃的知覺(1989:114)。他也指出,創傷相關的生理反應通常會展現在孩童人格身上,這種人格會在治療中宣洩創傷的記憶。保護者/觀察者經常會主導人格切換的歷程,決定特定的時機由哪個人格出場。羅斯說明,有時候,保護者會去迫害主要人格,好讓它「乖乖蟄伏」,或是當重要轉變即將出現時,就用香菸燒燙、割腕、吞藥的方式來阻止個案轉變。最極端的,保護者(此時是迫害者)人格也可能會錯誤地以為這麼做可以保護主要人格未來不再受苦,而試圖殺死主要人格(同前引書:115)。在此我們看到另一個獨立證據,證明我們所提出的保護者/迫害者自我照護系統確實存在,而且具有神祕難測的自我維生能力。

蘇珊・卡瓦拉－阿德勒與原魔情人

蘇珊・卡瓦拉－阿德勒(Susan Kavaler-Adler, 1993)在著手研究創造力的強迫性面向時,認為女性藝術家潛意識中有一種「原魔情人情結」(daimon-lover complex),並運用客體關係理論來解釋。她相信這主要是因為創傷經歷讓心靈受惡意的攻擊性主宰且無法哀悼創傷,因此心靈當中存有惡毒的內在父親形象,並以古老、未整合型態存在。這股攻擊性會繼而阻礙部分自體與部分客體進行整合,她將這種整合稱為「哀悼整合」(此乃根據克萊恩的「憂鬱位置」命名),在這個歷程中,若能容忍哀痛當中仍有愛的情感,

創傷的內在世界:生命中難以承受的重,心靈如何回應

就能整合、調整古老的內在客體分裂意象，最終能捨棄之，有空間形成新的依附關係。

先前我們形容成搗蛋鬼似的矛盾保護者／迫害者，和與其成對的脆弱人格精神，卡瓦拉－阿德勒描述成是以原魔或繆思型態呈現的內化部分父親客體，他既被理想化，卻又惡毒：

> 或許這正說明了為何我們看文學創作時，會發現神話故事裡存在著既完美卻又惡毒的父親，以一種惡魔般的愛人形象呈現。惡魔愛人會在某個自我表達的瞬間彷如繆思之神，但立刻又搖身變成惡魔。繆思既能啟迪人心，也具情慾意涵，能啟發「創作之喜」，但陷於前伊底帕斯狀態的女性創作者，邪惡的惡魔會占據她，把創作之喜轉為自殺狂熱或冷酷的疏離與死亡，因此充斥著大量的死亡意象。或者，理想化的繆思父親會透過狂躁與自戀的防衛重新再現，惡性循環必會反覆不斷，當陷於前伊底帕斯期的狀態不變，就唯有絕望、疾病、死亡或自殺能中止這個循環。

（同前引書：75）

卡瓦拉－阿德勒看出早年創傷會讓內在世界受古老、善惡交替的意象威脅，這正切中我們討論的核心。她更進一步指出，女性若是早年與母親的關係受創，想要用父親去彌補母職缺憾是無法成功的，因為父親會傾向變成「興奮客體」（此為費爾本的用語），女性由於找不到其他方式表達，也會傾向透過創作、在「靈性」層次重新創造缺失的經驗。於是，女性既無法停止創作，也會對這個方式所能獲得的回報屢屢感到失望，就會重演早年與母親關係的前伊

底帕斯期創傷，導致惡性循環。

　　就我個人的臨床經驗而言，我同意卡瓦拉－阿德勒的看法，她認為女性個案的創傷並未完成哀悼歷程，以及會傾向於對內在父親的興奮客體成癮，因此經常形成對移情成癮的頑強病徵。但我想補充一點，這種模式並不限於女性，也不只有父親意象才具有邪惡內在客體的搗蛋鬼特質，原型自我照護系統引發的問題絕無性別之分。

第二部

童話與自性的兩階段具體化

不久前，一位年輕的男性個案在晤談中，痛苦地道出他對交往中的年輕女子瑪麗似乎宿命且無可自拔的愛。他一再試圖藉由與其他女子發展關係，來逃避對她的感覺，以及感覺中隱含的承諾，然而每回結束這些萍水相逢的性愛關係時，他都比原本更空虛，更對唯一穩定交往的女子瑪麗充滿渴望。她對他究竟是具有何種吸引力呢？他納悶。為什麼與她的感情感覺很「深」，和其他女子的戀情卻感覺很「淺」？突然之間，他的雙眼淚水盈眶，非常令人動容地說：「你知道是怎麼回事，當我和她在一起時，我感覺到的是人生的潛力，這感覺比其他的感覺都更深！所有其他時候不可能發生的事，和她在一起都變成可能了——這就是她和其他人的不同。當我和她在一起時，我感受到我的人生的潛力！」我告訴他，對於戀愛，我無法想像比他更好的形容了。

　　感受到人生的潛力——與一個深愛的人分享——這是某類型的個案（一般稱為「思覺失調」個案）無法容許自己在真實世界中體驗到的事。之所以無法容許，恰恰是由於他們對於體驗人生潛力的初萌芽渴望在孩提時候遭到了創傷性的挫折。由重要他人所中介的與世界的連結斷裂了，希望也破滅了。「潛力」（potential）這個詞是具有連結作用的詞彙之一。這個英文字有兩個拉丁字根：potis 意味隱藏的力量，posse 意味能夠；「可能」（possible）這個字也是由此字根而來。《美國傳統英語字典》（*American Heritage Dictionary*）因此將 potential（潛力）這個字定義為「有助於成長、發展或誕生的內在固有能力」。某種「內在固有」的東西，某種「內在的力量」，跨越了界線，成了真，在世上真實實現了。

　　溫尼考特協助我們理解，當嬰兒的自發示意（spontaneous

gesture）與母親的中介反應之間存在夠好的「契合」或是顯著的搭配，這個將潛力現實化的過程便會在兒童的個體生活中發生。在最佳的促長環境中，真我的示意動作與世界建立了連結，愛開始流入生命之中，兒童便成了真實的自己。假使最初的情境製造了創傷，個體為了讓發展過程重回正軌，會留存有揮之不去的客體渴求（object-hunger）。過渡歷程對於人格精神的出現具有絕對的必要性，過渡歷程在早年發生斷裂的創傷，如果能在心理分析移情中獲得修補，這種客體渴求偶爾也能在移情中獲得滿足。

人與神之間的過渡歷程

儘管溫尼考特用以描述創傷的意象十分精準，但純粹的人格主義心理學（personalistic psychology）在面對創傷時，沒有掌握到人格精神「誕生」的真正奧祕。之所以無法全盤掌握，是由於人格主義心理學沒有將超個人的元素納入考量，或是將超個人元素解讀為嬰兒的全能，而忽略了人類經驗中聖祕感所占的首要位置。

從榮格心理學的觀點而論，人類發展中發生於潛力與現實間界線的神奇歷程，必須在原型歷程的背景下加以檢視，也就是說，要在神話的背景下檢視。神話以及世上所有偉大的宗教都僅關注一個根本問題，即人與神之間的關係，以及面對人的苦難時，該如何維繫人神關係。超驗世界具有賦予生命的神聖能量，凡俗世界受著時間、空間、歷史與常規所圍限，這兩個世界之間的連結要如何維繫，又要透過何種動能來維繫？我們來自何方？我們的存在有沒有超越日常生活的意義？神可曾在歷史中示現過？這些問題

創傷的內在世界：生命中難以承受的重，心靈如何回應

都具有連結的作用，提醒了我們 religion（宗教）一字包含了 re 及 ligeo 兩個涵義，re（重複）指 re-flection（reflection，沉思之意），ligeo 即 ligament（韌帶）或 connection（關聯）之意，兩相結合即為 reconnection（重建關聯）。若說神話故事的宗旨是探討這個關聯，自然似是而非，因為當這些故事被述說之時，故事本身即為連結，象徵本身便是我們與存在之奧祕之間的橋樑或連結。但話又說回來，在象徵本身的意象之內，又進一步刻畫了這個連結。

許多例子浮上心頭，但只需取用其中一兩個，便能將這個論點清晰闡明。在狄蜜特（Demeter）與波瑟芬妮的神話故事中，狄蜜特與起初名叫歌萊（Kore，意為少女）的女兒在野外摘採水仙花時，冥王黑帝斯乘著馬車從地底升起，擄走了年輕的姑娘，將她帶到他的地底王國。我們將這個地底王國詮釋為以幽冥晦暗形式呈現的潛意識或聖祕世界。這個意象呈現了一個令人揪心的分裂，與創傷過後人格的分裂相似。原型防禦接手掌控，將受創自體的殘餘部分拖進潛意識歷程的黑暗中，這個歷程由凶惡卻又具啟蒙力量的黑帝斯本人監督。這時，代表著人類生活各種豐饒可能性的狄蜜特在全宇宙四處遊蕩，尋找女兒，卻遍尋不著。最後，依舊為了歌萊而傷心絕望的狄蜜特退隱到她位於艾列夫西斯（Eleusis）的神殿，為人類籌畫了殘酷而悽慘的一年——若不能與女兒重逢，她將不允許大地結出果實，也不允許任何作物生長。在這事引發的危機之中，宙斯派遣荷米斯到黑帝斯的國度，獲得黑帝斯允諾釋放他那現在名叫波瑟芬妮的皇后，但在將妻子送回人間之前，黑暗之王引誘妻子吃下幾顆石榴子。石榴是象徵婚姻的水果，吃下石榴的效果便是使夫妻的結合——也就是夫妻間的連結——牢不可破。這樁婚姻的結

果意味著兩個世界——內在（神聖）與外在（凡人）的世界——永恆結縭。波瑟芬妮因此同時隸屬於兩個世界，藉由在地底世界生活半年，在地面世界生活半年，她成為人界與神界之間的「韌帶」，平衡恢復了，兩個世界間斷裂的創傷癒合了。

另一個例子來自《舊約聖經》：耶和華對人類的放肆行為大為震怒，忍不住要摧毀世界。但他務求他所創造的世界中有一部分得以保全，那個部分便是挪亞。他並將所有種類的動物一對一對託付給挪亞。我們若將這段故事中的耶和華看作是費爾本所稱的反原慾自我，對於創傷的內在世界發生了什麼事便有了頗為精準的圖像——除了不計一切代價保存密封的生命核心外，其餘一切盡皆滅絕，這時的問題是：「在自體失落的心，以及那些既切斷自體的心與世界的連結、又把這心保存住，以待日後所需的所有攻擊性的超個人能量之間，有沒有可能建立起連結呢？」根據〈創世紀〉的記載，這裡所提供的「連結」是個誓約，這誓約是世間最美的景象之一，也就是彩虹橋，這誓約象徵上帝與人類永不再分離：

神說，我與你們，並你們這裡的各樣活物所立的永約，是有記號的。我把虹放在雲彩中，這就可做我與地立約的記號了……我看見，就要紀念我與地上各樣有血肉的活物所立的永約。

——創世紀第九章，第十二～十六節：和合本

基督教用以象徵這個神與人之間神奇連結的符號是弔詭的「神人一體」——「道成肉身」，道化身為血肉。神話裡處處的意象都在重複同一主題，某種永恆的東西進入時間並永恆改變了時間。一

創傷的內在世界：生命中難以承受的重，心靈如何回應

年中最黑暗的時光誕生了光的孩子，或是沙漠中出現了水流，或是一個樹叢燃燒卻沒有燒毀……這種種原慾的象徵都述說著某種來自另一個較偉大世界的東西，奇蹟似地穿透入這個世界，在隱藏於每個個體生命核心中未實現的精神潛力，與存在於世俗歷史中這個地方、這個時間、這個軀體的生命間建立連結。

　　如同神話中的狀態，在健康的人格中，我們也看見個體朝自我能量與自性能量間的平衡奮鬥，自性的能量注入並充斥了自我，卻不將之淹沒，也不為之提供滿足感的替代物。原慾可以在自我／自性間轉移，並可投注於興趣、承諾及愛的關係等事項中。然而如我們所見，在創傷中，情況便不同了。原慾對「世俗生命」的所有投注都遭到自我照護系統的抗拒，以避免更進一步的破壞。自尊的產生原該來自凡俗世界中具體化的滿足感，聖祕世界的能量卻成為了自尊的替代品，超個人元素的出現純粹是為了有助於防禦。

心理學所提出的發展問題

　　假使創傷終止了所有的過渡歷程，也因此終止所有的宗教經驗，此時的問題便在於如何重新啟動這些歷程。根本的問題可能應該如此表達：「超個人聖祕經驗應透過正常發展的何種歷程，來與世俗現實建立辯證關係，才能使生活變得有意義、精神飽滿且生氣蓬勃？」或是「童年時的神奇世界要如何保存至成人期？」若稍稍改變措詞，我們可以這樣問：「我們該如何過個有象徵性的人生？」

　　這個問題有許多理論上的變異，但唯有榮格深入穿透到其靈

性層面。榮格會這麼問：「我們如何在自我與自性（心靈中的上帝形象）之間持續保持辯證關係，才不致於與自性太過**疏離**，也不會太過**認同**？」榮格對這個問題的部分回答之一，是心靈的「超越功能」（transcendent function）。在超越功能中，心靈兩極之間的張力導引出了介於生命奧祕與自我掙扎間的象徵，一個「具有生命的第三物」（living third thing）。但榮格並未對「超越功能」的人際歷程層面多加著墨，對於創傷在破壞超越功能上所扮演的關鍵角色也不夠強調。

自體心理學家（self-psychologists，見科胡特，1971，1977）對這個問題的措詞則有所不同，他們會這麼問：「嬰兒最初古老誇大且全能的自體，其脆弱自尊完全仰賴能提供鏡映的『他人』，並且具有裂解成碎片的傾向，要如何逐漸轉化為具有穩固自尊調節、現實期待與真誠理想的自主、一致的自體呢？」科胡特的答案是，有個中間時期叫作「自客體」階段（"self-object" stage）──其中包括了自客體移情（self-object transference）──在這個階段會發生「與此階段相符的」幻滅，古老誇大的結構會蛻變為內在心靈結構，但與在投射中帶有這些意象的自客體並沒有切斷聯繫。

客體關係理論家則會以稍稍不同的措詞來問這個相同的問題，他們可能會這麼問：「原本未分化的母嬰統合體（一元體〔oneness〕）如何轉變為自體／客體分離的經驗（二元體〔twoness〕），好讓真實象徵能力的悖論得以實現（三元體〔threeness〕）？」（見奧格登〔Ogden〕，1986：214）溫尼考特的答案是，要有個「夠好」的母親，將「潛在空間」或是「過渡空間」（transitional space）護持得夠久，使嬰兒的主觀世界能與現實的客

觀世界相互滲透。在最理想的照護之下，兒童的現實經驗會在全能的範圍內發生，於是兒童便能逐漸放棄全能感。

讀者可能也注意到了，這些理論都對我們所疑惑神與人的世界如何交織的問題提出了「解答」，這些解答中都包含某種以 trans-^{譯註}為字首的具連結意味的字眼。榮格談到的是超越功能（transcendent function），對立的兩端若保持著張力，心靈便會產生出一種象徵，既是兩個對立端的綜合體，同時又是超越兩端的另一種東西。對溫尼考特而言，在過渡空間生活夠久，「真我」便會以創造性姿態出現，真我是個自然而發的自體，熱愛悖論與幽默，透過享受文化（象徵）生活來超越它自己。對科胡特而言，語意矛盾的「自客體」階段中，誇大的自體與理想化的他人結合，逐漸導引到心靈結構的蛻變性（transmuting）內化，也從而建立現實的理想（包括宗教理想）。此外我們還見到另一個以 trans- 為字首的字──transference（**移情**）。移情非常重要，因為我們所討論到的兩個世界在移情這個「空間」中，無可避免地圍繞著分析師的意象混合交融（分析師的人性終究必須被發現，真實與想像的元素間才有希望摸索出關係來）。

童話裡的過渡歷程

於是，一般神話所關注、深層心理學的「神話」尤其關注的過渡歷程，在童話中同樣是個重要議題，也就不是太令人意外的事了。

這同樣是一、兩個例子便能說明。在灰姑娘故事中，一方面有個充滿魅力、魔法、奇蹟與奧祕的世界，由有著王子、馬車、音

樂等東西的絢麗舞會世界所代表，另一方面，則有個尋常平實的世界，那是灰姑娘終日與煤灰為伍的凡俗世界。這兩個世界被徹底分隔開了，因此太過凡俗的灰姑娘毫無管道可進入「魔幻」世界，而尊貴的王子也毫無管道可接觸到人類的苦難及苦難的轉化潛力。提供王子一個橋樑，好讓他得以找到他所愛上的那位美麗少女，而將兩個世界在「過渡現實」中加以連結的，就是一隻玻璃鞋！玻璃鞋既世俗平凡（是隻鞋子），又晶瑩剔透且具備「皇家」氣息。在這個過渡客體的幫助下，代表超個人現實的皇室王子與代表紅塵俗世的平民公主連結起來了，於是故事結束，王子公主「從此過著幸福快樂的日子」——這裡所謂過著幸福快樂的日子，意謂兩個世界找到了一個過渡連結，保障兩個世界從此難分難解地交織合併。創傷的效果被超越了。

在後面的幾個童話故事中，我們也能找到類似的例子。每一個童話故事都有悲慘或天真的人類世界，與由超個人力量所代表的另一個世界形成對比，這些超個人力量通常透過一個中間物帶入故事之中，諸如會施咒的女巫或巫師之類，總之是個搗蛋鬼。這些中介的靈體在故事中「自我」的經驗感受中通常是「邪惡」的，但我們會看到，邪惡不邪惡往往不是那樣輕易可以分辨。故事中天真或受創的男女主角通常被故事中超個人實體的「邪惡」面所蠱惑（bewitched），接著故事的奮鬥目標便聚焦於如何將男主角或女主角自蠱惑中解救出來，將這個不幸的狀態扭轉成我們所稱的「迷醉」狀態（enchantment），童話故事在「從此過著幸福快樂生活」中完結時，意思便是進入了迷醉狀態。

回到我們的問題，對於人神的分裂，童話所給予的答案是跌

宕動人的故事，故事往往起始自天真或貧瘠不孕的苦難，經過魔法蠱惑以及與黑暗力量的搏鬥，達到了自我的轉化，聖祕的正向面匯聚，最後進入「迷醉」狀態——從此過著幸福快樂的日子。在這個過程中，「原魔」（無論是天使或是魔鬼）在看似放諸四海皆準的兩階段歷程中，是關鍵性的動因。

童話故事中分裂的兩階段癒合

以下童話故事中刻畫的兩階段歷程，描繪了人神分裂的癒合。人與神的分裂，也就是自我與自性的分裂，是過渡歷程中發生創傷性斷裂所必然導致的後果。偶爾故事中也描繪了最初的創傷，但多數故事所陳述需要加以療癒的最初狀況僅是未言明的創傷之後的不孕生活。在第一階段中，巫師出現在一個不孕生活的場景中，或是巫婆引誘一名男子走進一個花園，或是瓶子裡跳出一個精靈，諸如此類。故事的男主角或女主角遭到這個超個人人物施咒，因而困在塔中，或被引誘進入森林中的小屋，或被帶進一個魔法房間中。在這些「轉化性的房間」中，受創的自我遭到原始矛盾自性的負向面所「蠱惑」。這個階段與精神分析所稱的「亂倫認同」（incestuous identification），以及煉金術所稱的「小融合」（lesser coniunctio）相對應，「小融合」指的是還沒有充分分化、因此仍高度不穩定的兩種物質的融合（見艾丁哲，1985：211）。

「小融合」的危險主要在於容易成癮。這個階段若是拖得太長，便會表現出巴林特（Michael Balint, 1979）所稱的「惡性退行」。「惡性退行」是相對於「良性退行」，「良行退行」或也

可說是有助於創造的退行。第一階段對於其後的一切似乎是必要的——或者至少對於受創的自我而言是——但歷程有可能在此階段停滯不前，而若是停滯不前，聖祕性便轉變為負向且具破壞性，這就是佛洛伊德對宗教如此懷疑的原因。佛洛伊德視宗教為一種防禦性幻想，用以逃避現實生活之嚴苛。在第一階段停滯不前的狀況經常發生，而如我們所見，當心靈受了創傷，對小融合成癮是常見的結果，並且是個時時存在的危險。我們可以說，這個最初的「蠱惑」是個二元一體（twoness in oneness）的階段，但並沒有達到三元體，還沒有「增強力量」而成為象徵歷程或辯證歷程。

要達到三元體的階段，有必要激烈地犧牲「小融合」的幸福與忘我。愛洛斯與賽姬（Eros and Psyche）的神話（第八章）中，當賽姬違背原魔愛人的囑咐，堅持要「看看」他，誤將熱油滴在愛洛斯身上時，便是這樣的狀況。在第九章中，我們將看見費切爾的怪鳥（Fitcher's Bird）故事中，第三個女兒先保護並隔離好了自己的脆弱，才走進她那取人性命的丈夫的謀殺室，因此打破了丈夫的魔法。第七章中，長髮公主（Rupunzel）違反了與照顧她的女巫所訂的約定，女巫於是剪去她的頭髮，將她扔出塔外。第十章中，龍王子不斷吃掉自己的妻子，直到遇見一個比他更強悍、不計較他的醜陋而依然願意愛他的妻子，才不再吃人。這些破除魔咒的激烈歷程導致神一般的自我認同遭到犧牲，而人格精神返回了身體。這個危險的歷程所招致的後果可能是破壞性的，也可能帶來救贖。若是成功，便能脫離小的融合，達到大的融合，也就是脫離神祕參與，進入真實的生活（迷醉）以及真實的關係。原魔於是轉化成為天使，或者，用前幾章的說法，是原初矛盾的自性原本作為求生存自性，

創傷的內在世界：生命中難以承受的重，心靈如何回應

是個防禦性角色，如今自這個角色中解放出來，並且立定其指導功能，成為個體化的內在原則。若是不成功，自我便不能自拔地認同於自性的邪魔能量（蠱惑），最後終被其負向面所吞噬。

譯註：有橫越、貫穿、超越之意。

長髮公主與
自我照護系統

我們在本書的第一部描述了許多個案所體驗到的自我照護系統，本章我們將運用長髮公主[註]被老巫婆或女魔法師囚禁在塔中的故事，來說明這種自我照護系統在神話上的展現。這類自我照護系統具有保護者／迫害者的人格，並搭配一個脆弱的案主，也就是人格精神的承載者。

　　我們將把長髮公主在塔中的形象當作是這些個案內在狀況的形象，這內在狀況既分裂，又被牆所隔絕。在這個故事中，關在塔的高牆之內的不只是天真的長髮公主——一個尚未到達青春期的十二歲少女，還有監管她的女巫——一個名叫「加索夫人」（Dame Gothel）的醜陋女巫。這座塔是個「內在聖堂」，成了一個繭，女巫天天來「餵」長髮公主，天真的長髮公主在繭中，如水耕植物一般，靠著女巫所提供的幻象，似乎成長了。她的頭髮長長了，每天如渾然不知自己被關在籠中的金絲雀般歌唱。在她的幻想「泡泡」中，一切似乎都單純無邪地幸福快樂，直到王子騎著馬經過，聽見了她的歌聲。王子代表的是具有「他者性」的外在世界，他渴望美麗的長髮公主以及她在塔「內」詩情畫意的世界。他闖入長髮公主的繭中，而當他進入內在世界的事跡敗露，引發了女巫憤怒的反應，這反應幾乎毀掉了故事中的一切。長髮公主美麗的長髮遭到剪斷，她被放逐到荒地，與愛人失散，王子在絕望中跳下塔瞎了眼。要不是有兩個重要的元素，我們的故事真的就要在悲劇中結束。這兩個重要的元素是：第一，長髮公主有了身孕，生下一對雙胞胎，第二，長髮公主的歌聲再一次將盲眼王子吸引到她身邊，而這一

[註]　此版本故事出自《格林童話全集》（*The Complete Grimms' Fairy Tales*，1972），為該書第十二篇，頁73-7。

次，她的悲傷治癒了王子及她自己的眼盲。這個故事描繪悲傷如何癒合想像與現實間的裂縫，這給了我們重要的線索，使我們得以理解悲傷在創傷與創傷防禦的修通上所扮演的角色。

長髮公主

　　這個故事可以象徵性地描述某一類個案的治療歷程，這類個案通常被創傷剝奪了童年，被迫太快長大，太快變得自給自足。要擁有童年，需要有個護持的環境（holding environment），在這環境中，孩子可以依賴照顧他的父母（見摩戴爾〔Modell〕，1976）。有這樣護持的環境，我們所看見在創傷中出現的那種自我照護系統便沒有存在的必要，孩子不需要「保持鎮定」，因為會有別人在場幫他保持鎮定。溫尼考特已經證明，當孩童獲得「夠好」的促長環境，他會用想像將「他者」加以精緻演繹（imaginally elaborated），在遊戲與創造性表達中，他與這些用想像補足細節的「他者」之間存有「過渡關係」，人格便在過渡關係中成長。許多這一類個案的狀況是，這個**將外在現實用想像加以精緻演繹**的過程太早遭到打斷。遊戲終止了，僅存作為防禦性幻想用的功能，時時保持警戒的自我照護則接替了遊戲的位置。

　　發生了這樣的斷裂，孩童對過渡關係的需求並沒有終止，只不過是被帶到了內在世界，並且以幻覺的方式在內在層面繼續存在。當外在世界遺棄了這孩子的重要「他人」，如今被一個神奇、博愛、虛幻的自我照護自體所取代，這個自我照護自體在內在持續與受傷的自我對話。外在的自客體連結（self-object connection）變

成了一個內在的「我們」，孩子變得全神貫注於內在現實中，變得孤獨、愛做白日夢，滿腹不為人知的憂鬱渴望與絕望。長髮公主個案靠著純淨的幻覺飲食過活，保持著青蔥翠綠，外表看來可能安好無恙，卻無法創造性地生活在世界中，並且開始失去了在現實任何一處紮根的能力。自我不是靠著在世上的成就來建立真實的自尊，而必須靠著替代性的全能幻覺來過活，並且發展出一種內在的優越感，來合理化自己的無所事事。這類個案的外在往往強悍且固執，卻愈來愈苦於人格解體感、虛假感、「厚玻璃感」^{譯註1}、因現實感出現障礙而導致的困惑恐慌狀態，以及形形色色的身體化疾患身心症（somatization）。用診斷用語來說，這類個案患有「思覺失調症」，但誠如費爾本及其他人所指出的，所有活著的人或多或少都有些「思覺失調」。

這些個案給治療師帶來了特別的挑戰與機會。在我的經驗中，治療師通常會被他們的勇氣及凶狠的正直所感動，然而我們會逐漸理解到，這份對自我性核心狂暴激烈的保護（長髮公主的女巫）正是他們困境的來源。這些個案所發展出的與內在世界的關係，也勾起治療師的特殊興趣。對他們而言，內在世界不是一種副現象（epiphenomenon），也就是說，不僅僅是被潛抑素材的儲藏室，而是個裝滿了脆弱內容的寶庫，這些脆弱內容蘊含著一股聖祕性，這股聖祕性賦予這些內容無上的價值。這些人嚴肅看待自己的夢境，通常用日記記錄自己的想法及經驗，往往大量閱讀，最重要的是，他們珍視生命中隱藏的、祕密的、美麗的面向，而適應較良好的人——像冒險經過長髮公主高塔旁、被她的歌聲迷得暈頭轉向的王子——太容易忽視生命的這些面向。

我相信若說榮格本人正是這樣的一個人，應與事實相去不遠。榮格在自傳的序言中說：

> 最後，在我一生中唯一值得講述的事件，是那些永遠不會毀滅的世界闖進這個變化世界的事件，這就是我主要談的是內心體驗的原因，其中包括了我的各種夢境及幻覺……與這些內心事件相比，所有其他的回憶，如旅行、遇見過的人及我的環境便相形失色……外在事件根本無法替代內心的體驗。因此，我的一生在外在事件方面是出奇地貧乏，對於它們我沒有多少話可以說，因為它們使我覺得空洞、不具體。我只能根據內心發生的事來理解自己。
>
> ——榮格（1963：5。譯文摘自《回憶‧夢‧省思——
> 榮格自傳》，略有更動〕

榮格晚年花了許多時間待在蘇黎世湖畔柏林真（Bollingen）的一座塔內撰寫有關煉金術的文章，並非沒有意義的。而我們的故事開始時，等待著長髮公主的便是塔中的歲月。我們將分階段逐步檢視這個故事，並在每個階段加上臨床說明及理論說明。

故事第一段：被牆阻隔的兩個世界

從前從前有一對夫妻，一直渴望有個孩子，卻始終無法如願。最後，太太期許上帝就要實現她的願望了。這對夫妻所住的房子後方有扇小窗，窗外可以看見一片壯麗的花園，長滿了絕美的花朵與草藥。然而花園的周遭圍著高牆，誰也不敢走進去，因為那兒

屬於一個女巫所有，法力高強，人人都怕她。有一天，婦人站在窗前，眺望那座花園，看見有塊花圃栽種了世上最美的葡萄風鈴草（rampion，即 rapunzel）^{譯註2}，看上去翠綠又新鮮，她很渴望能擁有那些葡萄風鈴草，恨不得能吃上一些。這份渴望與日俱增，但她知道自己連一點兒葡萄風鈴草也得不到，因此憂傷憔悴，變得蒼白而悽慘。她的丈夫十分憂慮，問她：「親愛的太太呀，妳為了什麼而苦惱呢？」「啊，」婦人答道：「如果我不能吃些我們房子後面那座花園裡的葡萄風鈴草，我就會死。」男人深愛著她，他心想：「與其讓你的妻子死去，不如親自去摘些葡萄風鈴草給她，會有什麼後果就有什麼後果吧！」黃昏時分，他沿著牆壁攀爬而下，進入女巫的花園，匆匆摘了一把葡萄風鈴草，帶回去給他的妻子。婦人立即給自己做了一份沙拉，貪婪地吃下肚。沙拉非常可口，以至於到了隔天，她的渴望達到原先的三倍之強。她的丈夫別無他法，只有再一次攀爬進那座花園。於是在陰暗的夜晚，丈夫再一次攀爬而下。

在故事的第一部，首先要注意到的便是兩個分開的世界被丈夫所攀爬的那座牆所隔開了。在這個故事中，花園的世界是個「壯麗」的世界，美不勝收，綠意盎然，花木扶疏，同時也很危險，因為是隸屬於一個女巫所有。牆的另一邊是那對夫婦日常世俗的「高高在上」的世界，故事告訴我們，這對夫婦膝下無子，憂傷憔悴，但情況就要改變了。

我們或許可以將這兩個世界簡單地描述為「潛意識」和「自我」，但這麼描述不完全正確。為了便於說明，以較極端的形式

　創傷的內在世界：生命中難以承受的重，心靈如何回應

來想像這兩個世界或許更妥切一些。以此種形式來想像，魔法的國度便比較接近於榮格所稱的心靈中的「類心靈」或「魔幻」（magical）領域，這個領域是潛意識中最深的層次，是所有心靈能量的根源——與本能及身體領域密切相關。榮格將這個層次稱為「集體潛意識」或「神話」層次，在這個層次中，原型意象與原初情感以隱秩序（implicate order）組構事件，這些事件以**聖祕**意象的形式浮現於意識層面。

另一方面，還有受到時空限制的現實世界，可說是自我的世界。這個世界是「真實」的，但是是個未實現的、物質的世界，受到死亡、常規、熟悉度與尋常平庸所束縛，充滿分離與失落、結束與開始及分裂的部分，而非整體。在佛教中，這是幻力（Maya）的面紗——是個本身缺乏意義的世界，同時也是個**創造**意義所絕對需要的世界。

在這個故事中，兩個世界被高牆所分隔。**當創傷衝擊了流動童年過渡世界時，便會發生這樣的事。**這時，原型防禦便會出手，將自我與潛意識資源切斷連繫，但如我們在稍早提及的幾個案例中所見，與活在世上、具有活力、具有生命的生活之間也切斷了聯繫。內在二分體的保護者角色試圖補償這一點，其方式便是提供經過集體心靈補足細節的高度誇大的內在幻想，但在這個過程中，與現實建立關係的能力弱化了（由於失去了因應狀況而調整的攻擊〔adapted aggression〕的緣故），而隨著這項能力的弱化，內在世界便愈來愈具迫害性。生活逐漸枯竭，失去了滋味，事物開始變得死氣沉沉、「不真實」，愈來愈高漲的焦慮籠罩了內在世界。

我們的故事將要為這個解離狀況提供一個解決方案。解決方

案的起始是一種「渴望」狀態，此處是渴望小孩。故事將這份渴望「安排」在不孕的妻子身上，妻子後來懷孕了，開始強烈垂涎牆另一邊的花園中碧綠的野萵苣。對孩子的渴盼與對花園中野萵苣的強烈慾求在象徵意義上是相等的，孩子的命名與母親的渴盼完全相同，便證明了這一點。正是這份渴望——這份企求、這份椎心的渴慕——將高牆所阻隔的兩個世界聯繫了起來。

　　女巫處於與那位母親相對的困境中——她也沒有孩子。她居住在自己的魔法世界裡，用牆阻隔了現實，看似滿足自在地種植著野萵苣，直到那位丈夫自「外面」闖入。（注意：此處這位丈夫——來自「真實」世界的男性人物——侵入封閉在高牆之內的魔法世界，預示了後來王子進入長髮公主的高塔。）因此這位丈夫是個觸媒，觸動女巫覺知到自己也缺少了什麼。如今她想要個孩子——這是她無法擁有的東西。她是個女巫，無法有孩子，唯有人類母親才能生孩子。於是那位母親以及那個女巫都渴望著牆另一邊的那位女性所擁有的東西。嫉羨似乎是此處的重要連結，女巫嫉羨那位母親所擁有的「真正的」萵苣（長髮公主），母親則覬覦女巫的魔法野萵苣。故事便是由嫉羨及相互的渴望揭開序幕。

　　同樣地，那孩子身為被牆阻隔的兩個世界之間備受渴慕的連結，是故事中的希望所繫。童話與神話常是這樣的情況。仍然潛藏未發的東西在孩子身上有機會在世界中實現，因此，這孩子象徵性地代表了人格精神在生命中的實現。在孩子誕生的那個神奇時刻，想像成真，有了人形，我相信就是這個原因，神話才挑選了聖子的誕生作為「神可曾在歷史中示現過？」這個問題的答案。基督教對這個問題的答案是：「有，但是……」有的，但聖子（神人）必須

在一段時間的幻象之後重生,而這第二度的誕生將等同於犧牲。犧牲在愛洛斯與賽姬的故事中是個關鍵時刻,因此我們會在下一章花較長的篇幅來討論。長髮公主也經歷了一種「犧牲」——犧牲了她的長髮,以及她塔中生活的錯覺。她必須從那被牆包圍的圈地中「重新誕生」。

這個故事的第一部還有一些有趣的細節。為母親的渴望擔任密使的父親頭一次攀爬進花園是在「黃昏時分」,而在黃昏時分,他成功地摘採了野萵苣回家去。他所惹禍上身的那一次則是在幽森暗夜。「黃昏」的象徵意義是什麼呢?美國讀者會記得一九六〇年代一齣紅極一時的電視劇——《陰陽魔界》(*The Twilight Zone*,原意為「黃昏地帶」),劇中令人毛骨悚然的故事發生於閾限時刻的離奇事件——閾限時刻是指日與夜兩個地帶的交會之處,在這地帶可能會發生奇特事件。黃昏是兩個世界交相混合的過渡地帶——夜的世界代表了潛意識,日的世界代表了自我與意識。奇幻事件就是要在這兩個世界交會的此處才能發生。兩個世界之間建立了一個開口,能量可以來回流動,渴望可以獲得滿足,療癒可以發生,然而兩個世界必須互相維持著張力。人不能太過貪婪,而故事中的人物就是太過貪婪,那位妻子對碧綠的野萵苣貪得無厭。在圍牆之外飢餓太久,這會兒她瘋狂暴食——這是邊緣型人格障礙的典型問題。

我們曾提過,對溫尼考特而言,各種型態的「過渡歷程」都代表著這種「黃昏地帶」。對溫尼考特而言,最能展現這種過渡歷程的譬喻,便是當嬰兒飢餓且有所需求時「幻想母親的乳房」,代表現實的母親便強有力地將真實的乳房不偏不倚放在嬰兒所幻想之處的這個魔幻時刻。溫尼考特指出,在這一刻,兩個世界間便煉造出

一個神奇的連結，嬰兒有了創造出一個世界的經驗，他或她的全能沒有遭到質疑。沒有人會問寶寶這個無可承受的問題：「這個東西是你找到的還是創造的？」唯有在過了一段時期，嬰兒經歷過夠多的「幻覺」後，才能回答這個問題。這時孩子才能開始容許幻滅經驗的發生（見溫尼考特，1951）。

榮格雖然傾向於內省，卻也明白過渡歷程的重要性。有時他甚至認為潛意識心靈「位於」自體與他者之間的中間區域。例如當一位同行向他問起何以某位個案的夢總是指涉分析師，榮格回答：

關於你的那位個案，她的夢確實都因你而起……在最深層的意義上，我們所有人的夢都不是來自於我們自身，而是來自於我們與他人之間。

——榮格（1973：172）

因此榮格對人際間「場域」的強調，主張象徵生活來自於人際場域，是領先時代的看法。他整本探討移情的書（1946）便是討論發生於此一「場域」的轉化歷程。

治療上的意義

在回到故事本身之前，我們得先注意到，精神分析情境對於我們所談到的「兩個世界」是以極為強烈的方式聚焦，當移情／反移情中有愛慾能量與性交幻想匯聚時尤其如此。精神分析情境往往會快速地開啟潛意識，個案會開始作夢——對人生感到一股重新燃起的興奮之情。幻想圍繞著治療情境以及分析師不明的人生與存在

綿密發展，個案重新開始懷抱希望，也重新開始愛。但精神分析同時也匯聚出另一個「世界」——精神分析架構的世界；現實的世界（個案的現實與分析師的現實）；有限的、實在的、有歷史的世界。這個殘酷的現實世界包含了幾個事實——分析師與個案相聚一堂是為了治療個案的問題、分析師做這個工作是要收費的，並且僅在有限的時段中提供服務、分析師週末不能提供服務、分析師有私生活，而私生活對他是有責任上的約束的（但願也有慾望上的約束），**於是分析師快速地成為既是慾望的對象，也是挫折的來源。**如此一來，他或她便具體代表了本故事中被花園圍牆隔開的兩個世界間的張力。就這層意義來說，分析師成了一個「轉化性客體」（transformational object，博拉斯〔Bollas〕，1987：13-29）。

有位正經歷正向移情早期階段的個案曾說：「你是唯一同時**既在這裡**又**在外面**的人。」對這位個案以及與他相似的其他個案而言，此刻最迫切的問題是：「這些暗地裡的驚嘆、新燃起的希望與渴望能不能在實際生活中，也就是『真實』的世界中找到立足之地呢？」這個神奇的內在世界能在外在的生活中占有一席之地嗎？童年經驗的神聖面向能在成年生活中保存嗎？神聖世界與世俗世界能和平共處嗎？

對這些尖銳且深深折磨人的問題，精神分析給了一個令人難受的答案：「可以的，但必須用辛苦的工作與許多的苦難換得。」個案的幻覺可能是頭一次圍繞著一個外在的「客體」而交織，倘使幻覺要發展成為成熟的愛，個案終究要在苦難之中為幻覺是幻覺而哀痛。成熟的愛賦予客體所必要的自由與分離。要能給予客體自由與分離，需要有內在的維持來源，對創傷個案而言，這些「來源」是

原型來源，而非人性化的來源。自（塔中的）象徵幻覺轉變為成熟的自體客體關係，這過程對創傷個案而言，如我們的故事所證明，是驚濤駭浪的一段歷程。

　　自我照護系統在移情中逐漸解構的過程，在潛意識蠱惑狀態與現實之間有持續的來回擺盪。以專業術語來說，是在投射性認同或自體／客體認同與真正的客體關聯（object-relating）之間來回擺盪。不用說，這個**和解**（rapprochement）階段極難度過，先前被自我照護系統這座「牆」所分隔的兩個世界，其間的張力始終有消失的危險。治療師若是懶散，便會發現自己置身於女巫的花園中，於是共謀的複雜糾纏便發生了。而治療師若是過度詮釋，牆便再次倒塌，我們會發現自己置身於婦人尚未懷孕之前的貧瘠不孕世界。我們的目標始終應在於保持我們先前所討論的兩個世界間的張力，如此一來，由個案的長髮公主面相所承載的人格精神才能逐漸浮現，給活於世上的生命賦予生機。這是從蠱惑到迷醉的緩慢而痛苦的演進過程。

故事第二段：密封在泡泡裡的永恆少女

　　於是在陰暗的夜晚，丈夫再一次攀爬而下，然而當他到達牆腳時，他怕得魂不附體，因為他看見女巫正站在他面前，滿臉怒容地說：「你好大的膽子，竟敢爬進我的花園，像小偷一樣偷摘我的萵苣！我要你為這事吃點苦頭！」「啊，」男人回答：「請發發慈悲，別懲罰我！我這麼做是不得已的，我太太從窗戶看見妳的野萵苣，恨不得要吃一些，如果吃不到，她就會死。」女巫稍稍平息了

怒氣，對男人說：「如果事情果真是你說的那樣，那麼我允許你愛拿走多少萵苣，就拿走多少萵苣，但我有一個條件——你得把你太太生下的孩子交給我，我會視如己出，照顧他，善待他。」男人因為恐懼，什麼都答應了。女人一臨盆，女巫便隨即出現，將孩子取名為萵苣，並且帶走了孩子。

萵苣逐漸長成了天底下最美的孩子。她十二歲大時，女巫將她關在森林中的一座塔內，這座塔沒有樓梯也沒有門，但接近頂端處有一扇小窗。女巫要進去塔內時，便站在塔腳，高聲喊：「萵苣，萵苣，放下妳的長髮。」萵苣生有金絲一般細緻美麗的長髮，聽見女巫叫喚，她便鬆開髮辮，將頭髮繞在塔頂小窗的鉤子上，垂下二十公尺長的距離，女巫便攀著頭髮爬上塔去。

　　故事的這一段可以有多種詮釋。若是從外層來看，將故事視為對父女亂倫關係的評論，我們可以說，這位父親迫不及待要逃離自己的迷醉狀態，導致他犧牲了自己的女兒，將女兒交到了巫婆手上。他害怕自己的潛意識，於是透過女兒來度過這件事。這是父女間性虐待的基本動力。女兒「困在」自我膨脹的幻想中，以為自己不同凡響，同時也「困在」與理想化成人間共享的「特殊祕密」中，於是落入了父親的蠱惑中，而忘卻了自己的生命。

　　縱使沒有性虐待，這個概念模式也仍然符合事實。說得更籠統些，這個故事暗指，等同於父親潛意識（通常是潛意識中的苦痛）的女兒忘卻了自己的生命。談到這一點，我想起有個個案曾夢見自己透過與父親相連的手指輸血給父親。這個不快樂的男人與自己的人生及自己的感覺唯一的連結，便是這個女兒。雖然個案深「愛」

（認同）她的父親，但父女關係使她付出了什麼樣的代價，這個夢卻提供了駭人的意象──代價是血，血是生命的象徵。

在長髮公主的故事中，在女兒萵苣消失於魔法之「塔」時，完全不見母親發出抗議的呼喊。那母親似乎迷醉得渾然忘我，沒有心思在現實生活中討回自己的孩子，而理所當然似地把孩子扔給受到蠱惑的丈夫處置。有關兒童受虐的文獻中，充斥著這樣不作為的消極母親──這類母親往往本人也是受虐者──拱手將女兒送進實質或心理上的亂倫中。實際上，我們可以探討與這個故事相關的形形色色這類的人際及家庭主題，並且從中獲益，然而這類的外在模式與家庭劇碼演化自家庭成員的內在客體世界，亦即榮格發現是屬於所有家庭成員所共有的潛意識「情結」。於是我們回頭來看我們的故事，視之為「**內心戲碼**」──一種由想像中的心靈所做的敘述型夢境。如此一來，故事中的不同人物便代表了「部分客體」或「情結」，也就是假想心靈的內在化身。

透過這層詮釋鏡片來觀看，我們可以說，故事中的**小孩**代表了心靈中「天真」的部分，這個部分承載了創傷的記憶，為了保障整體人格不致於破碎或衰弱，這個部分被分裂出去了。由於人格精神承載於這孩子身上，孩子因此成為故事轉悲為喜，以及恢復創造性「迷醉」生活不可或缺的要角。然而故事中身負保護者／迫害者功能的女巫，非常清楚與現實的接觸在過去曾具有多大的毀滅性，因此阻擋孩子與現實接觸，於是形成了一種內在層面的嬰兒獻祭。這個孩童部分困在迷醉之中，活在一種懸浮狀態，不能死也不能生，置身於死生之間的地獄邊緣。有時我們會在夢中，發現這個部分人格困於玻璃泡泡或太空艙中，或隔離於閣樓，或掩埋在地裡。這個

部分人格有時沉睡，或處於意識的變異狀態，或受了蠱惑，或遭到麻醉，或患了自閉症。在我們稍早提到的案例中，我們在樂娜幻象中憤怒恐懼的「小女孩」身上看見這孩子、在瑪莉的「外太空小孩」中看見這孩子、在飄進珮翠莎及祖母懷抱中以求獲得「解救」的「鬼孩子」身上看見這孩子。

在神話中，這狀況經常以自體的一部分受困在冥界來表現，例如尤麗狄絲（Eurydice）或波瑟芬妮在地獄被黑暗王子所看管。這時，上層世界出現了問題，萬物凍結，寸草不生（這是狄蜜特在波瑟芬妮回到身邊之前的報復）。這狀態的另一種意象是天真無邪者（嬰孩與族長）的靈魂困在靈薄獄（Limbo，又譯中間狀態），無須承受地獄的「深沉」烈焰，而是低程度的永恆苦難，永無休止的等待，恆久的懸浮狀態，既不在這裡，也不在那裡。還有一種意象是聖杯傳說中，漁人國王神祕受傷之後環繞聖杯城堡的荒原[譯註3]。國王受著傷口的痛苦折磨，由於沒有人詢問必要的問題以連繫起兩個世界，而在壽命應盡之後仍維持不死。當帕西法爾（Perceval）問了該問的問題（「聖杯是要盛裝食物給誰的？」），國王才得以辭世，荒原的水再度流動，荒原開出了花朵。

治療上的意義

在長髮公主的故事中，長髮公主代表了人格中被俘虜監禁的部分。在我們先前談過的瑪莉案例中，我們發現她的人格中成癮的部分也是這個部分——在此案例中，便是對女巫以及對「受蠱惑」生活成癮的部分。我認為這個負面的迷醉狀態是治療師在面對長髮公主個案，以及面對自己認同個案傷口的部分時所遭遇的最強大阻

力。工作上的這股具誘惑性的暗潮來自於「**陷入困境的自我在危機時刻所投奔的內在聖堂，同時也是通往超個人能量的世界**」的這個事實。長髮公主退避到她的內在聖堂，並不僅僅是退避到先前內攝的「古老內在客體」中，也不僅僅是追求嬰兒期全能感的退行性防禦，而是如榮格所強調的，退行到了一個自有一套療癒系統與效力的神話型「客體」或原型「客體」的世界。雖然這種幻想世界一開始往往是作為一種防禦，後來則作用於襄助防禦，這個幻想世界卻同時為這些個案提供了通往集體心靈及內在奧祕的真實管道，「適應較佳」的人反而不易取得這種管道。的確，這個世界也使這些人自我膨脹、傲慢自負、固執且冥頑不靈，稍後我們談到女巫對王子入侵高塔的反應時會討論到這個問題。受創個案的人格精神被遺棄在內在高塔，然而支持這人格精神繼續存活的奧祕，則來自於一種深厚的存有與智慧，這個存有與智慧遠遠超越了自我狹隘的關注──這便是自我照護系統的超個人意義或原型意義。

於是故事中的女巫或女魔法師便是心靈自身施咒潛力的人格化身，是個「蠱惑母親」，替代了沒能為孩子中介魔法世界的真實母親。或許有人會說，她具有施咒蠱惑的能力，代表了恐怖母神的原型，但這只能算部分正確。這女巫有她有利於生命的面向，她說：「我會〔將這孩子〕視如己出，照顧她。」此外，我們也知女巫照顧下的生活一點兒也不壞。故事告訴我們，長髮公主長成了世間最美的孩子，有著醉人的嗓音，歌聲如黃鶯出谷，生著細如金絲的美麗金髮，簡單地說，她是個公主，是個永恆的少女（puella aeternus），美麗、天真、迷人，但密封在泡泡裡。

女巫在故事裡的照顧作用，在於防止長髮公主被與外界及外

界人物的創傷性互動所傷害。防止這事也就意味著防止她渴望任何事，因此當長髮公主感受到一丁點兒的希望或慾望時，她便必須去攻擊那希望或慾望，因此女巫毫不鬆懈地抱持負面態度。長髮公主個案通常對於內在世界中他或她的聲音十分熟悉。說「那不重要」、「別冒險」、「反正你也不想要」、「拖到明天吧」、「你會失望的」這些話的人正是這女巫，個案或許鼓足勇氣冒了個險，卻遭到了羞辱或拒絕，說「看吧，我告訴過你，你真該聽我的……你這麼做真蠢，活該！」的人也是她。創傷內在世界的女巫還有一個有趣的特性，就是完美主義。真實世界裡沒有一樣東西符合她極其精緻的理想主義或卓越理性的推理——她說：「真實世界是個腐敗墮落的地方，不值得投注心力……你想結婚？你看看離婚率！你想找心理師做精神分析？你看看他們，他們全是江湖術士，腐敗墮落！……你想多賺點錢改善生活？你這是違背原則，變成雅痞了！」諸如此類的話。

　　身為自我照護系統的一部分，女巫同時也給予安慰，但她所給予的安慰獨樹一格地具有悲傷及灑狗血特質，實際上是個善意騙局。她猶如天天在睡前給人格的長髮公主面向讀床邊故事，但她讀的故事都格外傷感，大半是像這樣的：「妳是個孤兒，沒人愛妳，也沒人看出妳靈性深刻的美，但我發現了妳，把妳帶回家，在事事物物都虛假平庸的殘酷腐敗世界裡，我倆相依為命活了下來。除了我，沒有誰了解妳。只要有我在妳的生命中，妳絕不會孤單寂寞。」這撫慰人心的自我安慰可以暫時舒緩並合理化痛苦，但它的作用會逐漸瓦解，正如同所有的精神官能症循環，心靈用解離來保護自己別遭遇嚴重創傷的「努力」使得人格衰弱無力，且陷入慢性

的創傷狀態。因此這個人最後終將尋求幫助。

若觀察女巫普遍的原型上的意義，也就是說，若我們擴展這個意象，便能對長髮公主的女巫有進一步的了解。於是我們發現，在世人普遍的概念中，女巫是會施咒、並與黑夜及死亡相關的人，她們是意識變異狀態的人格化身，往往具有預知能力，會吃小孩，從不哭泣。麻木無感也是用以辨認女巫的特點之一，女巫若是遭到針扎，並不會感覺到。事實上，身上任何遲鈍無感的點（例如傷疤）都可能是女巫或魔鬼留下的印記，因此，女巫也與心理上的麻木——無法感覺到痛苦——聯想在一起。因此我們可以將女巫視為代表心靈自我麻痺或解離、凍結、自內部催眠自我的能力。

故事第三段：解決解離的希望

過了一、兩年，有一天，國王的兒子恰巧騎馬穿越森林，經過了那座塔。他聽見有人唱歌，歌聲非常美，他禁不住駐足聆聽。唱歌的人是萵苣，在寂寞中，她藉由引吭高歌來打發時間。王子想上塔去見她，尋找塔的入口，卻怎麼也找不到門，只有騎馬回家，但那歌聲深深打動了他的心，因此他天天都到林子裡來聽萵苣歌唱。有回他就站在一棵樹背後聆聽，只見一個女魔法師走來。他聽見她喊：「萵苣，萵苣，放下妳的頭髮。」萵苣於是放下了她的髮辮，女魔法師便攀著頭髮爬上去見她。王子說：「如果那是爬上高塔的階梯，那麼我也要試試看。」隔天夜幕快要低垂時，他來到塔前，高聲喊：「萵苣，萵苣，放下妳的頭髮。」頭髮立刻垂了下來，王子於是爬了上去。

萬苣從沒見過男人，看見一個男人來到她跟前，怕得魂不附體。但王子如同朋友般對她說話，告訴她他的心深深被她打動，害得他朝思暮想，夜不能寐，非見她一面不可。萬苣不再恐懼。王子問她是否願意嫁給他，萬苣見王子年輕又俊美，心想：「他會比年老的加索夫人更愛我。」於是她答應了，將手放在他的手心。她說：「我很願意跟你走，但我不知該如何離開這座塔。往後你每次來，就帶一卷絲線給我，我會把它編成梯子。梯子做好後，我會下去，你再騎著馬載我離開。」由於女巫總在白天來訪，因此兩人商量好，在梯子做好之前，王子每天夜晚都會來造訪萬苣。

此處我們看到故事增添了一個全新的元素，魔法花園與現實這兩個世界原本發生了創傷性的解離，故事的這個新元素則帶有解決這項解離的希望。我們看到在故事稍早，婦人對孩子的渴望以及對園中萬苣的渴望，形成兩個世界間的第一座「橋」。我們推測，女巫苦於毫無管道接觸人類的真實世界，因此渴望有個孩子，婦人的渴望與女巫的渴望互相呼應。如今，萬苣姑娘在牆背後，在女巫的塔中，受著與女巫同樣的苦，那便是過著「蠱惑」的生活，使她毫無機會過被真實與想像世界間健康關係所「迷醉」的生活。我們在瑪莉的案例中，看到惡魔保護者／迫害者所製造出的孤絕如何導引到幻想而非想像。

如今王子上場，如同先前的婦人，他也有渴望，渴望他所聽見的東西。萬苣的甜美歌聲「深深打動了他的心」，而每回他到森林去，便受到吸引，來到那魔法籠罩的塔前。此處我們再一次看見，外在現實的世界以及這個世界的代表，需要某種唯有具備原型能量

的內在世界能夠供應的養分。我們所期望，以及故事隨著不同階段的推演似乎準備要呈現的，是兩個世界間的關係，並不是其中一個吞噬了另外一個，而目前為止發生在可憐的萵苣姑娘身上的，似乎正是其中一個世界吞噬了另一個世界。

我們也發現，王子是個搗蛋鬼，正向的搗蛋鬼。他爬不上高塔，因此等待加索夫人，觀察例行的「入門儀式」（「萵苣，萵苣，放下妳的頭髮」），接著他不經邀請，便逕自使用了這個儀式。這是心靈千變萬化的搗蛋鬼能量穿透界線的好例子，他所穿透的界線在沒被他穿透時是受到防守而封閉隔絕的。在萵苣還沒弄清究竟發生了什麼事之前，王子便帶來了創造性的**「融合」**（coniunctio）。王子還騙過了搗蛋鬼——他瞞著女巫，偷偷進入了高塔。脆弱的新東西即將出現，專橫的「統治者」則防範著這樣東西出現，這是童話與神話中常見的主題。例如當聖嬰耶穌誕生時，希律王下令殺害所有兩歲以下的孩童，唯有靠著一條詭計以及舉家逃往埃及，才拯救了小耶穌的性命。在這則童話故事中，脆弱萵苣與新事物的相逢也被女巫及她滿懷占有慾的「魔咒」所包圍。

萵苣的長髮充當了王子及女巫進出高塔的管道。我們若將萵苣的長髮視為她的天真與潛意識的具體意象——如同充滿青嫩無知幻想的腦袋——這意象便意味著純粹的幻想充當了這個階段通往現實的唯一連結。最後，這座頭髮梯子必須被較為實際的工具所取代。萵苣說：「我不知如何離開這座塔。」並要求王子帶上一卷又一卷的絲線來給她，好讓她編織一座梯子來取代她的頭髮。如同長髮公主式的個案，首先必須在幻想中建立投契關係（科胡特的「鏡映」〔mirror〕移情或「孿生」〔twinship〕移情），現實也必須一次

創傷的內在世界：生命中難以承受的重，心靈如何回應

一點地帶入幻想之中（科胡特的「與此階段相符的幻滅」〔phase-appropriate disillusionment〕）。若是預先往下讀故事，我們會知道，這個類似於一週一週進行心理治療的緩慢增量過程後來被一個危機打斷，在這個危機中，長髮公主的幻想長髮梯子遭到一夕剪斷。但在這危機出現之前，這個幻想元素居於主導地位，並且為塔內及塔外世界提供了最主要的聯繫。與這個「魔法」層次並肩同行的，是隨著王子帶來一卷又一卷的絲線，有個較實際的連結正在編織成形。王子夜夜的造訪正逐漸築起了一個新的現實連結。

治療上的意義

在心理治療情境中，故事的這個階段約相當於正向移情的開始，而創傷治療若是缺乏了正向移情，便不可能成功。此處所描述的情況是，信賴開始產生，飽受折磨的個案內在世界與「真實」世界間可能可以建立連結的希望重新燃起。個案開始放鬆自我安慰的力道，而把安慰的工作交給治療師。這是充滿巨大可能性的一刻，但也是對個案具有致命危險性的一刻，同時如溫尼考特所說，是一個深度依賴的時期，深度依賴與照護者自體將其功能移交給一個真實的人。然而，若在開始之初一切發展順利，就會有具滋養作用的錯覺圍繞在治療師這個人周遭，此時治療師帶有王子的意象，並象徵凡人與「尊貴」自性有「成婚」的可能。個案重新開始作夢並懷抱希望，憂鬱轉變成契機，個案似乎又可以重新開始真實過生活了。心理治療時段成為個案一週中最重要的事。在此階段，個案可能會渴望全面的相互關係，貪婪地渴求治療師的愛。這份愛就像是個擁抱，擁抱了存在於個案那心碎兒童自體分裂成片片斷斷的碎

片，十分類似於父親或母親擁抱一個剛剛受創的孩童。希望是有感染性的，在這個階段，治療師可能也開始期待與個案共度的時光，他常會發現自己坦然地樂於回應個案的額外需求，同時由於覺察到個案受創的自我，會出於本能，比平時更加慷慨地投注自己的時間、注意力及關懷。

故事中說，王子被萵苣的歌聲「深深打動」，換句話說，他被她迷醉了。這是反移情，治療師也進入了意識的變異狀態。故事中說，王子攀著長長的幻想之髮，爬進了塔中，換句話說，他也扔下了現實世界。

在這個治療的蜜月期中，被犧牲掉的是創傷性現實的嚴酷，這個創傷性現實在個案尚未發展出象徵能力之前，就太快侵入個案的世界。如今在兩個主角間的「魔幻」連結中修復的正是這個世界。如同萵苣與王子一般，治療師與個案往往也會忘了他們應當一起從事的工作。此時雙方互相欺騙，但是是良性且必要的欺騙。例如在這故事中，我們會發現，無論是萵苣或是王子，對對方都稍有一些不誠實，也就是說，他們的會面是由錯覺所撐持的，這錯覺是兩人各自將自己的另一面分裂出去所形成，但這分裂又是必要的。萵苣在王子面前呈現出可愛天真的受害者形象，與他共謀欺騙女巫，但女巫始終是她的祕密，她沒有將王子介紹給年老的加索夫人，王子得要稍後才會遇見她。同樣地，王子為了進入塔中，也欺騙萵苣，讓她以為他與女巫的善良面（帶來食物的那一面）是完全相同的。因此他把自己呈現成帶來愛與滋養的人，沒有提到他的現實限制，以及在家鄉王國的責任。此時發生的是大量強烈的融合能量，但如同艾丁哲所闡明的，這是個「小融合」，在煉金術中，這是尚未充

分分化的物質的融合（見艾丁哲，1985：211ff）。若要達成「大融合」，還需要有進一步的步驟。在萵苣與王子之間，或者在個案與治療師之間，建立一種療癒性的「移情錯覺」，隨著這個錯覺，萵苣或個案與原先缺乏幻想——沒有被描述成故事也沒有獲得救贖——的世界之間重新建立了連結。然而這個連結還需要通過黑暗面的考驗，而這黑暗面目前尚未顯現出來。

故事第四段：不再有牆阻隔的世界

女巫完全沒有發現，直到有一天，萵苣對她說：「加索夫人啊，我問問妳，為什麼拉妳上來比拉那個年輕王子重得多？我一拉就把他拉上來了。」「啊，妳這壞孩子！」女巫嚷道：「妳說什麼？我還以為我把妳和外界隔絕了，妳竟然欺騙我！」她在憤怒中扯住萵苣的長髮，在左手上繞了兩圈，右手拿把剪刀，喀擦兩下，就把長髮給剪了，美麗的辮子落在地上。她無情地把可憐的萵苣帶到一個荒野，任她在那兒極度悲傷又悽慘地生活。

就在女巫逐出萵苣的同一天，她將剪下的髮辮綑綁在窗鉤上，當王子前來呼喊：「萵苣，萵苣，放下妳的頭髮！」她便把頭髮放下去。王子爬了上來，沒有見到心愛的萵苣，卻看見了女巫，女巫滿臉邪惡地瞪著他。「啊哈！」她嘲弄王子：「你要來接你的心上人，但美麗的小鳥已經不在巢裡歌唱了，牠被貓抓走了，這隻貓也會把你的眼睛抓出來。你失去了萵苣，再也不會見到她了。」王子傷心得不能自己，在絕望中從塔上一躍而下，摔在荊棘上，雖然撿回一命，但荊棘刺傷了他的雙眼。他於是幾近全盲地在森林裡流

浪，僅吃草根和漿果果腹，成天什麼也不做，為失去了親愛的妻子
而哀嘆哭泣，就這麼痛苦地流浪了好些年。有一天，他來到萬苣和
一對孿生孩子居住的荒野，萬苣生下了一對龍鳳胎，一家三口悽慘
地生活著。王子聽見一個聲音，那聲音極其熟悉，於是他朝那聲音
走去，來到跟前時，萬苣認出了他，抱住他的頸項哭泣，兩滴淚沾
濕了他的眼，他忽然重見光明，和從前一樣清晰了。王子把萬苣帶
到自己的王國，人民興高采烈地歡迎他，從此兩人過著幸福美滿且
長壽的生活。

　　故事到了結局，也就是榮格所稱的夢的「危機與緩解」（crisis
and lysis）。我們可以稱此階段為「共生膜的破裂」，這個階段
可以導引到克萊恩所稱的「憂鬱位置」，或艾丁哲所稱的「大融
合」。此處，兩個原本被分隔的世界在猛烈的撞擊中交會，結果導
致了嚴重的失望。兩個世界透過「說溜嘴」來交會是件有趣的事。
佛洛伊德指出，解離的素材會透過動作倒錯（parapraxes）來進入
意識，而又遭到再次潛抑。故事中，高塔的蠱惑世界被一場由搗蛋
鬼所煽動的背叛所入侵，這在神話上與最原始受到迷醉的伊甸園裡
鼓動夏娃吃蘋果的蛇意義相同。人總有股慾望，不能滿足於錯覺，
渴望能有他者，渴望真實世界裡可能有的迷醉生活。攻擊是這個
過程的重要成分，萬苣對世界提出要求，這要求背叛了她所愛的女
巫，女巫於是勃然大怒。

治療上的意義

　　在治療中，通常當思覺失調個案鼓起勇氣對治療師提出實際

的要求，也就是治療師縱使心有餘也無力達成的移情要求時，類似這樣的「時刻」便會出現。治療師真誠的侷限導致了「幻滅」，個案因而再度受創，而分析師也受創且驚駭，忽然之間他所有的善意除了製造可怕的錯覺外，似乎都毫無效用。這可怕的錯覺，是與個案內在的長髮公主之間相互的依賴。雙方在這個階段都承受了幻滅失落之苦，個案以為治療師真能成為自己與世間生活的連繫，真能履行這個承諾，成為王子。治療師以為個案真能光靠同理心和理解來治癒，會停止對投契關係、同理心及撫慰性滋養永無休止的索求。而令雙方都失望的是，「共生膜」之內的需求持續不輟、貪得無厭，似乎永遠不會滿足。在這個階段，治療師的耐性可能逐漸消磨殆盡。治療師發現他的每一個詮釋都具有傷害性，他的每一個假期，或是每回有什麼事使個案記起治療師本身的真實生活，對長髮公主個案而言都是難以承受的苦痛，這使得治療師愈來愈惱怒。在這個當口，往往會有某種事件來打破這個僵局，而且往往是由治療師來採取行動。

例如，有回我調漲了一位年輕女子個案的諮商費用。我稱這個動作為「採取行動」，由於這是我五年來頭一次調漲費用，因此調幅甚大，一小時漲了十美元。我在該次會談的一開始便宣布了，女子毫無表情地望著我，在整個時段中都堅稱她對這事毫無特殊反應，一切都沒問題，只要把帳單寄給她便行，她甚至連想都不願去想這件事。一個小時後，她憤怒地打電話給我，取消了下一次的晤談。此處長髮公主的女巫出現了。女子接下來是一連串謾罵，並且威脅要自殺。隔天我收到一封信，信中長篇累牘地為她的發怒道歉，一再譴責自己的壞脾氣（此時女巫再度回到了內在，責怪兒童

自體）。在之後的修通過程中，該個案能夠描述當她發現自己用怒氣破壞了與我的關係時有多麼驚慌（女孩童年時常鬧脾氣，每鬧一次脾氣，便遭到比前次更嚴厲的懲罰）。

這位個案此次的怒氣爆發不過是她的女巫與我的現實限制間無數次對峙的開端而已。我開始堅定立場，嚴守界線，每次晤談都準時結束，對於她的移情要求我不再迴避，而是直接面對，每回都將個案拉回矛盾的現實，讓她看清我們共聚一堂所為何來。

在這個驚濤駭浪的階段，需要的是安慰與堅定二者的巧妙結合。若是沒有向創傷個案保證治療結束過後，真實的關係仍可能存在，這段過程他們極難忍受。這類個案往往無法克服分析機制的「殘酷」。例如，若是他們表達了內心暗藏的移情幻想後，分析師僅會以沉默來羞辱他們，且幾分鐘後，分析師就會將他們送出門，而迎進下一個「個案」，如此他們怎麼能表達心中私密的移情幻想呢？儘管對於經歷過早期創傷的個案而言，這個經驗非常痛苦，但事實是，在心理治療中，分析師與個案之間始終都**存在著**「真實的關係」以及「錯覺的關係」，而醒悟到這一點有時對於個案相當重要。況且，雙方之間不僅僅是存在著兩種關係，這兩種關係之間的張力對於雙方而言，都是必須要容忍的，因為個案在幻想中逃避了人類處境必要的兩極對立，他如今期望在移情抗拒中再次逃避。而對治療師而言，保持這個張力使他重新面對人類的侷限，醒悟到儘管他深深希冀或幻想能將個案從人生境遇所加諸於他身上的「不公不義」痛苦中拯救出來，他所能透過自己的執業實際提供給受創人士的終究有侷限。

在長髮公主的故事中，修通自我照護防禦系統的這個驚濤駭浪

過程是這樣具體呈現的：萵苣與眼盲的王子各自在荒野中流浪，萵苣如今與孿生子女在一起「悽慘地生活著」，王子則為失去了「親愛的妻子」而哀嘆哭泣，那妻子當然是他在「如塔般高聳的錯覺」中認識的。這個故事為我們提出的問題是，如何在另一個層次恢復這些錯覺？換句話說，便是如何將蠱惑轉變為迷醉。

　　榮格心理學在此提供了一個理解上不可或缺的基本元素。原型自我照護系統的內在世界一方面是個「如塔般高聳的錯覺」——一個全能的、能實現願望的、誇大的幻想，個體退縮到這個幻想中，以避免遭到受汙染的、會製造創傷的現實所傷害；這是佛洛伊德對內在世界及其「宗教意象」所採取的觀點。但另一方面來說，長髮公主的高塔及會施咒的女巫描繪出了心靈原型層次的聖祕現實，這個現實與長髮公主的女巫所強烈懷疑的外在現實同樣「真實」。如我們所見，榮格自奧圖（Rudolf Otto）對各種不同文化中宗教經驗本質的重要研究中，擷取了「聖祕」這個詞。奧圖向我們展示，聖祕和愛或攻擊一樣，是一種**經驗類型**，但這種經驗類型格外能表現出人類之為人類的意義。在心靈的最深層面——亦即心靈的集體或宗教面向——理論性地「找到」這種令人敬畏的神祕力量，是榮格的一小步。因此，根據我們此處提出的論點，當創傷發生而女巫前來拯救人格精神時，由外在災難的深淵所開啟的原型「世界」，是**一個早已經等著被發現的世界**。這世界並非是由自我所「創造」出來，以便提供必要的錯覺的（佛洛伊德如此認為），它的出現是為了襄助「錯覺」，以便捍衛人格精神，然而這種原型防禦本身是一種奇蹟，為有機體的存活做好了準備。

　　如我們所見，當塔中的生活開始變得愈來愈具迫害性，生活在

塔中的長髮公主自體迫切渴望有個真實生活，這時問題便出現了。聖祕能量的照護面開始讓位給邪惡的、具破壞性的一面。這兩個面向是聖祕性的光明面與黑暗面，代表了「愛」與「攻擊」的放大版。正常的發展歷程中有過渡人物，個體會在這歷程中將愛與攻擊「人性化」，受創的個案則無法做到。

真正的融合

在長髮公主的故事中，萵苣與王子各自在分開的、未獲救贖的悲慘世界裡掙扎，似乎都遭到了自我照護系統迫害性、破壞性面向的擺佈。分隔兩個世界的「牆」又以兩人之間無法跨越的鴻溝姿態重新出現——互相都找不到對方。但後來，王子聽見了萵苣的聲音——這是先前他騎馬經過塔邊時情況的重演。他盲目地朝那聲音胡亂走去，直到萵苣認出了他，抱住他的頸項，流下淚來，淚水治癒了他受損的視力。這個影像優美地描繪出悲傷如何修復與聖祕世界之間斷裂的連結。

在治療情境中的這個階段也有相當多的淚水。個案與治療師經歷了連結似乎全然斷裂的時期。然而在這個階段，若能維持張力，便有可能達成真正的「融合」。在這個修通時期，其中一個療癒元素是，這一次療癒性的「創傷」出現在一段必要的自客體「錯覺」之後，在這段錯覺的期間，關係中有可能發生真正的「懷孕」。縱使釐清了錯覺，這一次的創傷與個案生活早期發生的創傷時刻仍有所不同。首先，這一次有了真正的結合，其次，個案透徹表達的抗議被聽見了，而在孩提時代，他是無法如此抗議的。這是治病的毒藥，以小劑量小劑量服用。我們知道，唯有注射了致病的有機體

後，才能逐漸發展出免疫力。唯有稀釋過的二度創傷才能直搗痛楚。同時這是個互相的歷程。治療師也須辨識出自己的「幻滅」。例如我對諸上述女性個案的治療中，最關鍵性的工作便是承認自己所遭遇的困難。個案有必要先認知到我也不好受，才能感受到她自己的怒氣中具修復力的一面，並且流出淚水來治癒她與現實間受傷關係的雙眼。她必須先看見我面對自己對她的怒氣與愛的真實反應時奮力的抵抗，才能接受我的期待，同意對抗她自己的反應。在這個過程中，治療師的人性使他與個案內在自我照護者鐵面無情的完美主義有明顯的不同。其後治療師與個案共同參與的奮鬥，則代表了較廣闊的人類現實，某方面來說，這個人類現實是個案從未完全踏入較廣闊的人類社群。這便是這個時期最重要的悲傷工作。

長髮公主個案狀況較好轉後，縱使他們的外在生活因為真我的參與而更加活躍，仍然會經歷一段痛苦失卻內在世界的悲傷時期——或者至少他們自己是這樣覺得的——這是一種痛苦的犧牲，將感覺像是「童年」的東西痛苦地犧牲掉了。他們並不想為了充滿平庸與虛假的膚淺空洞的「塵世」生活，而放棄「神的世界」。然而外在世界逐漸開始變得較為真實。如同萬苣，他們被挑動去放棄自己對誇張的蠱惑世界的認同，並在「墜落」之後重建與迷醉世界的關係。這便是童話中「從此過著幸福快樂生活」的意義：既非生活在極樂之中，也不是生活在空洞的「現實」之中，而是住在一個想像與現實間不再有牆阻隔的世界中，二者間的界線如今可以彈性變化。這不僅僅是佛洛伊德所稱的「痛苦的現實生活」[譯註4]，而是一個可以夢想的生活，在這樣的生活中，努力實踐夢想的人可以與其他的追夢者一同為落實夢想而奮鬥。

譯註 1：感覺自己與現實之間彷彿隔著一層厚玻璃。

譯註 2：野萵苣,亦是長髮公主的原文名字。

譯註 3：亞瑟王傳說中,聖杯守護者漁人國王〔the Fisher King〕鼠蹊部受傷,失去了性能力,整個
國土也因此失去生育能力,寸草不生,成為荒原,國王僅能在河邊釣魚為生,等待有緣人
來醫治他。

譯註 4：佛洛伊德認為人要在痛苦的現實生活與精神官能症的幻覺中二擇一。

賽姬與她的原魔情人

愛洛斯與賽姬的故事是羅馬作家阿普列尤斯（Lucius Apuleius）一篇較長的小說《金驢記》（*The Golden Ass*）中一段短短的插曲，對榮格學派理論家而言，這個故事具有無法抗拒的吸引力。諾伊曼改寫了這個故事（1956）[註1]，也是頭一個詮釋這個故事的人。他將這個故事詮釋為女性發展的範例。相反地，馮‧法蘭茲（von Franz, 1970）與烏拉諾夫（Ulanov, 1971）則視之為男性阿尼瑪的發展模範。希爾曼（1972）將這個故事視為一齣原型劇碼，以隱喻方式描繪了心靈對愛慾的渴望以及愛慾對心靈的渴望。而不久前，羅絲（Lena Ross）將這個故事詮釋成「與集體分離但與神性保持關係的努力」（1991：65）。

　　相對於上述的分析，我們要將這個故事解讀為對我們先前所談過的原型自我照護系統（愛洛斯），以及其「拯救」受創天真自我（賽姬）過程的描述。在這個故事中，拯救賽姬的人原來是個原魔情人，而如同長髮公主的故事，賽姬的故事也談到了創傷癒合的兩階段歷程：我們先遇上的是愛洛斯保護、疼惜的一面，而其原魔面向則較晚才出現。隨著劇情推演，愛洛斯與賽姬都需承受失去錯覺的苦痛，受到現實限制的自我，以及由愛洛斯的保護形象及迫害形象所代表的好壞參半的聖祕力量之間才終於建立了關係。愛洛斯／賽姬於是便代表了與女巫／長髮公主極為相似的二元組合，受創個案的自我照護系統起初抗拒變化，而最後終究接受無可避免的變化（這是人類處境的一部分），這個原型結構將這個自我照護系統描繪得維妙維肖。

　　若是用諾斯替教派的隱喻來描述故事中的這個發展，我們可以

[註1]　此版本的故事刪節自諾伊曼（1956）的文字。凡直接引述原文時則於括號中標註頁碼。

說，這個兩階段歷程描繪出了精神下降至物質中的兩階段歷程。這裡所說的精神下降至物質中，即指**人格精神（原魔）在肉體中化為肉身**。我們在第一章談到溫尼考特的「安在」概念時（頁82）談過這個歷程。本章我們會看到，「安在」似乎以兩階段歷程發生：在第一階段，故事疏離（受創）的自我（賽姬或萬苣）被一個保護她的原魔（女巫或神祇）「抓住」，強行帶入一個幻想的城堡或高塔。在這過渡性房間中，故事中天真且稚嫩無知的自我夜夜靠著照顧她的原魔所提供的仙界珍饌為食，經過了夠長的時間後，變得足夠強壯（賽姬和萬苣後來都懷孕了），可以冒險與其所逐漸認同的自性正向面疏離。就在這個當下，發生了**犧牲**，第二階段於焉展開。在長髮公主故事中，犧牲發生在萬苣與王子雙雙與年老的加索夫人正面交鋒，並被扔出塔外的時刻，這個犧牲時刻導致了一段苦難與疏離的過程，在我們現在所談的故事中，便是愛洛斯與賽姬都受到甜美愛情的「黑暗面」折磨的過程，但此時的苦難包含了正面的、內在（子宮內）的元素，因此與故事之初尚未重生的苦痛是完全不同的層級。此時的苦難代表的是神聖化的自我的苦難，這個自我如今獲得了自性及其個體化能量的指引。

故事第一段 ^{譯註 1}：拯救

從前從前有一對國王和皇后，生了三個女兒，其中一個是賽姬。賽姬美麗絕倫，男人見了她個個驚詫無言，如同她是美神阿芙蘿黛蒂（Aphrodite）般地膜拜她。兩位容貌遜於她的姊妹早已嫁給他國國王。然而，可能追求賽姬的人都只是遠遠崇拜她，使得賽姬

精神沮喪，厭恨使人感覺她高不可攀的絕世美貌。在這左右為難的困境中，賽姬的父親請求阿波羅神諭指點，希望為賽姬找個歸宿，而他獲得的神諭是，賽姬必須嫁給一條恐怖的惡龍，於是賽姬在不斷的哭泣與哀嘆中，被送到一座孤寂的山上，等待嫁給惡魔。

　　同時間，阿芙蘿黛蒂對於一個區區凡人竟取代她成為美神大為震怒，喚來她年少健壯的兒子愛洛斯，懇求他讓賽姬愛上世上最卑劣的男子，以為自己報仇。她要求那男子之惡劣，必須是「世間找不出更卑賤、更淒慘的人」（中文版舊版頁46，修訂版頁44）。愛洛斯接到這項復仇任務後，找到了賽姬，賽姬正在孤寂的峭壁頂端顫抖。愛洛斯用一陣西風將賽姬吹起，並讓她輕輕落在一座美麗的小樹林中，小樹林附近有一泓別透如玻璃的清泉，樹林的中央則立著一座宮殿，「鬼斧神工非人力所能及」（中文版舊版頁49，修訂版頁48）。

　　賽姬受到這座奇蹟也似的宮殿美麗的魅力所吸引，觀看著這些前所未見的大量財富與用品，正歡喜得不能自持時，聽見一些沒有形體的聲音，吩咐她好好休息，並替她準備美味餐點及瓊漿玉液般的美酒，又如同沒有人形的歌隊般為她歌唱。當晚，在黯淡夜幕中，她那身分不明的丈夫來了，與賽姬溫存，卻在天色破曉前匆匆離去。如此，過了許多個日日夜夜。

　　這時，賽姬的父母因為憂傷而年老體衰，兩個姊姊也同樣悲傷。她倆爬到當初大夥兒扔下賽姬的懸崖上，為不見蹤影的賽姬捶胸頓足哭泣，最後，年輕的美人賽姬終於承受不住哀傷，請求那不露身分的丈夫允許兩位姊姊前來探望。愛洛斯同意了她的請求，用西風將兩個姊姊飄盪到他的宮殿，但他要賽姬承諾，絕不能向姊姊

透露有關丈夫的任何事，也不能述說丈夫是什麼樣子，否則她將永遠失去他。

賽姬的兩位姊姊看到賽姬擁有天府一般的優渥財富，妒火中燒，回到家後滿腔激憤，於是想了詭計來謀害賽姬。她倆佯裝哀痛，扯亂頭髮，抓破臉頰，再度回到懸崖上。這時可憐的賽姬比從前更思念姊姊，請求愛洛斯讓姊姊第二度來探望她，之後又要求了第三次。

「妳可知道妳的處境有多危險？」他問道：「……那虛情假意的母狼千方百計設圈套要對付妳，主要目的是說服妳探查我的真面目。我一再警告妳，妳如果知道我的真面目，就再也看不到我。所以，如果那壞心眼的食屍鬼……又來找妳……不要聽也不要說妳丈夫的任何事。妳知道嗎，我們很快就會有孩子，妳的子宮，現在還是小孩子的，已經懷了像妳一樣的孩子。如果妳守得住我們的祕密，他將會是個神；如果妳吐露口風，那就只是肉身凡胎。」（中文版舊版頁55，修訂版頁54）

最後，賽姬的姊姊想出了一條同樣狡詐的詭計，對妹妹說：「噢，妳倒快樂，不知死活，以為身在仙境福地，不曉得大難就要臨頭，對自己的危險這樣掉以輕心……我們現在知道真相了……靠著夜色掩護睡在妳身邊是一條大蟒蛇，纏了不知道多少圈，喉嚨和嚇死人的大嘴巴淌著血淋淋的劇毒。妳還記得阿波羅的神諭吧？神諭說妳注定要嫁給凶殘的野物……現在是妳必須做個了斷的時候了，看妳是不是要聽姊姊的話……不然就只好葬身在猙獰的妖怪腸胃裡。」（中文版舊版頁58，修訂版頁57-58，譯文略有修改）

可憐的賽姬聽了這個陰森森的消息，嚇得六神無主。她失去

了理性，痛苦得渾身顫抖，決心要看一看她那身分不明的愛人，有必要的話，要依照兩位姊姊的建議，趁他在睡夢中殺了他。「她匆匆忙忙，又推推拖拖；她放大膽子，卻發起抖來；她想放棄，卻生起氣來；最為難的是，在這同一個身體裡，她討厭野物又喜愛丈夫。」（中文版舊版頁61，修訂版頁59）

　　然而當預定的時刻來到，愛洛斯沉沉入睡，賽姬點起一盞油燈，看見了眾神中相貌最出眾的俊美愛洛斯。賽姬被愛洛斯的箭刺傷了手，情不自禁愛上了愛神，在癡狂愛戀中撲倒在愛洛斯身上，但就在這一刻，油燈的油噴濺出來，其中一滴滴在愛洛斯身上。愛洛斯自長榻上一躍而起，他的祕密曝光了。他掙脫賽姬的吻，一語不發地騰飛離去。

　　如同多數的童話，這個故事開頭時，神祇的聖祕世界與人類的國度中存在著某種不平衡。換句話說，原型能量的中介出了點問題，而這種不平衡需要加以矯正。在長髮公主的故事中，我們看見兩個世界間隔了一堵牆（思覺失調症即是這樣的狀況），而透過幾位不同的中介人物，以及透過萬苣與王子的苦難，兩個世界逐漸互相滲透，終至整合。在愛洛斯與賽姬的故事中，聖祕與現實間沒有牆，但**發展不充分的現實自我（reality-ego）卻運用聖祕性作為防禦**。這是自戀的問題，也就是說，這個自我認同美、財富或名聲──這些集體價值用並不屬於自我的原型聖祕能量來膨脹自我，賽姬被其他所有人的慾望「膨脹」了（她承載了其他人的投射），但她自己的慾望尚未被喚醒。賽姬「精神沮喪」，並且強烈憎惡自己──完全就是我們視為早期創傷後遺症的症狀。唯有她外在的美

貌仍撐持著她的自尊，她的內在則空虛，缺乏真正的自體。

　　在被人類的愛遺棄、註定要受魔鬼之愛束縛的可怕情境中，賽姬置身於猶如榮格的月球女子（第三章，頁 144）在遭到兄長亂倫性侵後的苦境中。然而，「人的危機就是神的良機」，在這個苦楚難當的時刻，一個超越性的「存在體」前來拯救四面楚歌的自我，將它帶進內在的神話山水之中，溶解在神性能量之中，好讓它復原。在此處的情況下，賽姬的原魔情人不是別人，就是「愛」本身。但這個「愛洛斯」顯然自己也需要發展，因為他在故事中初登場時，不過是個媽寶，可以說是被他的女神母親阿芙蘿黛蒂所掌控，這母親「張開兩片嘴唇」親吻他。因此故事的重點若是在於拯救並轉化受創的自我，則拯救並轉化**這個自我的原魔夥伴**也是重點，這個原魔夥伴因為愛自體的這個受傷極重的陰性部分，而被捲入了凡俗的人類事務之中。

作為原魔的愛洛斯

　　我們從格羅斯坦（1984）那兒擷取忠告，在第一章的引語中這麼說：「當人被剝奪了天真的權利時，天真就成了惡魔。」為配合本書的分析，我們將愛洛斯這位神祇想像成當賽姬的精神破碎崩壞之時，自賽姬的自我性中逃出的不可侵犯的人格精神或原魔。我們在第二章探討了，早期創傷發生時，會出現溫尼考特所謂安在現象的相反現象，原型的身體與精神兩端會解離。我們推測發生這種解離現象的其中一個原因，是**人格精神**有必要保持**不被侵犯，將經驗加以分割**，對存活有其必要性，而在面對創傷時，自性是分割經驗

的操盤手。我們在前面舉出的臨床案例中也看到了，當這樣的現象發生時，自性會以負向方式運作，實質上阻撓整合或個體化，我們也看到，自性在保護人格精神時，也同時迫害或監禁人格精神。

我們若將自性想成是持續在自我及其客體關係中追求具體化的人格所可能達成的整體性，當創傷強將現實自我加諸於人格之中，而自性卻支解或切斷其與現實自我的關係，**可說是意味著自性犧牲了自己**；也就是說，自性犧牲了其精髓，那精髓**便是關係**。正如同故事中的原魔或神祇（愛洛斯），自性將自己與其可能的現實化身（賽姬）切斷關係——這麼做可說是藉由切斷與自我及世界的關係來支解自己。這犧牲所造成的愛洛斯／賽姬二人組代表著原本的個人／超個人（內在／外在）統合體被創傷支解成兩半。猶如柏拉圖所說，原始人類被切成兩半，每一半都永恆地在尋找它的另一半，愛洛斯／賽姬或自性／自我的雙對組合如今也被徹底地分隔了，而分隔的二者若是要團圓，在內在正進行這個過程的人便需要找到承受心靈原型情感之苦的新能力。這個新的受苦能力始終都是因為憶起了個案早年人生中仍有人可依賴，且付出的愛對方仍樂於接受的時期，而**重新發現**的能力。唯有當與另一人置身於愛的關係中時，才能夠回憶起那些早年時光，而我們反反覆覆看見被支解的自性反抗這個愛。這種愛的關係會在精神分析的移情中出現，這類移情所啟動的所有超個人統合因素也會與愛的關係一併出現。

在賽姬的故事中，以及在普遍的神話中，所謂的「超個人統合因素」，是串聯起神祇純粹精神國度與人類世俗國度的中介存在體或原魔。在柏拉圖的《會飲篇》（*Symposium*，又作《饗宴》）中，蘇格拉底指出，愛洛斯正是這樣一個介於神人之間力量強大的

原魔或靈體。有一位聽講者向他詢問較一般性的問題，問他這些力量強大的原魔或靈體是做什麼的，他回答：

> 他們來往於天地之間，傳遞和解釋消息，把我們的崇拜和祈禱送上天，把天上的應答和誡命傳下地。由於居於兩界之間，因此他們溝通天地，把整個乾坤連成一體。他們成了預言、祭儀、入會、咒語、占卜、算命的媒介，因為神祇不會直接與凡人相混雜，只有通過精靈的傳遞，凡人才能與諸神溝通，無論他們是醒是睡。
>
> ——馮・法蘭茲（1980a：36）（譯文摘自《會飲篇》，頁107）

因此在具有包含正向與負向聖祕動力的超個人原型世界，以及自我在其中運作的人類凡俗世界之間，原魔是一種經驗的中介區域。原魔既是保護者，也是迫害者，由於在創傷情境中，洶湧灌入自我的狂暴原型能量**缺乏足夠的中介**，原魔因此是自我照護系統中必不可少的部分。我們知道，除非有促長環境——除非原型世界得以將其宏偉誇大的意象按比例縮小成人的比例，加以人格化，否則自我無法順應超個人管控中心的激勵而開展。自我無法開展，自性便猶如是將其能量自生活轉而投入拚死一搏地保住僅存的真實人格，以待日後或許還有救贖的可能性。自性為四面受敵的兒童自我「提供」了一個世界（愛洛斯的水晶宮），以取代所失去的那個生活與現實相關的世界。換句話說，當自性向內生長——也就是當它自我攻擊，沒有獲得人類的辨識以致不能獲得救贖——看起來便會像原魔情人。

在本故事中，愛洛斯為了執行母親的命令，鼓起巨大的翅膀，

來到賽姬等待的懸崖上。然而一看到賽姬所受的苦，某種他自己也無法控制的感覺便襲遍全身，於是他被吸引到人類的國度，背叛了神界母親，因此主動進入了自己的轉化歷程。這一刻蘊含了一個弔詭，亦即唯有**當愛之神來到了人類的苦難與局限之前，愛才在祂心中覺醒**。在本故事中，神祇愛洛斯為區區一個受苦的凡俗人類靈魂所動容，背叛了他神聖的完美。這是**道成肉身**的主題，類似於基督教早期的「虛己」（kenosis）說。「虛己」一詞來自於希臘文，原意為「倒空」，亦即原本等同於無所不在的單一神性、沒有限定性的耶穌基督，清空了自己的全知全在全能，化身為人，成為有限定性。榮格認為這種自願的犧牲中，透露了些許心靈的終極目標，這終極目標不僅僅是自我的目標，而是整體人格的轉化。自性所追求的並不是毫無限制的表達（釋放），自性尋覓人類的限制，以便轉化自己。

原魔的保護與監禁

受創的賽姬被愛洛斯帶入了什麼世界，我們從長髮公主的高塔故事中已經認識得很清楚。外在發生創傷之後出現了內在聖堂，榮格理解到這個內在聖堂的本質，這是他極大的功勞。佛洛伊德僅僅將這個內在聖堂視為自我退入的一個退行性、與性相關的滿足願望的世界（回歸子宮的亂倫退行）；榮格不同，他明白這個退行的自我潛得更深，進入了心靈的集體層次，並在那兒獲得超個人能量供應養分來維持生命，而這個自我若要重新「前行」，超個人能量是絕對不可或缺的。

退行的力比多〔原慾〕顯然在一步步向嬰兒階段之初的性前期回溯過程中，褪盡了自身的性色彩，甚至在那裡也未稍作停留，而是繼續退行，一直退到子宮內，回到出生前的狀態，並且完全脫離了個人心理層面，以噴發之態進入集體心理層面，就是約拿在鯨腹中見到「異象」（「集體表象」〔representations collectives〕）之處。如此，力比多〔原慾〕達到了一種初始期的狀態，在這種狀態下，它很容易被卡住、困住，就像忒修斯和庇里托俄斯在冥界之旅中所遭遇的那樣[譯註2]。然而，它也能從母性的懷抱中奮力掙脫出來，帶著新的生命潛力重新浮上表面。

　　——榮格（1912a，第 654 段。譯文摘自《榮格文集第二卷：
　　　　轉化的象徵——精神分裂症的前兆分析》，略有改動）

　　我們在此處已經描繪了精神病理學稱之為「分裂性防禦」（schizoid defense）的封閉世界，但又加上了榮格所補充此處可取得的維持生命的能量，這個概念的添加非常重要。在這個幻象世界裡，受到屈辱的賽姬脆弱的自我如水耕植物一般，夜夜飲用愛洛斯愛的甘露，藉此存活，亦即靠原型幻想維生。受創的心靈可以如此存活（雖說要付出慘痛的代價），是心理生活的奇蹟之一。榮格在這個故事的水晶宮中，看到的不只是溫尼考特所稱真我在創傷情境下躲藏進的「冷藏庫」（cold storage, 1960a：140ff），也不只是岡崔普的平行意象中「原慾自我失落的心」所退避進入的深層內在聖堂（1971：第二部分），他看見的是間轉化室，受創的自我在這轉化室中分裂成最基本的元素，可以說是溶解在神的甘露之中，「目的」在於後來的重生。在本故事中，愛洛斯的溶解功效導致賽姬遭

受重重困難的「我」，在神人交融的「我們」的融化狀態中分解破碎，以致她復原的第一階段相當於她的「舊」人格投降，並且轉化包容進了一個較大範圍的事物之中。賽姬在此階段就是被這個較大範圍事物的「魔力」所迷惑，這個事物正是宗教元素（愛洛斯的神性）。榮格在這個古老的主題中，看見有關心靈的深刻道理，這道理遠比佛洛伊德所強調宗教是一種表面上的幻想式逃避主義更為深刻。

作為獄卒的原魔

在繼續說故事之前，有件事必須強調，那便是在我們可能稱之為原魔愛人的水晶宮的地方，也就是愛洛斯帶賽姬進入，並且長時間將她囚禁於黑暗中的那地方，無須外力便能自我撐持的幻覺愈長愈茂盛，有其真切的危險性。進入這個心理「空間」就相當於進入意識的變異狀態，這就是為什麼所有的女巫或原魔都會「施咒」。這個「自戀」能量無可避免地多多少少會被自我盜用；假使被盜用了，便會產生出一種頑強難馭的膨脹，原慾從此便受困於冥府不得脫身。如此匯聚而成的意叢（constellation）既膨脹（神祇愛洛斯）又孩子氣（受傷的賽姬）。受困於這張網中的人很矛盾，既強烈渴求情感支持，卻又驕傲自負，既無能又全能，既是個「神聖或尊貴的人」，同時又是個「嬰孩」。這種專橫跋扈的幼稚症是原魔對自我發揮影響力的黑暗面，也就是往亂倫及「惡性退行」發展的趨勢。

佛洛伊德曾對這個階段可能具有的成癮特質提出過警告，這警告非常正確，這是由於愛洛斯與賽姬持續耽溺其中的玻璃泡泡，

　創傷的內在世界：生命中難以承受的重，心靈如何回應

不僅僅如榮格所樂觀認為的是個轉化之地，同時也是強迫成癮與「互相依賴」之地。存在於這個空間之內的「愛」是亂倫的，也就是說，在發展上早於自體客體界線的分化，而這個空間**之所以會使人成癮，正是由於我們在此地可以取得神性能量的「珍饈」**。就是這個事實協助榮格理解了酒癮的「靈性問題」，他認為酒癮是將對靈性體驗的需求錯誤地具體投射在使心智發生變化的「烈性酒精」^{譯註 3} 上。榮格所沒有看見的（他如何能看見？），是對於受新世紀思潮影響，僅傾向於追求聖祕經驗的「光明」與「療癒」面的人而言，他的心理理論多麼令人上癮。

上了癮的人明白，在由原魔情人所監督的「溶解空間」中，他們的掙扎努力往往徒勞無功，也明白「把問題交給上帝」對他們的復原有多重要。我們甚至可以說，原魔情人利用心靈對臣服的渴望來襄助精神官能症。他是個誘惑人的騙子，是幻覺的編織者，他要求絕對的臣服。他引誘我們多喝一杯、多吃一根巧克力棒，或多來一次性愛冒險。猶如神的珍饈總是甘美可口，他們的監管在短時間內也總能撫慰人心，但卻永遠不能帶來完全的滿足，這是由於人在嬰兒期原本需要由一個「他者」來照顧，原魔情人僅是在內在取代了這個「他者」，而這個由自我照護系統所掌管的心靈密封空間與真實世界是斷絕連繫的。個體所真正渴望的，是現實與幻想間建立**心像連結（imaginal link）**，而不是用幻想作為撫慰人心對抗現實的防禦。但原魔情人僅能提供誇張虛胖的替代品。原魔情人所提供之物始終是以真實的需求為出發點，但他從不滿足那個需求，而個體愈是沉迷於替代品中，真實的需求便愈被掩蓋到更深處。

原魔情人與幻想

溫尼考特將這兩階段歷程中的「水晶宮」階段稱為「幻想」（單向度），與真正的「想像」有所不同。真正的想像是對於真實存在事物的幻想（雙向度）。他認為幻想既是對夢也是對生活的防禦（見溫尼考特，1971a：26ff），並且提出了一個中年婦女的案例。這名中年婦女一生中大半的時間都在幻想，由於過早便對與母親的關係幻滅，因此極早便放棄了對客體關係的一切希望。她是眾多兄弟姊妹中最小的一個，她的手足也都遭到忽略，自己照顧自己。在幼兒園中，她努力融入也努力玩耍，但她只是乖巧地勉強融入而已，因此：

> 當她玩著哥哥姊姊的遊戲時，其實一直都陷在自己的幻想裡。事實上，她一直活在幻想之中，這幻想建立在解離的心理活動上……使她變得很在行：表面上她好像在跟其他小朋友遊戲，心中其實同時擁有一個解離生活……她漸漸變得跟許多人一樣麻木，並沒有活得像個完整的人。
>
> （同前引書：29。譯文摘自《遊戲與現實》，頁 68）

溫尼考特指出，在這位個案的幻想中，她「保持了全能狀態」，美妙的事情不斷發生，但在解離的狀態中，每當這位個案開始要真的動手做起事來，例如作畫或是閱讀，便發現自己眼高手低，因為幻想中的全能在這裡根本派不上用場。於是，幻想「像惡魔附身，占據了她」（同前引書：33，譯文頁 73）——不折不扣

就是我們所談到的原魔。

在幻想中，「一條狗就是一條狗，始終是條狗」，幻想「並沒有詩的價值」，而真正的夢卻具有詩意，換句話說，夢含有跟過去、現在與未來，以及跟內在和外在現實相關的層層意義。幻想無法被詮釋（同前引書：35，譯文頁 76）。

這名個案可能坐在自己房裡，除了呼吸以外無所事事，但在幻想中，她卻畫了一幅畫，或在工作上完成一件有意思的作品，或是去鄉間散步；然而，在旁觀者眼中，什麼事也沒發生。其實，就是因為在解離狀態中發生了太多事情，實際上什麼事都不可能發生。相反的，她也可能坐在房裡盤算明天的工作，事先做好計畫，或是規劃她的假期，這可能是個對夢與生活並無分野的世界與地方想像的探索。在這種情形下，她從健康狀態搖擺到生病狀態，再搖擺回健康狀態。

（同前引書：27，譯文摘自頁 66，略有改動）

幻想作為對抗象徵的防禦

奧格登也以類似的方式，將幻想的國度界定為一個非象徵階段。他認為所有的象徵都需要他所謂的「保持心理辯證的能力」（1986），而這能力又需要溫尼考特所稱的潛在空間。奧格登所謂的**潛在空間**，指的是內在現實與外在現實之間經驗的中介區域，介於「主觀客體（subjective object）與客觀感知的客體（object objectively perceived）之間」（同前引書：205）。用溫尼考特的話

來說，這是「小嬰兒跟客體（母親或母親的一部分）之間存在（但是又不能存在）的這個假設區域；這個區域出現的時間，是在小嬰兒有能力拋棄客體，將它看成非我的時期，也就是跟客體的融合狀態結束時。」（1971a：107，《遊戲與現實》，頁 173）換句話說，這是主體與客體之間互相滲透混合的「空間」，永遠出現在三元之前，並且組成了「二元一體」。潛在空間的核心特色是它的弔詭性，既將母親與寶寶結合，卻又將二者分離。寶寶唯有透過這個中介區域及其象徵性創造力，才能達到與客體的分離。

這個「二元一體」的中介區域，無論是發生在移情中或是其他情境，都是創傷復原所需的要素。對於創傷過後在「潛在空間」內發展出的象徵能力，奧格登提出了一個優美的例證。愛洛斯與賽姬在水晶宮階段尚未發展出這象徵能力，也就是說，他們的「二元體」結合中的「第三」元素（寶寶）尚未誕生。以下是奧格登所提的例證：

一個兩歲半的兒童，因為曾在洗澡時頭沉進水裡，因而受到了驚嚇，開始極度抗拒洗盆浴。幾個月後，在母親溫柔但堅持的勸誘下，他非常不情願地坐進放約有十公分深水的浴盆裡。他全身緊張，手被母親的手緊緊抓住。他沒有哭，但眼睛乞求地盯著母親的眼睛。他一個膝蓋僵直著、另一個蜷曲著，以便讓自己盡量多的部分保持在水的外面。他母親幾乎是馬上，試圖用一些浴缸玩具來吸引他。他卻沒有表現出一丁點兒的興趣，直到母親對他說她想喝茶。

這時候，他本來明顯體現在胳膊、腿、腹部，尤其是臉上的緊張，突然消失了，代之以一種全新的身體和心理狀態。他的膝蓋彎

創傷的內在世界：生命中難以承受的重，心靈如何回應

曲了一點，眼睛巡視著玩具杯碟，並發現了一個空的洗髮水瓶子，他決定用它做為喝茶用的奶罐。他聲音中的張力也變了，從緊張地堅持請求「我不要洗澡，我不要洗澡」轉變為對遊戲的敘述：「茶不燙了，現在可以喝了。我幫你吹吹，好喝的茶。」母親要了一些茶，然後又要求再來一些。幾分鐘後，母親伸手去拿浴巾，他突然停止了遊戲，就像他突然開始遊戲一樣，之前所有的緊張狀況全都回來了。母親再次對他保證會抓住他，不會讓他滑倒，之後，又問他，是否還有更多的茶。他說有，於是遊戲又繼續進行了。

——奧格登（1986：206-7）（譯文摘自《心靈的母體》，頁 113）

奧格登評論道：

這個觀察確實傳遞了，母親和兒童如何能夠生成一種心理狀態，在其中，水由令人害怕的東西，轉化成了意義可以被交流（被兒童發現和創造）的彈塑性媒介（plastic medium）。在這裡的轉化中，現實並未被否認；危險的水出現在遊戲中，幻想也沒有被奪走活力——兒童瞬間魔術般地將危險的水變成了愛的禮物。此外，這裡的遊戲中，還出現了「我」的品質，這不同於在遊戲開始之前，兒童和母親之間那種牢牢的注視和不顧一切的抓住的連接方式。

（同前引書：208）

到達「現實未被否認」以及「幻想保持了活力」的境界，是所有創傷倖存者進行心理治療的目標，這是由於一旦發生創傷，奧格登所描述產生有意義經驗所必不可少的辯證張力會崩解。在賽姬

故事的案例中，這種崩解是朝幻想的方向崩解，原型自我照護系統抗拒失去對內在感覺狀態的掌控，將現實阻隔在密封的聖祕世界之外。這份抗拒屬於保護者／迫害者的邪惡面，愛洛斯瘋狂執著要對自己的身分保密，並堅持賽姬必須對他的真實本質保持毫無意識，我們可以在他的堅持中看見這種破壞性的抗拒。

在精神分析中，當分析師拒絕讓個案更「認識」他們，也不願讓個案看見他們人性的一面，也就是說，當分析師堅持不透露身分，或是不容許個案有任何負面情緒時，我們可以看見相似的危險性。個案迫切渴望與合作對象的**現實狀況**取得聯繫，因而對個案來說，沒有什麼比分析師持續拒絕透露自己任何一丁點的缺陷或私人事項更使對方對移情「上癮」了。唯有認識到分析師現實上的侷限，移情的「魔咒」才能化解。而個案對分析師的好奇，以及一心要揭穿分析師諱莫如深身分的堅持，往往在分析工作接近尾聲時最為強烈。始終表現同情、從不正面挑戰個案、盡可能長久保持自己理想形象的分析師，其實是將個案（及自己）豢養在水晶宮中，讓他們與生活以及生活中無可避免的苦難保持距離。在本故事中，現實的「召喚」來自賽姬的姊姊們，而這些「召喚」最終所企求的，是犧牲。陷於看似永恆毫無衝突的正向移情中的個案與分析師所希望避免發生的，正是犧牲。

個體化與現實的提醒

我們如今來到故事中迷人的橋段，賽姬的姊姊來到了當初人們扔下賽姬而去的懸崖，哀悼賽姬。兩位姊姊此時代表了現實對賽

姬的「呼喚」，賽姬此時幸福快樂地受著監禁。愛洛斯要賽姬承諾不回應那些呼喚，但又再度扔下她一個人。賽姬寂寞難耐，開始感覺自己是這座豪華監獄中的囚犯，缺乏真實人性的對話。最後，她成功說服愛洛斯同意讓兩位姊姊來訪，於是三姊妹淚眼婆娑地團圓了。這開啟了姊姊們數度的來訪（共三次），而這一連串來訪的最終結果，是賽姬與身分不明的丈夫所生活的單向度幻想世界崩解。

　　好奇是這個歷程中的重要部分，這裡的好奇，是對於在這單向度幸福快樂的「愛」之下（陰影面）**究竟**發生什麼事感到好奇。好奇是意識的一部分，而意識的字根意謂「與他人一同知道（認識）」，因此「二元」是必要的。原魔情人的水晶宮是個單向度的空間，賽姬在那空間中，感覺與她的情人合為「一體」（投射性認同），但她與他並未分離。她**看不見**他，就無法認識他。因此，正如同伊甸園中的蛇引誘夏娃偷吃知善惡樹的果實，賽姬的兩個姊姊也代表了一股個體化的敦促力，藉由強調她幸福愛情的陰影面（惡龍），來驅策她朝向整體性邁進。

　　最後，賽姬壓抑不了好奇心，猶如長髮公主**說溜了嘴**，向加索夫人洩漏出自己對王子的祕密愛戀，賽姬也在那樣的一個時刻，點起一盞燈，照亮她原魔情人周遭的黑暗。在這既歡欣又恐懼的矛盾瞬間，賽姬端詳著如今遭到她背叛的生有雙翼的俊美愛洛斯。

　　此時是本故事最弔詭的一刻，這一刻既是犧牲，也是誕生。倘使意識就此誕生，維持生命的幻覺同時就此喪失。倘使對照亮了愛人的賽姬而言，這是意識的擴張，對於神祇愛洛斯而言，這同時是羞辱及意識的窄化。用莎賓娜・史碧爾埃（Sabina Speilrein）論文（1984）中的說法來說，這不折不扣是「導致誕生的破壞」

（Destruction as a Cause of Coming Into Being）。這一刻的矛盾同時體現在這位生著翅膀的原魔情人身上，他既是吞噬人的怪物，也是帶來靈感的神祇。從「外在」看來——也就是從賽姬兩位人類姊姊的觀點看來——這個人物的的確確是條蛇或惡龍，將賽姬困於幻覺之中，使她與現實生活解離；但從「內在」來看——也就是從賽姬自己的角度來看——這原魔情人也是個救星。他將她從世間的生活抽離，而由於她受了創傷，這生活是個虛假生活。對榮格而言，這個矛盾意象刻劃出了原慾本身的矛盾——一部分是「前行性的」，為現世生活而奮鬥，另一部分是「退行性的」，在必要的時候會變得極富誘惑力，足以將自我拉回水晶宮內，好進行轉化。榮格曾說，他的著作《原慾的轉化與象徵》（*Wandlungen und Symbole der Libido*）一書的根本論點是「原慾分裂成正向與負向的兩股潮流」（1925：26），但榮格取向的分析師大體上都忽略了這個重要的觀點，佛洛伊德也不同意這個觀點。

就在本故事的犧牲時刻前後，聚集了一系列的負面情緒：嫉羨（兩位姊姊）、憤怒（阿芙蘿黛蒂）、受傷（愛洛斯）與絕望（賽姬），幾乎所有重要的精神分析理論家都發現，這個關鍵時刻是心理發展的重要臨界點。溫尼考特稱這個時刻為「毀滅時刻」，在這個時刻，客體關聯（object-relating）轉變為客體使用（object-use）。克萊恩稱之為「憂鬱位置」。佛洛伊德在這關鍵時刻中看見了普世存在的伊底帕斯棄絕（Oedipal renunciation）危機，若能化解，便將導引出象徵內化的能力。榮格則稱之為膨脹自我的**犧牲**時刻——這一刻，「老國王」或神被支解，以便開始人的新生。「犧牲」意味變為神聖，而無論我們對這個「時刻」的概念為何，

創傷的內在世界：生命中難以承受的重，心靈如何回應

自這個時刻浮現的自我都是個**神聖化**的自我——一個保持住人神聯繫的自我。

故事中，自我緩慢的**神聖化**可以在愛洛斯與現實的「合作」中看見。這裡所謂的與現實「合作」，就是同意姊姊們來訪。他預見了這樣的入侵會有什麼後果，還是任由它發生了。這裡的意象是，他為了「他的世界」與賽姬的人類世界之間最終的關係，持續自我犧牲。賽姬的懷孕同樣象徵了神聖化的歷程。退至全面依賴的退行開始運作了。愛洛斯具消融作用的愛是一劑強力藥劑，這一劑藥也已經吃下去了，這所暗示的意涵不外乎有個內在世界誕生了。換句話說，在泡泡破了之後，賽姬帶走了一個他倆關係的內在「意象」。此時的「泡泡」可說就是賽姬生兒育女的子宮，歡喜^{譯註 4}在其中滋長。於此同時，愛洛斯遭到啟示的熱油所燙傷，退隱到阿芙蘿黛蒂的寢宮去養傷。然而這個傷也是愛洛斯「幸運的過錯」^{譯註 5}，透過與人類的接觸，神的**肢體斷裂**了，在普世神話中，神為救贖人類而犧牲的主題中，榮格都看見這樣的現象，所有能療癒創傷的神都是受傷的神。

故事第二段：臣服

愛洛斯離開了，懷有身孕的賽姬陷入求死的絕望中。她想投河自盡，卻沒有成功，「因為河流認識愛洛斯」。這時，羊腿人身的神潘恩（Pan）勸她「拋開憂愁，去找愛神，誠心向他祈求，用柔情順心爭取他」。賽姬聽了便出發去尋找愛洛斯。這時，阿芙蘿黛蒂發現了這對小情人所做的事，對賽姬大為光火，上天下地尋找賽

姬，打算殺了她。阿芙蘿黛蒂的怒火蹂躪大地，賽姬因此找不到避難之處，就連神祇的聖殿也不能庇護她，於是她再度墮入了絕望的邊緣。

接著某一刻，在自省的瞬間，賽姬接受了命運，對自己說：「既然這樣，何不鼓起勇氣，大膽放棄搖搖欲墜的希望，自願向女主人（阿芙蘿黛蒂）屈服，用柔軟的身段化她怒騰騰的火氣，雖然蹉跎了那麼久的時間。說不定走遍天涯無覓處的人，不費功夫就在他母親的家裡找到！」（38，中文版舊版頁68，修訂版頁70）

此時賽姬為歸順臣服的未知後果做準備。阿芙蘿黛蒂的頭一項折磨是差遣她的貼身婢女憂慮和悲愁嚴刑拷打可憐的賽姬，接著阿芙蘿黛蒂本人狠狠地毆打了賽姬一頓。發洩完怒氣後，阿芙蘿黛蒂派了一連串羞辱人的苦役給這個臣服於她的人去完成，第一項是將堆積如山的種子分門別類。賽姬一籌莫展地對著這項任務發楞，這時螞蟻蜂擁而上，替她完成了分類。阿芙蘿黛蒂見她完成任務，扔給她一小片麵包。第二項難以達成的任務，是收集會吃人的可怕綿羊的毛。這回同樣有超自然力量出手相助，幫助她的是一株綠色蘆葦，蘆葦教導賽姬如何達成任務。第三項艱難任務是從惡龍包圍的冥泉汲取黑水，這項任務同樣是由超自然力量所完成，這回出手相助的是宙斯的鷹。最後，阿芙蘿黛蒂出了第四項任務——下到地獄深淵去向冥后波瑟芬妮索取一些美容膏藥，裝在盒子裡帶回來給阿芙蘿黛蒂。賽姬再一次感到絕望，打算從高塔跳樓自盡，但高塔卻開口對她說話，教導她如何達成任務。手捧盛裝特殊內容物的盒子自地獄深淵返回的路上，賽姬再一次「克制不了魯莽的好奇」，她打開盒子，發現其中並沒有什麼美容膏藥，只有冥河的瞌睡蟲，瞌

　　　　　創傷的內在世界：生命中難以承受的重，心靈如何回應

睡蟲制伏了賽姬。

　　這時愛洛斯傷勢已復原，再一次來到被魔力所控制的賽姬身旁，這一回，他成功用自己的一支箭無傷害性地戳戳賽姬，喚醒了她。如今愛洛斯深深愛著賽姬，也與心愛的她團圓了，但他仍然害怕母親的怒火，於是向宙斯請求幫助。宙斯聽完愛洛斯述說事情始末，同意成全他和賽姬的婚事，甚至還將新娘子帶到天庭，將她封神。兩人舉辦婚宴，所有的男神女神都出席，不久兩人便生下一個女兒，「她的名字用凡人的語言叫做歡喜」（舊版作「歡樂」，頁77，修訂版頁81）。

憤怒與對具體化的抗拒

　　在故事的這個部分，我們注意到的頭一件事，便是阿芙蘿黛蒂得知自己遭兒子背叛時所體驗到的憤怒──這憤怒與長髮公主故事中，女巫在發現遭到萵苣背叛時的憤怒相仿。這憤怒是心靈目前為止仍解離的部分在聚合時無可避免的結果，它代表著**對具體化**以及對意識的**抗拒**，這抗拒則是我們所檢視過的原型防禦歷程必然產生的副產品。當受創的自我成為超個人原魔或神祇的「案主」時，這個原魔或神祇便會以帶著小熊的熊媽媽那樣的凶猛來保護這個壓力自我（stress-ego）。阿芙蘿黛蒂和愛洛斯在故事裡是一對未分化的雙對組合，阿芙蘿黛蒂代表了愛洛斯自己對賽姬背叛他的憤怒。唯有在藉由之後一連串的羞辱發洩完了怒氣之後，愛洛斯／阿芙蘿黛蒂的愛才得以戰勝其他情緒。因此我們必須記住，**對受創的心靈而言，整合是它所能想像的最糟糕的事**，富有聖祕照護能量（以及迫

害能量）的自我照護系統（阿芙蘿黛蒂／愛洛斯）會盡力設法維持分裂狀態，因為分裂狀態對於適應是有必要的（雖然說眾神都暗中攜手破壞分裂狀態）。

原型自我照護系統對具體化的抗拒，在神話上有個富於趣味的引申擴充，展現在基督教早期神話中魔鬼與上帝的決裂。有一派傳說的說法是，由於**神想要降世為人**，路西法在盛怒中與神決裂而墮落人間。昆蘭^{譯註6}洞穴中發現的猶太次經（Jewish Apocryphal）書卷中，有數卷都記載了這個傳說（見佛西斯〔Forsyth〕，1987：162），奧力振^{譯註7}則加以詳盡闡述。奧力振根據〈以賽亞書〉（Isaiah）的前幾段（14：10-15）來解經。〈以賽亞書〉的這幾段暗指一位叛變天使明亮之星路西法意圖升到天上，卻墮入了陰府的深坑（Pit of Sheol），成為「這世界的王」（the prince of this world），也就是說，成為了騙子、說謊者、誘惑者，以及幻覺編織者（歐葛蕾蒂〔O'Grady〕，1989：3-22）。我們很有興味地發現，這些全都是我們一直在探討的原型防禦系統的特點。

以下文字節略自艾倫・瓦茨^{譯註8}對路西法之墮落的精采描述：

在上帝所創造的眾多天使間，有一個天使美得出類拔萃，因此被命名為路西法，意味光的承載者……路西法注意到的頭幾件事之一，就是上帝賜給了他不可思議的宏偉氣勢。他明白萬能的上帝不可能再造出比他更出類拔萃的事物了——他，路西法，是上帝的手藝最登峰造極的傑作。

路西法再一次注視神聖的三位一體（Holy Trinity）的內心，當他的凝視愈來愈深入光的深淵時，他開始能夠與神一般看見未來，

而令他徹底駭異的是，他發現上帝準備將極端粗劣原始的創造物放在天堂中遠遠高於他的位置，他發現他在天堂中的階級將被身上有毛髮血肉、幾乎如禽獸的生物超越。他發現世上有眾多生物，偏偏卻有個女人要當他的王。比這更糟得多的是，聖子——也就是道——智慧[譯註9]——本人將化身為人，將其中一具「卑微的軀體」放上天堂的寶座。

　　發現了這一切，路西法心中燃起一股稱為怨恨的神祕事物，他怒火中燒。打從他的心中，出於他自己的選擇，他喜愛自己的天使榮耀，勝過喜愛神聖目的（Divine Purpose）的榮耀，而這個神聖目的，便是要用人性來「腐化自己」。路西法一眼便看出自己的怨恨會招致什麼麻煩，但他認為，比起放棄天使的尊嚴，向一個無論在光亮或靈性上都遜於自己的肉體致敬，造反且永恆叛變反而更為高貴。他深信上帝的智慧出了差錯，創造的計畫原本美好出色，卻出了這樣不光彩的差錯，他打定主意絕不參與其中。上帝畢竟是他自身存有的根源，若要徹底排拒上帝，他勢必要向至高的憤怒臣服。

　　有許多其他的天使也與路西法所見略同，於是這些天使以路西法為首，群起背棄榮福直觀[譯註10]，飛離神性，自神性墜落，墜向那存有與虛無幾無分野的不斷退卻的黃昏，墜入「外面的黑暗」（the Outer Darkness）中。他們便是如此開始了為虛無而非存有而服務，因此成為了虛無主義者，意欲盡全力阻撓上帝的創造，尤其要腐化上帝有意賜予榮耀的肉身人類。一大群天使便如此變為了魔鬼，他們的王則成為撒旦，也就是敵對者、別西卜、蒼蠅王[譯註11]。

　　——節錄自瓦茨（1954：41-3）

對於當創傷使得具體化成為不可能時，整體的自性及其與作為「附屬成員」（affiliate，見諾伊曼，1976）的自我間整合的連結發生了什麼事，這個神話傳說給了我們放大擴充的證據。自性的黑暗面無法與光明面保持聯繫，而以凶狠、叛逆的意志（對改變的抗拒）保存在古老、非人性化的形象中。唯有當情感承受度透過心理治療歷程而增長，具體化才有發生的可能，而直到此時，自性的黑暗面與光明面才能開始整合。然而正如同阿芙蘿黛蒂察覺自己身為神祇的兒子竟屈尊降貴去愛上一名凡人女子時的怒火，這是一段風雨交加的狂暴歷程。

自願犧牲與具體化

在故事的這一段中，我們其次發現的便是賽姬如何終於「清醒過來」，自願臣服於她所冒犯的阿芙蘿黛蒂的怒火。此時賽姬是在為故事一開始時的傲慢做最後的贖罪。她從女神那兒「偷來」的所有美貌與崇敬，此時都象徵性地物歸原主，還給了該當的「客體」。此時是榮格格外感興趣的「自願犧牲」時刻，這個時刻啟動了一個人性化歷程，在這個歷程中，會體驗到肉體的疼痛與羞辱（鞭笞與毆打）。個體承擔了艱鉅考驗的磨難（女神指派的苦役），但**此時「神聖化」了的自我接受了神性的指引**。每一項不可能的任務都由於生命「神性」面的奇蹟介入，而有了完成的可能性，因此超個人力量如今合作參與了自我的發展。唯有犧牲了對神性的認同，這事才有可能發生。

我們在耶穌的受難中，也能看見類似賽姬的自願犧牲時刻。對

　　　創傷的內在世界：生命中難以承受的重，心靈如何回應

於這個時刻，榮格曾經這麼說：

> 耶穌受難時所說的這些悲愴字眼呈現了徹底的失敗：「我的神，我的神，你為什麼離棄我？」你若是想理解這些話中徹底的悲哀，便必須理解這些話的意涵，耶穌把一生誠摯地奉獻給他根據自己最好的信念所相信的真理，卻發現這一生實際上是一場可怕的幻覺。他徹徹底底投注了一生，進行了真誠的實驗，但……他的使命在十字架上離棄了他。

——榮格（1937a）

儘管耶穌與賽姬都面臨了「幻滅」，但這個弔詭的一刻卻是個絕佳的整合時刻，開啟了一段為求遭到切斷聯繫的神與人最終合而為一所蒙受的苦難。神學家莫爾特曼（Jurgen Moltmann）指出，耶穌的最後呼喊所意味的「不僅是『我的神，你為什麼離棄我？』同時也是『我的神，你為什麼離棄**你自己**？』」（莫爾特曼，1974：151，黑體字為本書作者所標示）。弔詭的是，當路西法理解到上帝化身為人的意圖時，他所發出的亦是同樣的呼喊，這呼喊代表著直至此刻仍拒絕具體化的認同靈性的自我所發出的無邊無際的抗議。假如上帝本質上便是神與人之間的關係，那麼這個時刻便不是上帝離棄上帝的時刻，而是上帝化身為人的開始。

經過這些神學上的推敲之後，我們再回到故事。賽姬面對受到冒犯的女神滿腔的怒火時，謙卑且脆弱的態度緩和了阿芙蘿黛蒂的施虐癖好。猶如耶和華看見約伯謙卑地承受苦難，阿芙蘿黛蒂也悄悄地開始參與賽姬為求最終與愛洛斯團圓所進行的不斷演進發展的

奮鬥。當她困惑地承認賽姬完成了她所指派的不可能任務時，我們看見她的合作。而每逢賽姬為自己無力完成任務而絕望時，聖祕力量的正向面便叢集，我們也在這當中看見阿芙蘿黛蒂的合作。用溫尼考特的話來說，阿芙蘿黛蒂（本故事中的嬰兒女王）每一次「摧毀」她的客體時，客體（賽姬）都「在那裡接受溝通」。阿芙蘿黛蒂於是可以說：「喂，客體！我摧毀了你，我愛你。你對我來說有價值，因為你在我的摧毀下僥倖存活了。」（溫尼考特，1969：222。譯文摘自《遊戲與現實》，頁150）。

歡喜與人神關係

我們的故事起始自創傷防禦，如今這個創傷防禦進入了復原過程，還有一個跡象透露了這個事實，那便是賽姬懷孕了。這個孩子後來將命名為歡喜，她相當於「失落的第三物」（the missing third），或者用奧格登的話來說，相當於失落的象徵能力。故事中男女主角在賽姬原魔情人的水晶宮中享受的水乳交融、天衣無縫的「二元一體」中，是無法找到這個象徵能力的。因此儘管賽姬的艱難任務帶來了苦難與自我懷疑，但如今她有了內在的支持感，可說是從一個較深層的中心來運作，來追求她的目標。她失去了愛的能力，如今追求的目標便是重建她與這能力間的關係，這關係實際上意謂人與神之間的關係，這份關係在故事開始的創傷情境中「瓦解」了。

然而從賽姬的最後一項任務中，可以看見賽姬對她天神主母命令的順從與她屬於平凡人性的——太過平凡人性的——好奇（自我

的任性〔ego-willfulness〕）之間的張力。最後一項任務是將承裝著波瑟芬妮美貌的盒子帶出冥府，在過程中，她再一次無法抗拒自己的好奇心。但這一次，神祇的報復較為溫和，只是一場沉睡，而已經被傷口轉化且「人性化」的愛洛斯輕易便能喚醒她。

這個故事的最後一幕，是在故事最終的象徵目標——也就是人神成婚——中，鞏固個人世界與超個人世界之間關係的一幕。愛洛斯請求宙斯為這個目標給予祝福和幫助，令我們非常歡喜的是，宙斯如此回答：

> 我的霸王孫，你太放肆了，目中無神，連對我也是沒大沒小的……你一再射傷我的心，使得我因為塵世的淫慾而蒙羞；你傷害我的英名，引誘我鬧出難堪的緋聞，傷風又敗俗，甚至害我違犯始皇法；你使得我名譽掃地，不顧威儀偽裝成不堪入目的形相，莊嚴法相先後變形為蛇、火、野物、鳥類和畜類。話雖然這麼說……更何況你是我這一雙手臂抱大的，你要求的，我都會辦到，只有一個條件，你要當心有人壞心眼，還有，如果人世間有哪個清秀佳人，一定要記得讓她愛上我，算是回報我的恩典。
>
> ——諾伊曼（1956：52，中文版舊版頁 76-77，修訂版頁 79-80，
>
> 譯文略有改動）

愛洛斯有力量強迫神祇參與凡人世界，包括化身為動物等東西。宙斯在此承認自己對愛洛斯的這種力量毫無招架能力（若是有個美人出現，毫無招架力的宙斯堅持還要再體驗一次參與凡人世界的經驗！）。我們在這段令人捧腹的話語中，得知對於將神祇吸引

入人類的心中，愛洛斯扮演了多麼重要的角色，也得知神祇為了成為真實事物，表面上多麼需要人類。

在故事的最終章，宙斯號召奧林匹亞的所有神祇前來赴宴，他在宴會中向大眾介紹年輕的愛洛斯，並且宣告他即將為他設立的限制：

〔你們眼前看見的這位青年〕血氣方熱，年少難免衝動，必須籠絡加以約束。我們聽膩了他私訂終身的醜聞以及種種傷風敗俗的行為，我們一定要⋯⋯利用婚姻的枷鎖牽制他熱情滿懷的頑性。他看上一個姑娘，奪走她的貞操，我們不妨成人之美，讓他擁有他的愛人，讓他享受戀情，將賽姬擁在臂彎裡直到永遠。

（同前引書，中文舊版頁 77，修訂版頁 80，譯文略有改動）

接著，宙斯派荷米斯將賽姬帶到天界，遞給她一杯神食，將她變為神，如此便保障她的婚姻能天長地久。婚宴過後不久，夫妻倆生了個女兒，神話告訴我們，「她的名字用凡人的語言叫做歡喜」（同前引書，英文版頁 53，中文舊版頁 77，修訂版頁 81）。賽姬既然成了神，我們可能要問，歡喜是人還是神？此時我們記起愛洛斯給賽姬的警告——他的容貌若是在她面前被燈火「照亮」——倘使她在水晶宮中真把他看作是「他者」，他們的孩子便會是肉身凡胎。換句話說，保障她孩子（以及枕邊人）神性的唯一法門，是保持無意識。然而賽姬的確冒著毀滅其神祇情人的危險，揭露了他的原魔面，只是這麼做並未阻礙她升格為奧林匹亞神祇。這個故事因此是個尖銳的警告，告誡我們對神的話不可言聽計從，尤其當神祇

以原型自我照護人物出現，並且切斷了我們與生活的聯繫時，更不可聽從他們。本故事在這個議題上懸而未決——事實上是留了個弔詭。故事說，歡喜既是人，也是神，而不是非神即人。而通往這種歡喜的途徑，是透過狂喜（賽姬）與羞辱（愛洛斯）的激情，人性與神性都在這種激情中，透過人類關係的痛苦，轉化成愛。

譯註 1：故事括號中所引用之原文，摘自《丘比德與賽姬——女性心靈的發展》〔修訂版為《丘比德與賽姬——陰性心靈的發展》〕，艾瑞旭‧諾伊曼著。又，人名譯法與引用版本略有出入。

譯註 2：庇里托俄斯〔Peirithous，又作 Pirithous〕有意娶冥后波瑟芬妮為妻，請求忒修斯〔Theseus〕陪同入地府去搶奪冥后，卻因此雙雙受困地府，忒修斯為大力士赫丘力士〔Hercules〕所救，然而赫丘力士要救庇里托俄斯時，大地震動，因此營救不成，庇里托俄斯從此永留地府。

譯註 3：酒精的拉丁文為 spiritus〔英文中烈酒又稱為 spirit〕，與「精神」、「靈性」同一字。

譯註 4：Voluptas，愛洛斯與賽姬的女兒。該字意味著喜悅或歡樂。

譯註 5：happy fault，拉丁文作 felix culpa，意指由於亞當夏娃的墮落，才有日後耶穌重生的救贖，亦即不幸的事導引出幸運的結果。

譯註 6：Qumran，死海西北岸的考古遺址，一九四七年牧羊人在附近洞穴中發現古老的手抄本舊約聖經。

譯註 7：Origen（185-254，一說 251），基督教知名神學家，希臘教父代表人物。

譯註 8：Alan Watts，英國哲學家，通透東西方宗教，以向西方大眾傳布東方哲學著名。

譯註 9：Logos-Sophia，logos 在古希臘文中有「話語」之意，也引伸為法則、知識、邏輯、理性等，本書前文譯為「理法」，基督教將此字譯為「道」，天主教譯為「聖言」，即上帝之言。sophia 在希臘文中為智慧之意，羅馬帝國時期開始將之擬人化，即索菲亞女神。因此 Logos-Sophia 即上帝的話語及智慧，所謂「道成肉身」，即上帝的話語及智慧化身為耶穌，因此 Logos-Sophia（道－智慧或聖言－聖智）即相等於三位一體中的聖子耶穌。

譯註 10：Beatific Vision，意指直接面見上帝。

譯註 11：希伯來文 Satan〔撒旦〕一字的字義為「敵對者」〔adversary〕。別西卜〔Beelzebub〕為腓尼基人的神，意思是「蒼蠅王」，在新約聖經中被視為鬼王。

費切爾的怪鳥與
自性的黑暗面

本故事及第十章「龍王子」的故事，是所謂「誅殺少女故事」的典型，邪惡的巫師、恐怖的陌生人或醜怪的巨龍引誘或俘虜少女，並將她們殺害或吃下，直到最後，此人的力量來源揭曉，因此遭到擊潰，或是得以轉化。這類故事與長髮公主不同，長髮公主的故事中，自我照護系統的照護面相對而言是良善的，這類誅殺少女故事中的「照顧者」則邪惡且恐怖，擬人式地具體呈現了毀滅性的攻擊。由於攻擊屬於防禦的一部分，兩個故事因此都向我們揭露了些許早年創傷中自我照護系統的本質，尤其是保護者兼迫害者的迫害面，以及這個人物如何以朝自體本身發動攻擊的心靈原始攻擊能量的具體化身來運作。當保護者兼迫害者出現在內在世界，正常時可供自我對付分離或分化的攻擊力道被隔絕在意識之外，呈現出原魔形象，自內部發動攻擊。

　　費切爾的怪鳥故事（Fitcher's Bird）及藍鬍子系列故事中與其相關的等同故事，曾被數位榮格學派作者拿來作為理論研究或臨床研究的主題，其中最知名的便屬愛絲培（Kathrin Asper, 1991）和凱絲特（Verena Kast, 1992），兩人的焦點都著重於此人物的自我毀滅能量。愛絲培將費切爾的怪鳥中邪惡的巫師解讀為女性的負向阿尼姆斯，也就是內在的陽剛人物，他「將她的自體砍劈撕裂成片片段段」（1991：125）。她認為這個人物是母子關係出現深層問題時的症狀，這狀況尤其會導致自戀型人格障礙（narcissistic personality disorder）。她認為這個邪魔人物也會以「負面陰影」（negative shadow）的姿態出現在男性的夢境中（同前引書：128）。本書將這個人物視為原始矛盾自性防禦的擬人具體化身，這個取向與愛絲培較屬於古典榮格學派超心理學的觀點略有不同。

凱絲特的觀點屬於古典取向的變體，論點十分有趣，也與我們對此角色的分析較相近。她描述一名年輕的男性個案，似乎有個殘酷成性的暴虐「巨人」自內在占據了他，這個巨人在移情中冒出來，把個案及分析師都嚇壞了。個案在某個時刻彷彿遭到附身般地說：

> 妳上次害我哭了。不准這樣！……我要拿錬子抽妳！我要拿錬子綑綁妳，毆打妳！我要拿鐵棍再多打妳幾下！妳會血流成河……我要讓妳像禽獸一樣在我前面拉車。
>
> ——凱絲特（1992：183）

這時凱絲特開始恐懼，要個案停止，個案的臉忽然流露嚴重恐懼，恐懼那個掌控了他的幻想。在接下來的對話中，個案說：

> 請原諒我！妳知道想出那些幻想的人不是我，是個很大的人想出來的……有點像巨人，很嚴肅，很苛刻。他不要我哭，他要我有好工作，他不要我害怕……我很怕他。
>
> （同前引書：184）

凱絲特將這位個案的內在「恐怖份子」解讀為「全能的毀滅性幻想」，認為這個人物與邊緣型精神病理學相關，尤其與極度脆弱時刻出現來防衛自體的原始攻擊相關。我們在第一、二章提及的案例中看過與此案例完全相同的「反依賴」自我攻擊。現在我們來讀讀這個故事，看看神話如何表現原型自我照護系統的邪惡面。

費切爾的怪鳥 ^{註1}

一如長髮公主，這個故事的開頭也是有兩個分開的世界——現實與想像的世界。這裡的兩個世界不是由牆分隔，而是由一段遙遠的距離以及一座黑森林分隔，兩個世界一邊是「女兒們」的凡俗人類世界，另一邊是巫師的「蠱惑」世界。如我們從案例中所看見，在個人的層次上，這個分隔是童年早期應在夠好的父母支持下所經歷的「過渡歷程」發生了創傷性失敗所必然的結果。因為發生了這樣的失敗，原型心靈的原始情感沒有發生人格具體化，沒能由原本未分化的「魔幻」形象轉變為較溫和的、調整過的人類形象。也如同我們所曾經看過的，在過渡歷程失敗後，想像世界總是以「負面」形式呈現，並具體化身為一個邪惡恐怖的人物，這人物會對屬於現實世界的自我的某種表徵施咒。於是我們的故事始自一連串的蠱惑，我們或許可以將這一連串的蠱惑，視為想像世界試圖將現實自我拖進某種與潛意識交流形式之中的努力（類似於黑帝斯強擄波瑟芬妮）。然而若沒有適當的自我堅不退讓，此舉必將導致自我毀滅。再沒有什麼比費切爾的怪鳥更能呈現這種毀滅的可怕意象了，以下是經過些微刪減的版本，我們將分作兩個部分來討論。

故事第一部：考驗

從前從前有個巫師，會裝扮成窮人，挨家挨戶去乞討，並且捉走漂亮的女孩子。沒有人知道他把女孩帶到哪裡去，只知道再也

沒人看見她們。有一天，他來到一個男人的家門前，這男人有三個女兒。巫師看來像個貧窮虛弱的乞丐，背上背了個簍子，像是要用來盛裝好心人送他的禮物。他乞求一點點食物，當大女兒走出門來，遞給他一片麵包，他什麼也沒做，只是碰了碰大女兒，大女兒就被迫跳進他背上的簍子裡。這時他隨即踏著大步趕路，揹著大女兒進入黑森林，來到他位於黑森林中央的家。這家裡事事物物都宏偉亮麗，女孩子想要什麼，巫師就給她什麼。巫師對女孩說：「親愛的，妳跟著我生活鐵定會幸福，因為妳想要什麼就有什麼。」如此過了幾天後，巫師說：「我要出趟遠門，讓妳獨自看家一小段時間。這是家裡的鑰匙，妳愛逛哪兒就逛哪兒，愛看什麼就看什麼，只除了這把小鑰匙開的這個房間妳不准去，去了我就要把妳處死。」同時他還給了她一顆蛋，對她說：「妳幫我好好照顧這顆蛋，無論去到哪兒都要帶著它，若是丟了，厄運就會降臨。」

女孩接過鑰匙和蛋，承諾會聽從他的一切吩咐。巫師走了後，女孩把全屋子從頭到尾逛了一遍，檢視了每一樣事物。屋裡的每個房間都閃著金光銀光，女孩從未見過這樣金碧輝煌的事物。最後她來到那扇不准開的門前。她想要過門不入，但好奇心不肯放她安寧。她仔細觀察那把鑰匙，與其他鑰匙並無二致。她把鑰匙插入鑰匙孔，稍稍轉了轉，門彈了開來。但她走進門後看見了什麼呢？房間中央擺了個血淋淋的臉盆，臉盆中躺著許多人，死掉且被分屍的人，不遠處則有一塊木頭，木頭上是把亮閃閃的斧頭。女孩嚇壞了，握在手中的蛋因而掉進臉盆中。她趕緊拾起蛋，擦拭蛋上的血漬，但沒有用，擦掉了一會兒又再度出現。女孩把蛋又是洗又是刷，卻怎麼也除不去血漬。

過了不久，巫師出遠門回來了。他頭一件要的就是那把鑰匙和那顆蛋，女孩交出東西時渾身哆嗦。巫師看到蛋上的紅色汙漬，立刻得知女孩進過那個血淋淋的房間。「妳違背我的意願，進了那個房間，」他說：「妳得違背妳自己的意願，再進去一次。妳沒命了。」他把女孩推倒，抓著她的頭髮拖行，在木塊上砍下她的頭，把她的身體剁成數段，以致血流了滿地。接著他把她的屍塊扔進臉盆裡，和其他屍塊堆在一塊兒。

「現在我要去把第二個女孩帶來。」巫師這麼說。他再度裝扮成窮人，到那戶人家去乞討，並且抓來了第二個女兒。二女兒就和大女兒一樣，禁不起好奇心的驅使，打開了那個血淋淋房間的房門，窺看了房內，巫師回來後，她必須用生命來彌補自己的過錯。接著巫師又去把第三個女兒帶來，但第三個女兒聰明又機靈，當巫師給了她鑰匙和蛋，離開她，女孩先小心翼翼把蛋放在一旁，然後才參觀屋子，最後進了那個禁忌房間。哎呀，她看見了什麼呀？她親愛的兩個姊姊被人殘忍地殺害分屍，躺在臉盆裡。但她把屍塊撿起來，按照頭、身體、臂膀、腿的順序一一排列，完全拼好後，肢體便可以動了，身體各部分黏合在一起，兩個少女張開眼睛，又活了過來。三姊妹欣喜若狂，互相親吻擁抱。

巫師回來後，立即要女孩交還鑰匙和蛋。他在蛋上找不到血漬，於是說：「妳通過考驗了，可以當我的新娘。」這時他對女孩不再有控制力了，必須對女孩言聽計從。

此處我們看到的是個原型故事，故事中的主角由一名施虐成性、會殺人分屍的人物扮演，這人物似乎是個不知悔改的邪惡形

象，唯一的渴望是殲滅一切具有人性的事物。然而這位巫師具有一些耐人尋味的特性，使這個簡單的詮釋變複雜了。巫師給他的受害人一顆蛋，並要求她們好好保護這顆蛋。蛋象徵著潛在的生命。唯有第三個女兒真的保護了那顆蛋，把蛋放在一旁讓她進了那血淋淋的房間而能逃過一死，還能重新組裝姊姊們被分屍的身體，具有絕對的重要性。蛋在這個故事裡是重要的象徵，也出現在許多其他的童話和神話中。蛋通常代表具有整體性的生命泉源，即未分化的總體，具有創造性存在、復活（復活節）與希望——對在此世界生活懷抱希望——的潛力（見庫柏〔Cooper〕，1978：60）。

在一個名為「樵夫如何智鬥魔鬼並娶走公主」的立陶宛故事中（見馮‧法蘭茲，1974：227-9），可以看見蛋作為象徵的例子。在這個故事中，蛋是想像世界與現實世界間的重要連結，也與能夠同時在兩個世界過創造性生活的能力相關。魔鬼將國王的女兒囚禁在冥界的某種水晶宮中，有個樵夫將她救出。那座水晶宮與我們的故事中，三位妻子尚未被好奇心驅使而違背巫師命令以致危機降臨之前，巫師讓妻子居住的富麗堂皇「鍍金鳥籠」十分相似。故事中的樵夫化身為螞蟻，潛入地底尋找公主。找到公主時，公主正坐在水晶宮的窗畔。公主見了樵夫欣喜若狂，但是如同長髮公主，如今的問題變成要如何出去。最後公主想起曾在魔鬼的書中讀到，某一棵樹上有一顆鑽石蛋，若是有人把那顆蛋帶到地面，水晶宮也會來到地面（我們或許可以將這個意象想成是自冥界救出被囚禁的想像力，也就是作為防禦功能的與現實脫節的想像力）。樵夫化身成多種動物，把蛋偷出來，最後，當蛋被帶到了地面，水晶宮連同裡面的公主也一同來到地面。隨後他倆結了婚，在水晶宮中過著幸福快

樂的日子（此時想像世界與現實世界建立起了聯繫）。

馮‧法蘭茲這麼說：

> 鑽石蛋是無可摧毀的、出類拔萃的東西。無論在東方或是西方的煉金術或哲學中，它都是最堅不可摧的自性的象徵……蛋落在毀滅性的冥界手中……必須要被帶到地面上來……公主出手相助。她讀過魔鬼的魔法書籍，因此知道蛋位於何處，以及如何將蛋帶到地面上去。

（同前引書：234）

　　在費切爾的怪鳥故事中，邪惡的巫師將妻子得救的關鍵交到了這些被蠱惑的妻子自己手中。他要她們替他好好保護那顆蛋，並要求她們時時刻刻把那顆蛋帶在身邊，萬一遺失了，則會發生重大的不幸。因此巫師並非徹底邪惡，顯然是期望有人能夠自他自己的毀滅性中逃脫。在他自己的轉化方面，我們可以說，巫師的「測試」中隱含著暗暗的希望，期待有朝一日能找到一個足夠堅強的人，將他自他可怕的魔力中解放出來，將他變成人類！這使我們想起神話中沒有實體而以「原魔」狀態存在的巫師與女巫總是隔絕在社會之外，總是在魔幻世界中抽離了時間與空間，困在「迷醉」之中。因此他們可以說始終都在試圖捕捉活生生的現實人類──通常是孩童或是美麗（脆弱）的少女，因為他們正是由於自己堅不可摧，才會永恆地沒有實體。我們或許可說他們是在「尋求具體的形象」，試圖進入時間、空間與限制之中。這個故事的巫師除非藉由附身於某個真實的人身上，否則無法擁有真實肉體，他因此不斷綁架少女，

死命地尋求具體化。然而他忠於自己的天性，又不斷支解她們，在毀滅性的幻想中使她們脫離肉體，直到他終於遇到一個同他一般老謀深算的人。某方面來說，第三個女兒之所以有能力取得操控巫師的力量，在於她收回了巫師分裂出去的部分攻擊能量（血淋淋的房間），而且自身沒有受到攻擊能量的傷害。她能做到這點，巫師也幫了點忙，他給了她那顆蛋。

巫師將自己轉化及第三位妻子轉化的關鍵鑰匙交了出來，證實他象徵了榮格所稱「古老矛盾自性」在尚未充分人格化之前的狀態。故事中的自性呈現巫師與無助天真妻子的二元形象，這個自性嚴重地偏向邪惡面。這是諾伊曼所稱的「負面化的自性」（negativized Self, 1976），其功用似乎在於分裂（支解）人格，而非整合人格。我們通常認為榮格理論中的自性並非如此，在我們的理解中，自性通常是心靈中負責整頓統合的中心，與整體性的意象（圓）或是在較高整體中的對立統一意象（曼陀羅）相關。對自性的體驗是聖祕或令人敬畏的，在榮格理論中通常被認為是等同於聖祕性的正向面，展現在與人類經驗中神聖元素相關的種種象徵中。身為心理發展的協調者，自性被視為是組織調度個體化歷程的內在動能，自我為其附屬成員。這個對自性較為樂觀的簡潔陳述完全正確，**只不過在嚴重創傷時會出現例外**。

本書的中心論點之一即是，當創傷打斷了正常的「具體化」（incarnational）歷程時，以上那段對自性的樂觀理解便必須用對內在世界變化的理解來加以修正。發生了創傷後，自性沒有機會進行蛻變的人格化，因此保持著古老形式，接著便以徹底對立的形象呈現，這些對立面——善與惡、愛與恨、療癒與毀滅——彼此互相

爭戰。如此理解自性，便使榮格理論與客體關係一致。此外榮格認知到自性的古老動力具有聖祕層面，並且在神話上有其相對應物，我們也將這項重要認知補充進我們的論點中。

在這則故事中，巫師代表了自性的黑暗面，然而他提供蛋的動作中隱含了他仁慈光明的一面，同時也證明了他希冀轉化的明顯願望。因此他是個二律背反，也就是說是個對立面的綜合體，自相矛盾。神話中，代表古老自性矛盾本質的原型向來都是搗蛋鬼。荷米斯／墨丘利是榮格最喜愛的例子。**理想上最適合做為轉化動因的就是搗蛋鬼，因為他或她集心靈中歧異的兩端於一身**。搗蛋鬼既邪惡又良善，既慈愛又充滿怨恨，既是男又是女，既集對立面於一身，又讓它們保持分化狀態。搗蛋鬼可以隨意變換形貌，既能轉化人，又能被轉化。

在中介調停的搗蛋鬼尚未成形的心理學或神話中，自性的善良與惡毒面分裂成一黑一白兩個形象，有個居中調解的第三者（通常是故事的男主角或女主角）往來斡旋，以便創造整體。例如我們在狄蜜特和貝瑟芬妮的希臘故事中，看到天神宙斯和他的神鳥鷹代表著自性的正向面，俘虜靈魂的黑帝斯代表自性的負向面，狄蜜特的女兒貝瑟芬妮（在墨丘利的幫助下）代表兩個對立面間的中介連結。在基督教傳統中，歧異的兩端，一端是天父或道，另一端是由墮落天使路西法掌控的墮落人性，耶穌基督本人是中間人，聖靈接續其後。埃及的萬神殿（Pantheon）重複了這個三位一體的動力。埃及萬神殿中，歐西里斯代表自性的正向面或光明面，他的弟弟賽特（Seth）則代表自性的惡毒面或黑暗，有翅膀的女神伊西斯及其子荷魯斯（Horus）則提供中介的連結。如同本故事中的第三

個女兒，伊西斯也治癒了被肢解的歐西里斯。她找回散落各地的屍塊，加以拼湊組合，並使自己受精，荷魯斯便是這場結合所產生的子嗣[譯註1]。

這些偉大的原型故事使我們對自性在歷史中統合並化身人形的過程有了豐富的意象。整個過程的基本概念是，自性若不曾在人類意識層面經歷對立面所造成的苦難，便無法達成統合和具體化。也就是說，這些偉大的原型動力唯有在個體的人生中才能整合。

健康自我發展中的愛與攻擊

如我們前面所見，非榮格學派的心理分析理論對自性的整合有不同的說法。溫尼考特對於人類生命中促成這項偉大成就的**歷程**的看法，有助於我們理解本故事的諸多層面，尤其是理解第三位妻子最終如何藉由偽裝成鳥——也就是「費切爾的怪鳥」——來騙過巫師。

對深層心理學而言，有關發展的最基本問題是：「兒童如何自原初潛意識認同階段發展至自體客體分化階段？」用溫尼考特的話來說是：「兒童如何發展出介於想像與現實間的過渡生活（transitional living）能力，而在這個中間地帶，象徵語言與遊戲定義了健康的自我能力（ego capacity）？」用佛洛伊德的話來說是：「兒童如何自全能的幻覺——也就是快樂原則——過渡到現實原則？」用榮格的話來說則是：「自我如何與自性的聖祕能量分離，卻又同時與自性保持聯繫？」這些是深層心理學所有學派針對發展會問的主要問題，而這些問題的答案具有深刻的臨床意義。

對溫尼考特而言，這項成就能否達成，似乎取決於真我的原慾與**攻擊**要素在兒童邁向成熟的過程中是否都能獲得鏡映。溫尼考特在早期著作中，著重於母親全心全意的慈愛，以及以同理心回應孩子**需求**（原慾面）的準確度；在較晚期的著作中，則強調兒童的**毀滅衝動**（攻擊面）對於兒童能夠成長到脫離全能共生所具有的關鍵重要性。

愛

這個過程中，慈愛與滿足需求的層面大致是這樣的：新生兒在母親的氣味、溫暖碰觸、溫柔嗓音與充滿愛意的注視等令人愉悅的感覺安全的包圍中，藉由吸吮乳房或奶瓶，在自己與母親之間建立了滿足需求的聯盟。由於母親給他的關注不夠完美，這種充滿愛的幸福階段很快便遇上了挫折及不舒適的時刻。例如，某些時候的餵奶不如其他幾次那樣舒適愉快，可能奶瓶中的奶太冷，或是母親哺乳到一半遭到打斷。嬰兒逐漸開始將幸福「美好」的感覺經驗與母親／自體的一種形象連結，將「壞」的感覺經驗與母親／自體的另一種形象連結（用榮格的術語來說，我們會說這原型是分裂或矛盾的）。好的母親／自體特點是愛或「原慾需求」，「壞」的母親／自體特點是攻擊或迫害。在這個過程中，挫折不能過多，「好」的感覺經驗和好的母親原型必須占多數。由於自我還不成熟，因此對同一個母親還不能容許既有好的感覺又有壞的感覺，這種好壞並存的感覺要慢慢才逐漸發展出來。

「夠好」的母親必須鏡映愛也鏡映攻擊。溫尼考特在談到真我的慈愛（原慾）部分時指出，母親會準確地鏡映寶寶的自發示意，

創傷的內在世界：生命中難以承受的重，心靈如何回應 ├──────

準確到「嬰兒開始信賴猶如魔法般出現及運作⋯⋯且不與嬰兒的全能〔嚴重〕牴觸的外在現實」（1960a：146）。飢餓的寶寶在幻覺中看見母親的乳房，母親也恰恰就把乳房重疊在嬰兒幻覺之處。

當這情況發生時，嬰兒開始信賴猶如魔法般出現及運作，且運作方式並不與嬰兒的全能牴觸的外在現實。在這樣的基礎上，嬰兒可以逐漸結束全能感。真我有一種自發性（spontaneity），這自發性與世界的事件聯合起來，嬰兒此時可以開始享受全能創造與全能掌控的幻覺，而後可以逐漸辨認出幻覺的成分，辨認出遊戲與想像的事實。這就是象徵的基礎，這象徵起初既是嬰兒的自發性或幻覺，同時也是他所創造且最終貫注的外在客體。

——溫尼考特（1960a：146）

當母親「夠好」時，嬰兒享受外在現實與自身創造之間完全相符的錯覺。母親所供應的事物與兒童自自己的自發性內部所產生的事物相互交融混雜。溫尼考特這麼說：

我們跟小嬰兒之間有個默契，永遠都不會問他這個問題：「這是你自己想出來的，還是外面給你的？」這裡的重點是，我們不會期待得到答案，也根本不會提出這個問題。

——溫尼考特（1951：12。譯文摘自《遊戲與現實》，頁48）

一旦小嬰兒充分體驗了這種原初全能，母親的主要任務就在於打破嬰兒的錯覺，倘使這第一階段進行得「夠好」，則小嬰兒可以

自挫折的經驗受惠，因為對需求的不完整適應會使客體變得真實，也就是既被愛又被恨。

溫尼考特清楚表明這個歷程不僅發生於嬰兒身上，而是一生的課題，我們前面也暗示了，童話故事主要關切的就是這個歷程。

「接受現實」的工作永遠沒有完成的一天，沒有人可以擺脫「想弄明白內在與外在現實關係」的緊張壓力，只有在不受挑戰的體驗的中間區域（如藝術、宗教等等）裡……我們才能紓解這份緊張。這個中間區域跟「沉迷」在遊戲中的小孩的遊戲區域有直接的連貫性。

（同前引書：13。譯文摘自《遊戲與現實》，頁 49）

在費切爾的怪鳥的第二部分中，這個體驗的中間區域出現了。在這個部分中，第三位妻子取得了控制巫師邪惡能量的力量，並且得以偽裝成鳥來騙過搗蛋鬼。巫師似乎也乖乖配合這些詭計，因此對於自己最終葬身火窟的毀滅，他自己也出了份力。

攻擊

溫尼考特討論母嬰二元組合的攻擊面向時，將嬰兒即將脫離的階段稱為全能階段或「客體關聯」階段，這個階段完全以錯覺式的投射性認同（illusory projective identifications）為基礎。他將小嬰兒即將進入的階段稱為「客體使用」階段，指的是小嬰兒使用「在外面」的客體的能力（1969：218-28）。

毀滅是這種分化的重要部分。當母親開始與寶寶分開，寶寶會

有毀滅母親的衝動。問題是，母親能不能僥倖逃過孩子的無情且不予報復（所謂僥倖逃過，溫尼考特指的只不過是面對著毀滅性的憤怒仍不改態度）。以下是溫尼考特如今已十分知名的論述：

在「主體對客體出現認同關係」後，「主體就會摧毀客體」（因為它變成外在的東西），然後才有「客體僥倖逃過主體的摧毀」。可是，僥倖存活可能存在，也可能不存在。因此，客體認同的理論就有了一個新的特色。主體對客體說：「我摧毀了你。」而客體就在那兒接受溝通。從這一刻開始，主體說：「喂，客體！」「我摧毀了你。」「我愛你。」「你對我來說有價值，因為你在我的摧毀下僥倖存活了。」「在我愛你的同時，我也時時刻刻在（潛意識的）幻想中摧毀你。」人的幻想就是這樣展開的。主體現在可以使用倖存的客體了。

（同前引書：90。譯文摘自《遊戲與現實》，頁 150）

在溫尼考特的模型中，有個內在世界與外在世界一同發展，外在世界可以豐富內在世界。客體世界對於嬰兒而言是有用的，嬰兒可以攝取外在世界的食物而長胖。這時他已經藉由容許自己感受到對母親的愛與恨，放棄了自給自足的全能錯覺。如今寶寶有了「雙眼」視覺，突然之間有了深度的視角，分離和個體化發生了。

愛與攻擊一起

如果同一個母親既能逃過攻擊性寶寶發動的攻擊，又能鏡映愛她的寶寶自發性的示意，這時奇蹟就發生了。溫尼考特會說，外

在世界與內在世界同時誕生了。如我們所看過，在其他的論文中，溫尼考特將這個成就描述為人格化歷程或「安在」歷程（1970）。溫尼考特沒有推斷「安在」於身體之中的確切是什麼東西，但我們在本書篇章中已經推斷了，那「東西」是個體不可侵犯的人格精神（原魔）。

　　無論我們將這個歷程形容為什麼，很明顯都與超個人、原型能量，以及這種能量漸進而狂暴的具體化脫不了關係。費切爾的怪鳥的故事正是述說這個歷程。巫師起初代表了原始古老嬰兒自性的創造面及（主要是）破壞面。他那森林深處「富麗堂皇」的房子是個幻想的宮殿，代表著從聖祕性分裂出去的正向面，這個正向面尚未具體化，但為男人以及他的三個女兒所代表的處於困境中的現實自我提供了一個能夠安撫自己的避難所。問題在於這個「避難所」有間密室，聖祕性黑暗面所有典型的惡行都以其罪孽深重的樣貌置於其中。古老自性的這兩面必須要在故事中幾個女兒的「苦難」中相會，而我們也看到了這兩面如何相會──其中兩個女兒被碎屍成數段了。然而第三個女兒能夠運用巫師聖祕能量的正向面，也就是他相贈的蛋所給予的懷抱愛意的「整體性」面向，使她得以承受那邪惡房間中所呈現的聖祕性黑暗面，沒有成為其毀滅能量的犧牲品。

　　在本故事中，巫師就相當於溫尼考特所謂原始未分化狀態的嬰兒期毀滅性，創傷性的挫折或虐待將這毀滅性變得邪惡（如同約伯故事中的耶和華）。第三位妻子扮演了全能嬰兒的「客體」角色──她是必須要逃過巫師的毀滅而安然存活的人（猶如約伯逃過耶和華的毀滅一樣）。之所以能逃過巫師的毀滅，是靠著在巫師的內在找到了對抗巫師的支持者（約伯對耶和華也是同樣做法），換

　　　創傷的內在世界：生命中難以承受的重，心靈如何回應

句話說,她利用了巫師給的蛋及他有關蛋的忠告。她將蛋放在一旁,也就是說,當她進入由可怕密室代表的原型毀滅性情感領域時,她保住了整體性與核心,沒有分裂。如此保持著中心性,使她得以在毀滅中逃過一劫。巫師可以說:「喂,客體!我摧毀了妳;妳對我來說有價值,因為妳在我的摧毀下僥倖存活了……我愛妳……我要娶妳為妻。」

臨床案例

這種由毀滅快速轉變為「愛」的例子在臨床情境中屢見不鮮。有位已婚婦女向我尋求諮商,她的丈夫為了她二十年前一樁婚外情而不斷折磨她,聲稱她從未讓丈夫感覺到被愛或自己具有特殊意義。丈夫無休無止的碎碎念使得她焦躁不安,甚至導致她罹患了氣喘(她易於將事事歸咎於自己)。這位婦人窮盡各種方法滿足丈夫的需求,努力讓他獲得他聲稱妻子未給予他的特殊感受,然而這些努力都只能暫時平息丈夫的抱怨及冷漠的退避,卻沒有更大的效果,她開始對挽救婚姻感到絕望。如此持續了很長時間,最後透過治療(蛋),她終於開始明白除了丈夫的抱怨,她自己的心靈中也存在著自我攻擊的巫師,以及醜惡不堪的房間,她在這房間裡一再遭到巫師用斧頭分屍。她理解到丈夫的抱怨不過是她無力招架的恐怖內在攻擊的外在原因。每一個來自外在的抱怨都被她自己內在巫師的斧頭放大,因此丈夫所說的是有關於她的「真相」,這「真相」就是她是個壞人!這位百依百順的個案恍然大悟,她明白若要解決與丈夫之間的問題,首先必須破除這位自我毀滅性內在人物的

魔咒。

在心理治療的協助下，個案緩緩開始與自己的攻擊性取得聯繫，也就是說，她開始窺視自己的醜惡房間。這意謂她不再是時時刻刻承受丈夫無理批評的聖潔「無辜」受害者，也意謂她為自己的憤怒與攻擊負起責任。於是她緩緩地、一步步地走向自己的禁忌房間，將黑巫師的部分能量收回自己身上。她告訴丈夫，她再也無法容忍他無休無止的抱怨，若他不停止連綿不絕的譴責轟炸，她將要離開他。她直言不諱地告訴丈夫，對於他對她的感覺，他自己該負點責任，要他別再將自己的麻木無感掩藏在誇大的牢騷背後，只是一味聲稱她無法令他感到特別。令這位個案驚異的是，這份新發現的自信徹底終結了丈夫對她的控制力，丈夫所有蠻橫的怒意從此煙消雲散了，轉瞬間變得和善又充滿愛意，彷彿他自己心中原來也是有個虛張聲勢的巫師欺壓著他，而他需要妻子來將他自巫師的手中解救出來。

自我照護系統轉化中的犧牲所具有的雙重性質

在本故事中，巫師與第三個女兒可望締結的婚姻，正如同受了蠱惑的長髮公主與王子可望締結的婚姻，代表了原型世界與人類世界之間的最終（過渡）關係。然而第三位妻子成功戰勝可怕房間之後，這個關係並沒有因此圓滿。這是自我照護系統轉化的開始，但並未完成，巫師還需要更多的轉化，而第三個女兒也仍與她（暗中）重新拼合的兩位姊姊困在巫師「富麗堂皇」的房子裡，也就是說，這女兒仍受著巫師誇大的蠱惑所控制。她必須找出方法自這誇

大的「富麗堂皇」中逃脫，回到人類現實中。故事的第二部分代表了這番掙扎。

從觀察兒童以及臨床情境中的心理發展，我們得知從創傷所引發的誇大「蠱惑」狀態轉移到穩穩紮根於現實中的人性自我，是一段驚濤駭浪的過程，這段過程代表一段古老自性的誇大能量必須要犧牲的過程。世上所有偉大的宗教都描繪了這種犧牲，通常是由神自萬有的完滿豐足中「降下凡塵」，成為受時空限制的肉身，以為人類犧牲。這同時也需要認同神的自我（對榮格而言，是認同自性的自我）犧牲自身，以為報答。

用榮格的語言來說，當神祕參與退場而意識登場，原型世界便逐漸人格化。艾丁哲將這個過程想像成是兒童膨脹的自我不斷遭受父母管教、不斷在差辱中退縮，又與父母重建親密關係的循環過程。這個過程不斷地循環又循環：誇大的行為、懲罰、羞辱與受苦、恢復愛。分化的自我──也就是有能力容納對立性的自我──便從中逐漸形成了。

這是一個喜惡交雜的過程，孩子「喜愛」擴張他的意識與人性自我能力，但也「厭惡」他要犧牲自我所認同的原型國度中神一般的全能。馮·法蘭茲曾評論這個過程如何同時：

對自我而言是意識的擴張……對神而言卻是個窄化的經驗。在鏡映的過程中，這意味著將一個輝煌燦爛的全能上帝拉下來，拉進人類存在的悲慘牢籠中。基督教神學的一個概念說明了這一點──虛己（希臘文倒空之意）。虛己過程意謂（仍與父同在，尚未化身為約翰福音中的道的）耶穌曾擁有父的完滿豐足，擁有神聖世界無

所不在的一體性，沒有確定性。如聖保羅所書寫的：他「虛己」

譯註2——ekonose heauton（腓立比書 2：7）。他倒空自己，成為凡人，他清空了自己萬有的完滿豐足與一體性，成為了有限定性。

——馮·法蘭茲（1970：10）

　　換句話說，自我的成長需要雙重的犧牲——嬰兒期的傾向與膨脹的傾向同時犧牲。這對居住於無知的富麗堂皇之中的巫師與「無辜」天真單純妻子的雙人組合中，我們可以說，雙方都必須經歷犧牲。我們觀察到，這個保護者兼迫害者與無辜兒童案主的二人組合是自我照護系統的基本結構，其能量一方面極端膨脹、跋扈，而且「尊貴」，是個國王或皇后；另一方面卻同樣程度的孩子氣、天真且受到欺侮，是個聖潔的受害者。當這個國王與寶寶的結構體進行整合時，兩面都犧牲給了居中調解的人性——這人性是有限的，負得起個人責任的。女兒著了魔一般的「天真」喪失在那間醜惡的房裡，當三女兒重新組合了姊姊們的身體，巫師施咒的魔力便消失了，而透過組合姊姊身體的動作，三女兒獲得了「完全掌控他的力量」。

故事第二部：轉化

　　「喔，很好，」第三個女兒說：「首先你要帶一大簍黃金去給我爸媽，而且要親自把簍子背過去。你出門的期間，我會來籌辦婚禮。」接著她跑去找被她藏在一個小房間的兩位姊姊，對她們說：「時機到了，那個壞蛋會親自把妳們倆背回家，但妳們倆一回到

家，要立刻派人來救我。」她把兩位姊姊藏在簍子裡，用金子把兩人蓋得密密實實，因此從外面一點兒也看不出她倆的蹤跡。接著她把巫師喚來，對他說：「現在你把這簍子背去，我會站在我的小窗前看，看你途中會不會停下來休息。」

巫師把簍子扛上肩頭，出門去了，簍子重得很，重得他汗流浹背。於是他坐了下來，想休息一會兒，但簍子裡的其中一個女孩立刻喊：「我正從我的小窗前向外看，看見你停下來休息了。你快給我出發！」他以為是新娘子在對他說話，於是站了起來。一會兒後他再度想坐下，女孩又嚷：「我正從我的小窗子向外看，看見你在休息。你快給我上路去！」此後每當他站定不動，女孩便這麼嚷，巫師不得不持續向前，最後終於氣喘吁吁唉聲嘆氣地把一簍子黃金和兩名少女背進了她們父母的家中。這時新娘子也在家中準備著婚宴，並且向巫師的朋友們發出了邀請函。接著她找了一副咧著嘴笑嘻嘻的骷髏頭，給它帶上裝飾品和花環，搬到樓上放在閣樓窗前，讓它面朝窗外。一切都準備好後，她泡進一桶蜂蜜中，割開羽毛床墊，躺進去滾一滾，直到看起來像隻神奇的鳥兒，誰也認不出她來。這時她便走出門去，途中遇見一些婚禮賓客，這些賓客問她：

「噢，費切爾的怪鳥啊，你怎麼會在這兒呢？」

「我從費切爾家來的，就在附近哪！」

「那位年輕的新娘子在做什麼呢？」

「她正在打掃呢，從地窖一路打掃到閣樓。我想這會兒她正從窗戶朝外頭看呢！」

最後她遇見了新郎，新郎正慢吞吞地回家去。就和其他人一樣，他也問：

「噢，費切爾的怪鳥……」

……

「我想這會兒她正從窗戶朝外頭看呢！」

新郎抬頭一望，看見那經過一番打扮的骷髏頭，以為那便是他的新娘，於是對骷髏點點頭，親切地同她打招呼。但當他和賓客都進到屋子裡，女孩的兄弟和親人們前來營救她了。他們把房子的所有門都鎖上，誰也逃不出去，接著放了一把火，把巫師一幫人等全燒死在屋裡。

故事的這個部分描繪自我照護系統及其兩個人格分身——三女兒及她的巫師新郎——的最後轉化，三女兒獲得了解放，巫師則在火中犧牲。我們很感興趣地注意到，搗蛋鬼的元素原本是屬於巫師所獨有，但如今轉變為新娘特有的行事風格。首先她使計謀將姊姊們藏在籮筐中的金子底下，接著又用聲音在他的路途中從遠方折磨他，再來是發出喜帖引誘巫師的朋友進到屋子裡，最後是運用蜂蜜和羽毛將自己裝扮成費切爾的怪鳥，以便逃脫。要瞭解這故事的第二部分，我們必須接受這個搗蛋鬼元素的心理意義，以及在將原型面向的可怕能量轉變為人形方面，這個搗蛋鬼元素所具有的偽裝與防禦功能。

我們在第一章討論瑪莉與食物原魔時，探討過搗蛋鬼原型的動力意義。我們主要看到的是搗蛋鬼的邪魔面，也就是他將人分裂為二（解離）、使人進入恍惚狀態，以及攻擊經驗的各成分間連結的能力，整體而言就是自我毀滅性退行的能力。但我們也注意到，搗蛋鬼身為一個閾限神，也關注矛盾事物兩端的中介調解，因此他

創傷的內在世界：生命中難以承受的重，心靈如何回應

的正向化身也可以想作是溫尼考特所稱的「過渡現象」的一種動態人格化身。身為一種二律背反，他將一組對立面結合在一起，並且組成了失落的「第三物」。因此創傷後心靈被對立的兩股動力所席捲，搗蛋鬼非常適合擔當**調停**這兩股動力的任務。簡而言之，他在功能上既**邪惡**（分裂），又具有**象徵性**（整合）。當他顯現出邪魔形式時，他切斷內在世界的連結，以避免個體經驗到無可承受的感覺。在呈現出象徵性形式時，他透過象徵將潛意識世界與自我串連起來，藉此使原先碎裂的片段化為整體。原本受創的自我此時若已足夠強壯，能夠「用心智去承受」（bear in mind，原意為記住）其經驗的全部衝擊，搗蛋鬼便不再需要扮演支解分割的角色，轉而為個體化及創造性生活貢獻力量。

在這個童話的第二部中，第三位妻子彰顯了搗蛋鬼的正向、中介功能，如今她已足夠強壯，足以操控巫師，因此能夠運用詭計和偽裝，將邪魔丈夫的蠱惑世界與她自己的現實世界連結起來。她讓兩位身體重獲組合的姊姊乘在肢解她們的巫師背上，返回父母的家。最初巫師只不過「碰了碰她們」，她倆便跳進了簍子裡，如今她們乘坐同一個簍子回家去。從心理方面來說，最初威脅不成熟或虛弱自我的力量，在一段時間後卻為自我所用，這裡正是個範例。

巫師背著沉重簍子在路途中所受的苦，是他害這幾位姊妹所受的苦的幽默反轉，同時也代表了他超個人力量的逐漸犧牲。如今他必須費力又流汗，被重擔壓得腿軟，可說是背著他的「十字架」，走向葬身火窟的最終命運。在這期間，新娘子的「聲音」以及她新獲得的對他的掌控力如影隨形，煩擾著他，驅策著他不斷前行，以殘酷刻薄回報他的殘酷刻薄。從心理方面來說，這個負面形式的

「聲音」正是榮格所謂的「負向阿尼姆斯」，這個負向阿尼姆斯常被個體體驗為一個吹毛求疵、完美主義的內在監工，驅策一個人前行，對於人類的不完美始終無法滿意。就是這個聲音，如同負向阿尼姆斯一般，「將女性砍劈成片片段段」（見愛絲培，1991），因此原本具體代表了心靈中這股負面力量的巫師，如今卻成了同一股批判性騷擾折磨的受害者。

　　藏在整簍黃金中的兩個姊姊仍然在巫師的魔法豪宅中，她們預計要搬救兵來拯救三妹，因此這兩個姊姊成了巫師巢穴這個封閉世界與現實世界之間的橋樑，我們可以將她們最後搬來的救兵（兄弟與親人）想成陽剛性的正向面。這些救兵將巫師及他的賓客鎖在他自己的房子中，放火燒了房子。這是將正向的陽剛攻擊性運用於自我的發展，本故事如同長髮公主故事一般，明顯缺乏陽剛性的正向面。三個女兒的父親顯然棄女兒於險境，讓她們極易遭受具有原型攻擊性的陽剛性負向邪魔面魅惑。心理上來說，這是父親完全忽視女兒，或是沒能給女兒設限並從而提供機會來在人際間修通攻擊，所必然留下的後遺症。換句話說，一個女人若是要對陽剛性有「完整」的意象，就需要對同一個父親經歷過愛與攻擊，有了完整意象，她才能對表現為蠱惑形式的負面陽剛性的感染「免疫」。

用象徵戰勝巫師

　　三女兒對巫師所玩弄的詭計中，最有趣的一個莫過於她將自己「轉化」為鳥——費切爾的怪鳥——以逃出那座被蠱惑的豪宅。她首先將一只裝飾過的骷髏頭放在窗前，好讓巫師及賓客誤以為那是

　　創傷的內在世界：生命中難以承受的重，心靈如何回應

她。大夥兒全將一個裝扮成新娘的「死人頭」看作是新娘，點出了故事中成為巫師的新娘便難逃一死的重點。由於巫師及其賓客都代表著死亡，因此我們可以說他們認出了自己的同伴，以為新娘在家裡，而事實上她正偽裝成一隻鳥，逃之天天。

真實的新娘掩蓋在蜂蜜與羽毛之下，除了被當成費切爾的怪鳥之外，「無法辨識」。這隻鳥會在連結蠱惑世界與現實世界的路上，與賓客及巫師交談。這裡很重要的是我們必須明白，三女兒並沒有（如愛絲培所說）變身為一隻鳥，而是假裝是隻鳥，並且還是隻會說話的神奇鳥。在以鳥身示人時，她既非人，也非鳥，而是亦人亦鳥。她體現了過渡現實的象徵功能，既參與現實，又參與幻想。當她在路上遇見巫師及賓客時，他們並沒有質疑她究竟是人還是鳥，而是將她這個過渡形象視為理所當然。正如溫尼考特所說，我們不會問寶寶乳房是他找到的還是他創造的──乳房作為一種過渡現實，始終都是他找到的，也是他創造的。

三女兒以這種變換形貌的奇幻大鳥外型，成功騙過了巫師，逃回家去。從心理學角度來說，這意味著與原型心靈的可怕能量交手時，過渡形象及象徵歷程是必要的。唯有當自我能掌控現實與想像間的張力，從心靈古老層面興起的情感風暴才得以轉化，而情感風暴轉化成功後，一個具創意的形象（象徵）可能可以提供兩個世界間的過渡連結，也就是說，提供一個意義，讓我們得以「逃脫」原型世界的分裂動力，並找到返回人類世界的「家」的道路，這個人類世界的家則有想像世界的生命力加以妝點。

這個歷程正是人人朝個體化奮鬥的歷程，當創傷引動心靈朝古老分裂的方向前去，並且把自我變得衰弱，這個歷程便格外艱

難。個案會發展出惡性的移情退行（transference-regression），可能會破壞個案的成長。但這個歷程依舊從榮格所稱心靈本身的「超越功能」獲得了重要助力。他所謂的超越功能，指的是心靈天生會傾向於對來自初級歷程的未分化的古老「東西」賦予形象，並且以夢或其他想像產物的形式，將這東西表現給意識知道。因此對榮格而言，過渡歷程並不僅僅發生於嬰兒與母親之間，或個案與治療師之間，而是定義了自我與自性之間的內在關係。不幸的是，若沒有「夠好」的外在歷程，這個內在歷程永遠不會成功。當創傷阻礙了外在歷程，則必須由心理治療來重建過渡關聯性（transitional relatedness）。

在重建的過渡關聯性中，有一個關鍵性的元素，即治療師與個案之間的遊戲及想像空間。治療創傷個案時，不能僅僅採用以恢復洞見與記憶為導向的談話治療，而應運用各類的表達性藝術（expressive arts）。治療工作必須與心靈自然而然將情感與意象相連結的整合傾向相配合。當我們有情感時，便尋覓意象……當我們有意象時，便尋覓與之相關的情感。要能做到這一點，我們必須能以種種形式——而非僅是語言的形式——與個案遊戲。

榮格早在一九一六年便明白了這個道理，當時他的個案會帶著某種情緒前來，或是表現出某種令人困惑的解離情感，這情感從當下的經驗看來似乎毫無道理。榮格說：

我因此以個案的一個夢中意象或聯想作為出發點，要他任幻想隨意馳騁，來闡述或發展他的主題。根據個人不同的品味及天賦，這個任務可以以無數種不同的方式來完成，可以是戲劇式的、

　創傷的內在世界：生命中難以承受的重，心靈如何回應

辯證式的、視覺式的、聽覺式的，或是以舞蹈、繪畫、素描或塑模（modelilng）等形式來完成。〔最後〕我〔終於〕意識到，我以這樣的方法見證了一種潛意識歷程的自發性表現，這個表現所得到的唯一助力是個案的技術能力，我後來將這種歷程命名為「個體化歷程」……在許多案例中，這方法帶來大量治療上的成功，雖然結果的本質令人困惑，治療上的成功仍鼓舞了我和個案繼續奮力向前。我感覺自己必須要強調這結果令人困惑，縱使這麼做只是為了讓我自己別基於某些理論上的假定而做出一些不僅不合適、甚至還對個案富有巧思的產物帶有偏見的詮釋……因此潛意識用引導蠟筆或畫筆的手、踩出舞步的腳，用眼睛或耳朵、文字或思想——黑暗的衝動是這個模式的最終仲裁者——先驗地將自己沉澱成可塑的形式……這整個過程似乎有個隱隱的先見之明在主導，這先見之明不僅預知了模式，甚至還預知了其意義。意象與意義是完全相同的，當意象有了形狀，意義便變得明晰……模式不需詮釋，模式表現出了它自己的意義。

——榮格（1947：第 400-2 段）

回到故事，我們發現第三個女兒藉由費切爾的怪鳥，體現了這個超越功能。為什麼是偽裝成鳥呢？我們首先想到的是，蛋經過自然發展就會成為鳥。倘使蛋代表的是最初的、原始的、未分化的、完整的潛在生命，那麼鳥明顯是代表那個原始完整性的一種分化，以及以超越性人格精神達成的一種超越。庫柏提醒我們，奇妙的大鳥代表的是仙界靈性的國度，以及對抗神祕大蛇的力量，換句話說，這些鳥兒是（多半）與自性正向面相關的獸形意象，對抗著如

故事中巫師所代表的自性的負向、邪惡或神祕面（庫柏，1978）。

在其他的神話中，鳥是天神的使者，總是與聖祕性的光明、正向面有關。聖嬰耶穌經常被描繪為手捧一隻鳥兒，同時根據維吉爾（Virgil）的說法（伊尼亞德〔Aeneid〕，6. 242）譯註3，希臘人將冥界的入口稱為「奧爾諾斯」（Aornos），意思是沒有鳥的地方。由於鳥具有過渡性生物的意義，往返於人類世界與神聖世界之間，因此薩滿在進行通靈儀式時，常會穿上鳥袍或羽毛裝。埃及神話中，代表「巴靈」的是個人頭鳥身的動物，埃及人描述巴靈自將死之人的嘴中離開，而冥界的魂靈都穿著鳥羽衣（見德弗里斯〔de Vries〕，1984：48）。

因此我們的女主角三女兒裝扮成「超越」（transcendence）本身──也就是生了翅膀的人格精神──的魔幻象徵，既是真實的，也是想像的，既屬於人界，又屬於神界。她以這樣一個能夠引起共鳴的象徵性形象，串連起在故事中原本是分隔的兩個世界──一邊是人類的世俗世界，另一邊是呈現其負向「蠱惑」形式的魔幻原初世界。這個連結（re-ligeo）建立的同時，自性黑暗面的能量在火中犧牲──根據赫拉克利特（Heraclitus, 535BC-475BC.）的說法，火是「轉化的媒介」（agent of transmutation），一切都由火而生，最後也都復歸於火。在個體的個人發展中，這項發展代表了潛意識開始正向匯聚的那一刻，同時在這一刻，已從自性的保護兼迫害防禦機制中解放的神聖化的自我，如今在完整自性的指引下，開始了創造性生活的歷程。

創傷的內在世界：生命中難以承受的重，心靈如何回應

譯註 1： 埃及神話中，賽特嫉妒哥哥歐西里斯備受愛戴，設計殺死哥哥，分屍後，並將屍塊扔棄於全埃及各地，歐西里斯的妻子〔同時也是妹妹〕伊西斯找回了所有屍塊，施法使歐西里斯復活。

譯註 2： 拉丁文，意為「倒空自己」。

譯註 3： 維吉爾為奧古斯都時代的古羅馬詩人，重要著作有《牧歌》、《農事詩》、《伊尼亞德》〔Aeneid，又作《埃涅阿斯紀》〕。

龍王子與原魔
透過犧牲與抉擇的轉化

這個故事，就如同〈費切爾的怪鳥〉故事一樣，描寫了自性在擔任原型防衛或自我照護系統角色時恐怖的一面，故事重點在於這項防禦如何可以：一，讓陰性力量逃過它的傷害；二，被陰性轉化——在此又一次是由作為「第三個」出現的陰性所轉化。馮・法蘭茲曾經討論這個故事，認為這故事描述了被自性附身的狀態，「像某些邊緣性人格個案身上會見到的那樣，這類個案的自我情結和自性的原型都已遭污染，所以兩者都變得模糊不清……而心靈沒有發生適當的兩極化。」（馮・法蘭茲，1980b: 79, 83）雖然這種說法就其本身而言並沒有錯，但馮・法蘭茲的分析中沒有提到原型防衛，也沒有提出可以說明這個自性陰暗面的「污染」如何發生、以及對臨床實務而言其意涵為何的發展理論。我們希望接下去可以把這些問題說清楚。

龍王子[註1]

　　從前從前，有位國王與他美麗的皇后，兩人過著幸福快樂的日子，美中不足的是他們無後。某天，皇后懷著莫大的憂愁，向一位在森林深處幽居的老嫗傾吐求助，獲得了不孕的解方。老婦告訴她說，她要在她的花園裡倒置一只高腳酒杯，隔日破曉將會看到兩朵玫瑰，紅白各一，同莖共長於杯內。若她吃了紅玫瑰，將生男；如選白，則育女。不論如何，只能擇一。若兩者兼取，必有災殃。

[註1]　這個改寫過的簡化版〈龍王子〉故事，出自瓊斯（Gwyn Jones）《斯堪地那維亞傳奇與民間故事》（*Scandinavian Legends and Folk-tales*, 1975），頁 3-15。凡直接引述原文時便於括號中標註頁碼。

皇后聞後大喜，依老婦之言而行。然而吃下白玫瑰後，心生貪念，將承諾拋諸腦後，把另一朵也吃了。及至臨盆，皇后喜獲雙子，唯首產的卻是一個貌似惡龍或毒蛇般的醜惡怪物。皇后極為惶恐，而他一溜煙地蛇行竄離轉瞬無蹤，也就沒有其他人看見。而緊接在龍王子之後出生的，則是位健康的兒子，有著俊美的外貌，見者都心生喜悅，皇后因此生活如舊，如同龍王子從未出現。

　　經過多年的幸福日子之後，俊俏的王子駕著皇室馬車出遊，除了冒險也兼尋找妻室。然而他一來到一條十字路口，就有一條齒牙比閃電更恐怖的巨大惡龍，立於其前，嘶嘶作響地說：「找到你的新娘之前，先找我的！」（頁7）王子心生恐懼回到城堡，國王打算出動一隊勇士去對抗那頭怪物，而當其時，皇后想到是該說出真相的時候了，龍王子只是在主張他應有的權利——他是長子，自然應該先結婚。

　　皇室隨即「譁然了九天並辯論了十天」（頁7），國王之後下了決定，不管王子何時結婚，最好先替龍王子成親。說來容易做起難，但國王仍派人到可想到的各個最遠國度求親。第一個來到的公主不知所以地參與了婚禮的慶祝活動，得知真相後也沒退路，次日天明後，她屍骨無存，而龍王子看來在飽餐一頓後，有一夜好眠。「恭敬地等待了短短一陣子後」（頁7），王子再度騎馬出城，再度遇到龍王子，龍王子現下比哪時候都更加迫不及待！國王又找到一位公主，她也沒獲准先見到新郎，見到時已後悔莫及。大婚之夜後，她也成為龍王子飽足口腹的一餐。又一次，王子外出，再於十字路口狹路相逢，為其兄龍王子所阻。國王此時已經心煩意亂。再也沒有公主可找了，走投無路，決定去找轄下一個住在頹圮農舍的

低賤牧羊人，想讓他女兒來當龍王子的下一位妻子。這位牧羊人拒絕了，但國王之命不容違逆，可愛的女孩被告知了她的命運。

牧羊人的女兒悲傷得不能自己。她淚流滿面，孤獨奔跑穿越森林時受了傷流著血，直到遇見一位老婦——看來就是在二十年前在皇后憂傷時給出建議的同一人——她盡情地對這個老女人傾吐衷腸。「孩子，擦乾妳的眼淚——照著我的話做，」老嫗說，「婚禮結束後，妳必須要求穿上十件絲質連身襯裙，在龍王子要妳脫掉衣服時，妳也要叫他蛻去一層皮。九次之後，他將只剩下一團扭曲的爛肉，妳要捉住機會用泡過灰鹼的鞭子狠狠地鞭打他。完畢之後，用香甜的牛奶洗潔他，最後妳要緊緊地將他抱進臂彎，就算只是短短的一刻也好（頁11）。」

「啊，」牧羊人的女孩哭叫道：「我辦不到！」

「若不如此就等著被吃掉吧！」老婦怒責後便消失了。

就這樣，當婚禮曲終人散，她進了洞房，恐怖的龍王子就在她眼前——半人、半蛇，可怕的怪物轉向她，說道：「美麗的姑娘，脫一件襯裙吧。」「龍王子，」她回應：「蛻去一層皮！」「從未有人敢如此跟我說話，」他憤怒地嘶嘶作響，而有那麼一刻，她想他會將她一口吞了，但是他卻痛苦低吟扭動，直到將一層長長厚厚的蛇皮蛻至地板上。女孩脫去第一件衣裙，蓋到地板的蛇皮上。就這樣反覆進行，不管他如何抗拒和呻吟、扭曲和哭訴，直到最後，他變成一團沒有皮的黏乎乎的的肉球，「一忽兒直立，一忽兒翻滾，一忽兒在地板上四處扭動滑行」（頁14）。其時，牧羊人的女兒拿起先前被告知要泡過灰鹼水的鞭子，全心盡力地鞭打他。等到她感到疲累，她用新鮮牛奶清洗他，然後將匍匐在地上的他摟進

創傷的內在世界：生命中難以承受的重，心靈如何回應

臂彎，在睡著之前緊緊地抱住了他短短的一刻。

次日天明，沮喪的國王及諸臣來到了新房——戰戰兢兢不敢進房。國王猶豫許久後開啟了房門，看見了牧羊人可愛的女兒，在晨光下顯得純潔清新。抱在她雙臂裡的不是龍王子，「而是一個銀光閃閃的王子，英俊如同青草原來該有的綠。」真相大白後，皇宮裡歡天喜地盪氣迴腸，在歡樂過後，舉辦了一場前所未見、之後也不可能再有的婚禮饗宴。從此以後，王子與他的新王妃快樂地統治這個國度。

有後與無嗣的議題

這個故事與《長髮公主》和其他許多童話一樣，從一個引發悲傷與渴望的無後狀況開場。榮格曾經廣泛探討過兒童原型的心理學機轉，他說明了當孩子主題在如我們這個故事般的象徵性題材中出現，所代表的意義遠比具體的、實際的「孩子」要深遠。榮格指出，**孩童主題**幾乎都會跟某種奇蹟或者神聖元素連結在一起——神童的出生是極度異常的（處女生子），且其作為多少與掃除黑暗與恢復光明有關。對此，榮格說道：

> 這是一個結合對立面的象徵；一個中介者，帶著療癒力的人，也就是一個可以造就整合的人……這代表所有生物最強烈，最不可逃避的慾望，意即自我實現的衝動。它是，如其過去所是，「**無法不這麼做**」（the inability to do otherwise）的化身。
>
> ——榮格（1949；第 278、289 段；黑體字為原文所標示）

所以孩子是個邊界的概念，在自性潛在的整體性與其在自我現實世界中的**體現**（actualization）之間延展。它代表時間中的永恆，連結真實與想像的兩個世界，且對不朽的聖祕世界在此世界中或亦可以找到生存之道保持希望。因此，孩子幾乎是神話對於「神曾在歷史中示現嗎？」的問題最普遍性的回答。以摩西示現、以耶穌基督示現、以佛陀示現、以印度黑天神（Krishna）示現，答案始終都是聖童。用我們先前討論的話來說，可以說它象徵性地代表著在「現世」中實現不可侵犯人格精神或自性的潛力，所謂的現世，也可說是個體的個人歷史。

因此難怪這麼多的童話故事以渴望子嗣開頭。因為現實的世界與超個人力量所在的類心靈、魔法世界是分開的，那裡沒有自發性、沒有生命，也沒有個人能成長茁壯的真實可能性，萬物枯竭，沒有深度，不具希望。我們已經瞭解到，這種自我和自性間的分裂是早期創傷的遺緒。

這個故事說了一位不孕的皇后在這種情況下向老嫗求助的故事，老嫗代表心靈在古早「未開化」形式中的古老預知的智慧能力。我們注意到，皇后不僅子宮是不具懷孕能力的，連整體態度都是充滿絕望的。她向老婦抱怨：「全世界都沒法幫助我。」老婦回道：「沒有哪種病不具療方。」——這句話本身便是希望的體現，皇后所殷殷盼望的孩子正象徵了這個希望。

皇后於此的態度是某類型受創個案的典型態度，他們孩提時代死命地渴望依賴生活中的一些人，卻遭到遺棄，如今他們沮喪地來到諮商室。在這種狀況下，治療師提供如同故事中老嫗所給予的希望——「沒有哪種病不具療方」，對能夠有個值得信賴的友伴抱持

　　創傷的內在世界：生命中難以承受的重，心靈如何回應

希望，通常正足以讓槁木死灰的心靈能再作夢，雖然這個對可能性重燃希望的感覺僅是兩階段過程裡的第一階段，如同我們在先前的分析中所看過的那樣。不幸地，在第二個階段裡，如果要讓人格精神發生全然的具體化，以及達到完全修通個案早期創傷的目標，第一階段所得到的希望終究必須讓它「幻滅」。

拒絕選擇

老嫗告訴皇后的第一件事是，如果想要一個孩子，**她必須**在次晨於高腳杯裡所發現同莖生長的兩朵玫瑰**做出抉擇**。這個任務看來再簡單不過，但皇后「忘記」自己的承諾，自作主張「魚與熊掌兼而得之」——也吃了第二朵玫瑰。選擇意即受限於時空，就皇后的做法而言，是在掙脫這種限制，而情願要看似無限量的各種結果，她也許可以男女兼得。這等於是想要如溫尼考特所定義的幻想（與想像不同），我們前面看過了，當創傷個案選擇幻想，而與真實生活的連結被切斷時，心靈多麼常變得邪惡殘忍。選擇幻想也許是所有上癮的核心問題。對我們的皇后而言，那是「多一朵玫瑰」，對一個成癮者也許是多喝一杯，或者多一管古柯鹼。這種對自我安慰幻想的強迫性偏好，以及伴隨而來的拒絕活在現實人生裡和拒絕接受現實人生的限制，導致潛意識負向匯聚，並且產生了惡魔。

我們看到「愛洛斯與賽姬」的故事裡同樣有選擇的議題，且帶來可怕的後果，故事裡懷孕的賽姬無意識地幸福生活在愛洛斯的水晶宮殿，愛洛斯告誡賽姬，絕對不能向她姊姊透露有關他真實身分的任何消息：「如果妳守得住我們的祕密，〔妳的孩子〕將會是個

神;如果妳吐露口風,那就只是肉身凡胎。」換而言之,你必須選擇是否留在神的幻想世界。選擇是有後果的。賽姬就像我們故事裡的皇后一樣,對於做出會打破她與愛洛斯幻想世界「渾然一體」的狀態,以及毀壞她孩子「神聖性」潛質的選擇,起初猶豫不決。她同樣也偏好可能性無窮無盡的聖祕幻想,最後她選到的是既認識善也認識惡的凡人身分。就像我們看到的,這是透過與聖祕性黑暗面遭遇所帶來的結果,與聖祕性黑暗面遭遇,就是瞭解其如蛇般貪婪的那一面——這是沒有選擇真實生活那面所付的代價。

作家以撒·巴謝為·辛格(Isaac Beshevis Singer)在《拋物線》雜誌(Parabola)的訪談中,對於沒有做出選擇與被惡魔掌控心靈生命之間的聯繫有一番美麗的描述。辛格說道:

我會說,在我所有的思想背後……是選擇的自由。我覺得自由選擇是生命的最高價值。上帝賜與我們一個了不起的贈禮,那就是選擇的自由。而我們經常耽溺於選擇。如果我們注意到一件事上,就已經選擇了專注於它。如果我們愛上某人,就已經擇其為所愛。這發生在人類所有的行動中。對我而言,上帝就是自由。而自然,對我來說,是必然……人一旦拋棄自由抉擇,魔鬼便現身。魔鬼可以說是我們所選擇的自然的黑暗面。如果我們不再相信我們有(選擇的)能力,如此一來就會有其他力量纏身。換句話說,就我而言,魔鬼就是負向的自由選擇。魔鬼在人們棄守時趁虛而入……在人們對自己說:「我不再選擇了。我只要順其自然。」那時魔鬼就必定會出現。危險一直存在——就像醫生會告訴你微生物總在你的嘴巴及胃裡頭,如果你變衰弱,它們會開始繁殖且變得非常強

壯……如同就醫學而言，我們被微生物所環繞一樣，我們的心靈也一直要與所有諸如憂傷、懷疑、邪惡與殘酷的種種事物奮戰。

此時訪問者問道：「為何要與憂傷奮戰？」辛格回道（1981：73）：

喔，魔果的本質就是憂傷‧因為它就是希望的相反……我同情所有受苦生活的人。因為無論我們知道或不知道，我們都非常艱辛地活著。有時我們了悟。這是一件艱難的事──我們常說生活多艱苦……我們必須經歷這種掙扎。有時，希望在於生活不至於永遠持續下去，危機不會永不休止，所有這類危機的背後，所有這種黑暗的後頭，有著偉大的光明。我們必須奮戰，但我們並沒有落敗，因為創造我們的力量是一股偉大且仁慈的力量。

自我照護系統的憂傷幻想世界

就像抗拒選擇且將憂傷性格具體化的皇后，我們也常在接受心理治療的早期創傷個案身上，見到一種對於幻想的內在成癮，導致他們永遠處於憂傷狀態。這些個案原本應該用來彈性適應的攻擊能量被阻撓，無法向外表達，轉變成原始的自我攻擊和自我批評。由於受可怕且不間斷的內在迫害所苦，這些個案於是追尋「天堂般」的狀態，例如融入他人，或者他們為了不要具體化，也為了遠離創傷的影響，而「放空神遊」，進入朦朧、未分化的憂鬱的自我安慰狀態。這些個案會獨自哭泣，但他們的淚是一種獨特的自我安慰之

淚，他們一邊哭泣一邊穩住自己，他們不知道要怎麼與他人一起哭泣。悲哀與傷感的渴望在他們心中持續作痛。但這些永遠得不到外界的理解，因為**這些個案常常也不知道自己在哭什麼**，而且每當他們想跟別人說時，憂傷就瓦解了。他們對自己訴說的是非常複雜、微妙難解的悲傷故事，但始終是個自成一體的、誇張、不具體且單向度的故事。不幸卻又諷刺的是，這種痛苦全是用來避免另一種痛苦——開始存在於實際時空的痛苦，而開始存在於實際時空總是必須要將幻想**犧牲掉**。

克里斯德瓦與「黑太陽」^{譯註}

茱莉亞·克里斯德瓦（Julia Kristeva）是法國語言學家、拉岡學派精神分析師，她恐怖地描寫過憂鬱個案的憂鬱狀態，這種狀態由我們所稱的自我照護系統一手打造，自我照護系統猶如某種存在物一般存在於這些個案的內在世界。克里斯德瓦用「黑太陽」的意象描述這種情況（1989）。她說，這個內在存在物其實是一種**空缺**，一種「*毋須擬現的光芒*」（同前引書：13，譯文摘自《黑太陽》，頁 40），一種憂傷，如「無法言喻、名狀的自戀創傷的最原始表現」（同前引書：14，譯文摘自中文版頁 39），這成為憂鬱的人獨一依附的客體……一種因為沒有其他客體而被他們馴服且珍愛的客體。她稱此非客體為「物」（The Thing）。克里斯德瓦描述利用這個「原物」的個案，這樣說：

〔所有象徵性的〕語言起源於否定（超越〔Verneinung〕）失

創傷的內在世界：生命中難以承受的重，心靈如何回應 ├──────

落，以及因為哀悼而引起的憂鬱。說話的存在體似乎在說：「我失去了一個重要的客體……（我的母親）」「但我沒有失去她，我從種種符號找到了她。或說，既然我同意失去她，其實我就沒有失去（這就是否定），我可以從語言文字世界裡把她找回來。」

（同前引書：43，譯文摘自中文版頁71，略有改動）

　　相反地，抑鬱的人否認這種否定：〔抑鬱者〕撤銷否定作用，使它發生不了作用，進而懷舊地落回的真正客體〔也就是克里斯德瓦所稱的「原物」──「無可失去的客體」（non-lost object）〕……這種否認否定作用（Verleugnung）的作法，實際上是一種不可能的哀悼，設定一種根本憂傷，一種人造、令人難以置信的言語，抽離了符指所無法企及的痛苦背景……否認了否定作用，結果是阻擾了潛抑作用〔也阻擾了有賴心靈創造性巧思方能進行的象徵形成〕……創傷的記憶……不再壓抑，反而時時被喚起……。

（同前引書：46，譯文摘自中文版頁71, 74，略有改動）

　　絕望的人因為視否定作用為無用而過度清醒……〔話語〕對他們而言，就更顯得任意武斷、沉重、粗暴……抑鬱者什麼也不說，沒有什麼可說。

（同前引書：51，譯文摘自中文版頁78-79）

　　他們所說的，預示了自殺的死亡話語，隱藏一個活埋的物。然而，卻因為物無法翻譯，而並不透露，它將留在難以表達的情感謎

穴，牢附於肛門固置，沒有出路。

（同前引書：53，中文版頁 80）

依我看來，抑鬱症個案是無神論者——意義和價值都遭剝奪……然而，雖然是無神論者，這些絕望者可謂神祕主義者。他們依附於前客體，不信神，只是緘默、頑強地崇拜、奉獻他們無法表達的某種東西。他們的享樂（jouissance）、淚水全都獻給這奇特、詭異的邊緣境況。

（同前引書：14，譯文摘自中文版頁 41-42，略有改動）

有關聖祕性防禦用法的附記

克里斯德瓦指出，憂鬱的個案事實上是「神祕主義者」，「信仰」著他們自己無可表達的「原物」，這個觀點讓我們有機會討論所謂「分裂性」防衛（"schizoid" defense）的一個重要面向，那就是，它提供進入聖祕經驗的入口。榮格以奧圖的適切用詞「聖祕」為基礎，下了自己對宗教的定義，「聖祕」是指自我與足以將它淹沒的超個人心靈能量接觸後，產生意識的特殊改變——不管這些能量是邪惡的還是崇高的。對榮格而言，聖祕經驗比「海洋經驗」（oceanic experience）或者是佛洛伊德所描述的「初級歷程」還要廣大無垠。那不僅是早年嬰兒期心智運作的產物，也是對於深入理解人類存在以及所有治療與轉化最為重要的一種經驗類型。對榮格而言，人類不是「智人」（homo sapiens），而是「宗教人」（homo religiosus）。

把認知到聖祕感當作一種人類原型經驗類型，既是榮格心理學最大的長處，同時也是它最大的弱點，以及無窮誤解的根源——甚至某些榮格學派分析師也有所誤解。榮格喜愛談論聖祕性，以及凸顯他與聖祕性相關的研究方法。在一封信裡，他說：

> 我研究的主要興趣非關精神官能症的治療，而在於通往聖祕性的道路。事實上，通往聖祕性的道路才是真正的治療，因為只要獲得了聖祕經驗，就會遠離病症之苦。
>
> ——榮格（1973: 376-7）

這段說法需要一些批判性思考和澄清。榮格說「只要獲得了聖祕經驗，就會遠離病症之苦」，意指為何？這看來是在暗示，如果我們找到進入超個人領域之路，就會自然療癒。然而我們非常清楚，許多有精神困擾的人都對聖祕性經驗的正向、賦予光明的一面有高度依賴（也對聖祕性的黑暗面有同等的畏懼）。聖祕經驗消解了自我的界線，因此許多自我界線不穩固（或者自我界線從頭就建立失敗）的人，會特意尋求聖祕經驗，以求逃離成為有所限制、被時間束縛、終有一死、有限定性、具體的個體的幻滅過程，所必然伴隨的痛苦及羞辱。

我們會稱這做法為防衛性地利用聖祕性，而且我們已經看到，這在建立原型自我照護系統時，是多明顯的一個特徵。我一直想要強調的是，這種防衛就其自身而言是個神奇的創造，但也是會致命的。榮格沒有充分強調聖祕性邪惡、殘酷的那一面，以及其在幻想世界之內暗中迫害、具侵蝕性的效果。他優美地將之描述為古老神

性的矛盾性，將問題留在宗教領域中，臨床應用的方法卻留給我們這些追隨者去摸索。

還好，榮格說「通往聖祕性的道路」才是真正的治療（不是聖祕性本身），我們試圖說明，對於創傷個案而言，這條道路是兩階段的過程，首先會經歷的是聖祕性之負面、邪惡的那一面（蠱惑），後來，在自我照護系統中的神祕邪惡要素被掀開以及正面面對以後，生活的正向聖祕面向才與自我建立關係。愛洛斯與賽姬的故事裡，這個「第三個」（象徵性的）可能性被稱為「歡喜」，它是經過了巨大努力，其中包含了許多犧牲之後，得到的新生——所謂犧牲，是指犧牲了對聖祕、原型現實的認同。某一類人的原型自我照護系統已經確保了個體的生存，但如今若是要加強現實自我的力量，就必須拋棄原型自我照護系統，這一類人該做的就是這樣的心理治療。我們希望這個工作終究可以促進自我的成長，讓它變得夠強壯，得以和包含光明與黑暗面的**完整**聖祕性建立關係——這種關係不僅看重靈性的神聖面向，也看重物質生活。

佛洛伊德說，分析的目的在於將（受快樂原則支配的）精神官能症的痛苦轉化成為日常苦痛。佛洛伊德沒錯，但，就榮格所見，這只對了一半。佛洛伊德沒有理解到的是，在精神官能症不切實際的希望中，那些懷有期待的幻想以及對幸福的想望中，還埋藏著普遍的（原型的）無意識幻想，而這些是同時具善惡兩面的。縱然受傷的自我最初認同這些原型自我照護系統中的潛意識幻想，並應之而膨脹，但這些共同的內在「人物」是不可侵犯的人格精神渴望在「這個世界」達成具體化的第一個化身階段。佛洛伊德和榮格都認為認同這些結構是必要的，但犧牲對這些結構的認同並不能揭露聖

祕性是**錯覺**（佛洛伊德），反倒剝去了膨脹的自我對聖祕性認同的外衣，而開啟了對善惡兼具的聖祕性臣服、感激，以及建立關係的道路——這是宗教生活的本質。

雙生龍王子

　　現在回到故事，我們注意到，當皇后無法在兩朵玫瑰中僅能擇一後，生出的不是一個孩子，而是一對非常畸形的雙生子。有趣的是，神話中著名的雙生子多是由天神父親與凡人母親所生，因此雙生子代表一種天堂與人間的連結（聖婚〔hieros gamos〕）。阿波羅和阿特彌斯（Apollo-Artemis）、卡斯托爾和波魯克斯（Castor-Pollux）、羅慕路斯與瑞摩斯（Romulus-Remus）都是這類結合的產物，可以理解他們擁有特別的能力，使他們具有聖祕的性質，因此這個雙子的誕生中已經暗示了潛在的自我－自性關係，儘管這個二元整體於當前的形象是怪異的，必須有所轉化。

　　讓人感興趣的是，在神話中，聖童的誕生幾乎總是伴隨出現不想讓這小孩活下去的殺戮力量。在我們的故事裡，這個與「好」小孩同時出生的邪惡殺手就是龍王子自己，在許多神話裡，殺手是一位暴君或者壞國王，他的「舊秩序」遭到威脅，像希律王面臨聖嬰耶穌誕生一般。對新生的英雄或者聖嬰有所威脅的類似情況，也發生在戴奧尼索斯（Dionysus）、帕修斯（Perseus）、伊底帕斯（Odipus）、摩西、黑天神，以及其他許多人誕生的神話中。這個原型母題描述了自我照護系統的黑暗面——也就是對改變的抗拒，體現在自性的陰暗面中，如果要發生變革，必須慢慢轉化。

故事中，雙生二重性的龍王子這一面帶有自性令人厭惡的那一面，而且被媽媽忽視，因為她只喜愛新誕生的聖祕「小孩」的正向面。在這種不知真相的幸福狀態中，她與新生的俊俏兒子生活多年——如同賽姬與愛洛斯在他的水晶宮殿裡同住多年一樣，醉飲他愛的瓊漿，從未正面面對他如惡龍般地囚禁了她，如同被他的愛迷惑般，被哄得服服貼貼——直到她終於點燃一盞燈，準備終止她毒蛇般的禁錮生活。

表面上美好的片面幸福，底下藏有致命的龍王子，這是否認的狀態，所有的成癮人格都處於這種狀態中。這種狀態在我們檢視的所有童話故事中都有精確的描述——長髮公主的高塔、賽姬的水晶宮殿、巫師的豪宅，這故事則是皇后在二十年的幸福生活裡，沒有為她做的選擇（或者是沒有選擇）負起責任。忙碌地為她二兒子準備婚禮，忘了她整個人生是被她潛抑的事所包圍的，而現在邪惡龍王子的怪異攻擊力纏繞在王國入口前的一棵橡樹上。有他擋在門口，沒有什麼能夠走出王國進入現實生活，當然也沒有什麼可進入王國。萬物再度不生。大家裝作原魔不存在，但是早晚必須要面對他的毀滅性影響。

故事裡關鍵的時刻終於發生在二王子騎馬出城尋求婚姻、但為其兄龍王子所阻，他才把所有的事告訴了父王之際。有趣的是只有某人願意拋下快樂的王國時，換句話說，就是分離時，龍王子才會變成問題。這是自我照護系統誘人的一面。只要自我照護系統殘酷面監看的世界維持著孤立，萬事便沒問題，除了已經提過的慢性憂鬱狀態。但是分離／個體化是另一回事。這需要攻擊性，如果自我缺乏攻擊性，那麼就要與出自於潛意識原型層次的攻擊性對抗。這

就是龍王子的本質。他什麼都不必做，只消嘶嘶作響並口露惡齒地霸住王國的通道便可以了。

　　當二王子匆匆地從城門口趕回去報告他的遭遇，龍王子就無法再被否認了。皇后終於坦承他的存在，以及得以繼承王位的長子權利。這是故事裡的重要「時刻」──重要性等同於賽姬燃起她的油燈，因為這代表著完全承認自性的黑暗面，以及黑暗面在事情的全面性結構中所應有的位置。總而言之，這個時刻也帶來極大的悲傷，因為，通常經過了這麼多年的人生，卻沒有什麼東西走得出這個錯覺的內在聖堂。

　　皇后的自白令王國產生騷動，每個人都慌亂地想找出安撫原魔王子，替他找個愛人的辦法。而頭兩位漂亮的公主無法達成任務，她們的失敗相當於人格裡數十年來被否認其與生俱來權利的那部分所首度噴發出的巨大憤怒與摧毀力道。在愛洛斯與賽姬的故事裡，阿芙蘿黛蒂的憤怒也和這一樣，我們看到將憤怒轉化成某種建設性的東西（藉由改變態度）需要付出什麼。就這個故事而言，前兩位公主過度地順從與迎合──想取悅這位表現得自我膨脹、飛揚跋扈的蛇虺王子，現在他得到所有人的注意，如同一個**折磨人的孩子**（enfant terrible）──他索性把她們吞了。

蛇虺王子與國王，或是皇后／嬰孩二元組合

　　故事裡的蛇虺王子，他飽餐了頭兩位妻子，是一個好例子，說明我們已經認識到的，一方面極度幼稚同時又不可思議地自我膨脹的自我照護系統內在結構──一種跋扈、高貴的皇后或者國王與嬰

孩組成的二元組合。這個幼稚（自卑）與「高貴」（膨脹）的結合體同時表現出自性的退行與前行，代表同時有各種成熟面與不成熟面的自我照護系統。如同我們在臨床素材裡一再看到的，這個古老雙重結構的人性化發展被創傷打斷，而原始的國王或者皇后／嬰孩二元組合仍被保留在潛意識中，成為反個體化的力量——儘管還關注著未來。作為自我照護系統，它可以是過度保護或過度被迫害的保護者，且幾乎總是兩者兼具。這個系統產生的能量因此是施虐與受虐的。只要自性天真無邪的「嬰孩」部分不願意長大或者改變，原型的防禦就保護著它，但是一旦出現對世界有希望或者渴望個體化的跡象，原型防禦就會攻擊與迫害主要人格，導致創傷在內在世界恆久存在，還伴隨著個案會認定自己「邪惡」。

牧羊人的女兒與森林老嫗作為自性的正向二元組合

現在回到故事上，我們發現龍王子已經吃了兩位公主，整個王國膽戰心驚。換句話說，他表現得像個不可一世、高貴的嬰孩。想必，如果態度上不出現根本改變的話，他還會繼續吃掉公主。我們最先在牧羊女的父親身上發現這種態度。他拒絕國王不合理的要求，不願被收買。雖然他最終必須屈服，但他的態度是我們理解這個童話的關鍵。同樣地，他的女兒呼天搶地，撕破衣衫且堅決反對國王對她宣告的命運。她跑進森林，被荊棘刺傷至血肉模糊，直到絕望之際，才闖進老嫗的祕密藏身之處，得到些許幫助。

幾乎在這些童話裡總是如此，在超自然力量的幫助來到以前，自我會真實地受苦且必須忍受屈辱，而這涉及了對個人「命運」的

真實憤怒和不屈服。就如同愛洛斯與賽姬的童話，女主角必須先對全然無解的困境感到痛苦悲憤，而後螞蟻才會來幫她分種子，或者蘆葦才會跟她說話等等。這代表在面對命運所帶來的不可承受的衝突時，自我一種必要的謙卑。這是真正地與未知鬥爭，但隨即認知到自己的限制，對限制臣服，如同在匿名戒酒協會中常說的那樣，「把自己交出去」。但不能過早發生，也萬萬不可只是消極接受。

在故事裡，女主角的信念來自於老嫗，就像她二十年前告訴過皇后那樣，老嫗說：「我幫助過那些悲傷不亞於妳的人。」然後開始跟牧羊人之女詳細說明轉化龍王子所需的步驟。這位老嫗與先前建議過皇后的無牙老婦是同一人，顯示這整齣戲可說是由一個超個人的管控中心「製作」的。我們可以將此想為心靈有急切的渴望，希望矛盾自性的對立面能獲得整合，這是一種對於整體性的高度渴求，藏在原型防禦的原始矛盾二律背反的自性背後。就像是這位老嫗，代表著心靈的超個人核心，她自己「想要」在人類世界中具體化，而（因為我們假定發生了創傷性的分裂）只能透過她一手執導的這齣轉化戲碼來達成。以這種方式來看，或許我們可以說自性初進這個世界，是透過龍王子既低下又膨脹的矛盾形式——嬰兒期全能自大的最佳寫照——卑賤且汙穢，但卻是名正言順與可怕的。自我與自性在這個聚合體中是可分辨的，自我是膨脹的，與生活分離。換句話說，故事中的這個階段，自性只能吞噬或者附身於其人性的對應物，不能與其建立關係。但在自性具體化的初階，老婦在此情境下可以做到「最好的」就是龍王子。她的下個任務是找到另一個更卑下的女英雄，將這個變裝王子轉化成他真實的面貌——這次不是破壞性的轉化，因為他將要建設性地轉化成一個與人類世界

有連結的形式。

　　一旦牧羊人之女與老嫗間有了接觸（是第二次的接觸，也是第二階段的接觸），這個神聖化了的自我就踏上自己的個體化道路，進入生命衝突以及與衝突搏鬥所必備的「信念」也出現了。以臨床的狀況而言，意謂發展出了對情感的容忍度，特別是容忍在移情裡的矛盾情感。個案必須能對同一個人愛恨交加有所體會，也可以承認對自體既愛且恨。牧羊人之女必須知道大蛇之下藏有一位王子，亦即，善存在於醜惡的大蟲之中。這意味著放棄錯覺以及，在這故事裡，與自性令人嫌惡、噁心的陰暗面有真正的接觸。

　　「妳必須將他摟進臂彎，且緊緊抱住，就算僅有一剎那！」老婦人說。「啊，」牧羊人之女哭喊道，「我絕對做不到！」一想到龍王子的身體有多冰冷、黏濕，抱住他是多麼的恐怖，她便崩潰了。「若不如此就等著被吃掉吧！」老婦怒責道。

　　　　　　　　　　　　　　　　　　　　　　——瓊斯（1975: 11）

　　又來了，選擇！

　　這是許多童話故事的典型橋段，女主角必須擁抱醜惡的怪物。比如說，美女與野獸的故事裡，美女最後終於克服她軟弱的反感，並且出自於巨大的同情心，答應嫁給可憐的野獸，而離開她（亂倫的）父親。於此之際，野獸變成了王子。在許多這類的故事裡，野獸是蛇或是青蛙或驢或鱷魚，女主角只有在超自然力量的幫助下才有辦法親吻他，或者如此處，有森林老婦的幫助而產生啟示。就臨床狀況來說，這表示擁抱所有藏在童年「和善、順從」假我之下未

被救贖的攻擊、性慾的，以及「陰暗神祕的」能量——這事說來比做容易，經常需要治療師持續鼓勵，就像故事中的老婦，治療師對人生種種複雜性具有信念，而創傷個案缺乏這種信念。

龍王子的盛怒與轉化

然後，在故事裡，我們來到洞房這段，龍王子正在那兒垂涎舔頰，好整以暇地準備迎接第三頓大餐。儘管他有殘忍的「意圖」，然而，我們在這幕裡看到某些先前在費切爾的怪鳥故事裡觀察到的東西，殘忍的巫師部分協助了自己的轉化。牧羊人的女兒現在有十件襯裙保護，而且老婦預先傳授用以去除她的伴侶如神般能力的方法，重複地要求他在她每次脫衣時要蛻去一層皮。雖然龍王子每次都抗議，他仍然照做而沒有把她吃掉。最後他全然無所防衛——一團痛苦扭曲的爛肉——而我們的女英雄在那時必須用些龍王子的殘酷施加於他自己，亦即，用浸過灰鹼水的鞭子鞭打他。

在這個故事中，女主角光是像美女與野獸故事裡的美女那樣愛她的原魔情人並不足夠。在他被剝光、弱點盡露後，她必須加以痛毆。這般明顯的冷酷無情，也許可以想成是依照自己的意願，有意識地去面對他的攻擊性——在全然轉化之前，沒有被慈悲與憐憫沖昏頭。我們大多數當治療師的，糾結於必須給予同理的鏡映與具療癒的接受，因此難以深入探究裸露的傷口。然而，如我們從醫療實務所知，除非對新近揭開的傷口進行完全的清創，深度治療是不會發生的。我們的女主角以有節制的攻擊性去做這件事，這攻擊性可說是由一個超個人的管控中心（那位老嫗）行禮如儀地加以協調。

接下去是真的受難場景——那是一個解體的經驗，認同於自性的自我為了轉化而犧牲自己，這裡的受難是這個過程的一部分——雖然很痛苦。在一般的發展狀況裡，隨著兒童過高的期待遭父母正常地潑冷水與沒有給予同理而「幻滅」，膨脹的自我那種「萬有的完滿豐足」也逐步犧牲。

然而受了創傷的狀況是不同的。展現出既恐怖又慈悲形象的古老自性還沒有轉化，因此當它轉化時，反而造成危機，我們在龍王子多層的「蛇皮」中看到這個現象。蛇蛻皮是典型的成長與轉化的意象，但在故事裡，龍王子彷彿與意識分裂了二十年，一直無法成長或者轉化，這時必須一次就完成九次的具體化——結果成為一團噁心的爛肉。在這個過程中，女主角必須被嚴密保護，如此一來，才不至於太快暴露裸體，也就是暴露她真實的脆弱面。她此時面對的是原型攻擊性，而在原型攻擊性轉化之前，她必須有所保留。然而她仍有同理心，也就是說，她鏡映她的伴侶，他每蛻下一層皮，她就也蛻一層皮，沒有在他的威脅或反對下屈服。

慈悲的瞬間

接著要在牛奶中洗一個和解性的澡——母性的滋養以及片刻的擁抱——這事結果持續了一整晚。這是這個故事的融合時刻，最重要的是這是個真正的對立統一——自我和自性在經歷了在分離以及不認同之後的結合。根據神話，只有這樣的結合才具有轉化作用。

故事說，沐浴在牛奶中以及第三位妻子的片刻擁抱，將殘暴的龍王子轉變成一位王子。就心理學而言，我們或許可以將此理解

創傷的內在世界：生命中難以承受的重，心靈如何回應

成，在這一瞬間，作為自我照護防禦功能的原始雙重特質自性人物，其核心分裂透過人性的慈悲而治癒了。這是一個「整體性」與統合的經驗，這個經驗並不否認身體，也就是說，它超越了我們先前在組成宗教性防禦的聖祕性分裂中看到的「一體性」經驗。當龍王子只是一條鱗蟲時，他代表（在這裡是）陽性自性的負向面，其正向面完全處於無意識，且無可企及——除了作為**潛質**外是不存在的，也許只有林中老婦才知道這個潛質。當自性的能量被無可承受的創傷及其必然產生的原型自我照護系統轉移到邪惡與仇恨時，只有人性的慈悲可以激發自性這種具有整合力量的潛質。

　　像這樣的一些瞬間，是可以透過在心理治療中治療師「強硬的慈悲」出現的，他「看到」——只在一瞬間——埋藏在個案自我照護系統中的悲痛與傷痕。第二章中，我的個案樂娜忽然「看到」她受苦的小女孩那一刻，感到一陣悲憫之情自心中湧現，描繪的正是這樣的時刻。個案那天步入治療室的時候，她的自我完全認同了她蛇蠍般自我照護系統的批判聲，而且因她先生殘忍聲稱要提出離婚而更加嚴重。在治療中沮喪地坐著的時候，她的胃抽蓄痙攣，又因為再度「失敗」而對自己充滿厭惡，我要她專注於自己的痛，透過一個意象或者幻想讓它說話。她突然放聲大哭，因為她「看見了」她的「小女孩」，對這位在她內在受苦的純真小孩感到一陣悲憫。我們可說她的自我，先前是認同於母性自性人物的怨恨憤怒面，突然間劇烈轉而認同同一位內在「母親」的正向慈愛面。現在她可以同情自己了。自性的正向面可以匯聚了，在一個真正的轉化瞬間流過她——類似於故事中，龍王子透過第三位妻子的慈愛的中介，而「變成」王子的一瞬間。我們或可形容這種「流過」為她的人格精

神回到它在體內的「家」。

這個經驗幫助我的個案解決了某些困擾她一生的事,她一直認為她的親媽媽是個「好」媽媽,而她自己一無是處,「壞透了」,如今她經驗了自己深度的愛的能力(或者,我們該說,自性愛的能量流貫她),她因此明白了,她可以當自己這個受傷小孩的「好」媽媽。「好」如今存於她之內了。她可以說是從蛇虺轉變成了王子,這樣的轉變所需的只不過是對自己肚子疼痛有一「瞬間」慈愛的關注。然而這又不是她自己可以給予自己的慈悲。

結語

這導引出了我們對於故事中老婦一個最後的假定。我們已經注意到,她看來「在幕後操控」這齣戲的開展,劇碼從不孕的狀況,進展到被自性(自我照護系統創傷防禦的最高主宰)黑暗面**蠱惑**,接著通過**受苦**與死亡,到人性慈悲的瞬間,再導引到**迷醉**,或者說是體會到整體自性與其具體化身的經驗。在這個歷程當中,是好的一方戰勝或是壞的一方戰勝,端視於人性慈悲是否能夠解決心靈中暴烈的原型能量,其相關程度到達了令人驚駭的地步。自性「本身」對這個獨特的人類困境看似漠不關心,如果負向地聚集為求生存自性,它會**令人作嘔地**持續吞噬人的生命(一個妻子接一個)。

如果我們的假設是對的,甚至連這個殘酷的破壞性在所有事情的整體計畫裡都是有意義的,而且這個意義似乎與這位老婦,以及她與我們所稱的不可侵犯的人格精神之間的終極關係有關。我喜歡把她想成一種「精神銀行」,當人格精神在「這個世界」找不到

創傷的內在世界:生命中難以承受的重,心靈如何回應

棲身之所時，人格精神可以存放在「她的世界」不受侵犯，缺牙的她一切的計畫和夢想，在於殷殷切切期盼這個人格精神能在所受苦難多到使他們誤闖她的地盤的人生命中找到家。「她」是我們的故事以及我們生命的終極作者。在充斥創傷的世界裡，她除了化身為怪物外，無法具體化，但是她需要一個人類來生出這個怪物，還需要另一個人類去救贖它。她自己無法做到這件事，她終究只是一個「精神」，但她可以敦促掙扎中的破碎自我向前，而當她善與惡的兩面有機會被人性的慈悲擁抱，她就可以快樂地回到現實，將此世界創造成一個美麗的宜居之地。

譯註：《黑太陽——抑鬱症與憂鬱》（*Soleil noir: Dépression et mélancolie*, 1997）

延伸閱讀

- 《童話中的陰影與邪惡：從榮格觀點探索童話世界》（2018），瑪麗 - 路薏絲‧馮‧法蘭茲（Marie-Louise von Franz），心靈工坊。

- 《公主走進黑森林：榮格取向的童話分析》（2017），呂旭亞，心靈工坊。

- 《積極想像：與無意識對話，活得更自在》（2017），瑪塔‧提巴迪（Marta Tibaldi），心靈工坊。

- 《與狼同奔的女人》【25 週年紀念增訂版】（2017），克萊麗莎‧平蔻拉‧埃思戴絲（Clarissa Pinkola Estés），心靈工坊。

- 《附身：榮格的比較心靈解剖學》（2017），奎格‧史蒂芬森（Craig E. Stephenson），心靈工坊。

- 《解讀童話：從榮格觀點探索童話世界》（2016），瑪麗 - 路薏絲‧馮‧法蘭茲（Marie-Louise von Franz），心靈工坊。

- 《青春的夢與遊戲：探索生命，形塑堅定的自我》（2016），河合隼雄，心靈工坊。

- 《纏足幽靈：從榮格心理分析看女性的自性追尋》（2015），馬思恩（Shirley See Yan Ma），心靈工坊。

- 《榮格心理治療》（2011），瑪麗 - 路薏絲‧馮‧法蘭茲（Marie-Louise von Franz），心靈工坊。

- 《榮格人格類型》（2012），達瑞爾‧夏普（Daryl Sharp），心靈工坊。

- 《轉化之旅：自性的追尋》（2012），莫瑞．史丹（Murray Stein），心靈工坊。
- 《榮格解夢書：夢的理論與解析》（2006），詹姆斯．霍爾博士（James A. Hall, M.D.），心靈工坊。
- 《從創傷到復原： 性侵與家暴倖存者的絕望與重生》（2018），茱蒂絲．赫曼（Judith Herman），左岸文化
- 《心靈的傷，身體會記住》（2017），貝塞爾．范德寇醫生（Bessel van der Kolk, MD），大家出版
- 《童年會傷人》（2017），留佩萱，小樹文化
- 《童話心理學：從榮格心理學看格林童話裡的真實人性》（2017），河合隼雄，遠流。
- 《神話的力量》（2015），喬瑟夫．坎伯（Joseph Campbell），立緒。
- 《希臘羅馬神話：永恆的諸神、英雄、愛情與冒險故事 (精裝珍藏版)》（2015），伊迪絲．漢彌敦（Edith Hamilton），漫遊者文化。
- 《丘比德與賽姬：陰性心靈的發展（修訂版）》（2014），艾瑞旭．諾伊曼（Erich Neumann），獨立作家。
- 《用故事改變世界：文化脈絡與故事原型》（2014），邱于芸，遠流。
- 《解讀童話心理學》（2014），苑媛，國家。
- 《巫婆一定得死》（2001），雪登．凱許登（Sheldon Cashdan），張老師文化。

參考文獻

Anonymous, (1994) "Body Work" in *To Your Health: The Magazine of Healing and Hope* 6 (8).

Asper, K. (1991) "Fitcher's Bird: Illustrations of the Negative Animus and Shadow in Persons with Narcissistic Disturbances," in M. Stein and L. Corbett (eds) *Psyche's Stories: Modern Jungian Interpretations of Fairy Tales, Vol I*, Wilmette, Ill.: Chiron Publications: 121–40.

Balint, M. (1979) *The Basic Fault: Therapeutic Aspects of Regression*, Evanston, Ill.: Northwestern Universities Press.

Beebe, J. (1993) "Comment to Issue on Borderline Patients," *Journal of Analytical Psychology* 38: 101–3.

Bergler, E. (1959) *Principles of Self-Damage*, Madison, Conn.: International Universities Press.

Bion, W. (1959) "Attacks on Linking," in W. Bion *Second Thoughts*, New York: Jason Aronson (1967).

Bion, W. (1962a) *Learning from Experience*, London: Heinemann; reprinted in paperback, Maresfield Reprints, London: H. Karnac Books (1984).

Bion, W. (1962b) "A Theory of Thinking," in W. Bion *Second Thoughts*, New York: Jason Aronson (1967).

Blatt, S. (1995) "The Destructiveness of Perfectionism," *American Psychologist* 50(12): 1003–20.

Bollas, C. (1987) *The Shadow of the Object*, New York: Columbia University Press.

Braun, B. G. (1988) "The BASK Model of Dissociation," *Dissociation* 1: 16–23.

Bunster, J. (1993) "The Patient Difficult to Reach," *Journal of Analytical Psychology* 38 (1): 37–44.

Cooper, J.C. (1978) *Illustrated Encyclopaedia of Traditional Symbols*, London: Thames & Hudson.

Corrigan, E., and Gordon, P.E. (eds) (1995) *The Mind Object*, New Jersey: Jason Aronson Inc.

Davies, J. and Frawley, M. (1994) *Treating the Adult Survivor of Childhood Sexual Abuse: A Psychoanalytic Perspective*, New York: Basic Books.

Early, E. (1993) *The Raven's Return: The Influences of Psychological Trauma on Individuals and Culture*, Willmette, Ill.: Chiron Publications.

Edinger, E. (1972) *Ego and Archetype*, New York: Penguin Books.

Edinger, E. (1985) *Anatomy of the Psyche: Alchemical Symbolism in Psychotherapy*, La Salle, Ill.: Open Court.

Edinger, E. (1986) *The Bible and the Psyche*, Toronto: Inner City Books.

Edinger, E. (1992) *Transformation of the God-image: An Elucidation of Jung's Answer to Job*, Toronto: Inner City Books.

Eigen, M. (1995) "Mystical Precocity and Psychic Short Circuits," in E. Corrigan and P.E. Gordon (eds) *The Mind Object*, New Jersey: Jason Aronson Inc: 109–34.

Ellenberger, H. (1970) *The Discovery of the Unconscious*, New York: Basic Books.

Fairbairn, R. (1981) *Psychoanalytic Studies of the Personality*, London: Routledge and Kegan Paul.

Ferenczi, S. (1933) "Confusion of Tongues Between Adults and the Child," in M. Balint (ed.) *Final Contributions to the Problems and Methods of Psycho-Analysis*, New York: Brunner/Mazel: 156–67.

Ferenczi, S. (1988) *The Clinical Diary of Sandor Ferenczi*, ed. J. Dupont, Cambridge Mass.,: Harvard University Press.

Fordham, M. (1974) "Defences of the Self," *Journal of Analytical Psychology* 19 (2): 192–9.

Fordham, M. (1976) *The Self and Autism, (Library of Analytical Psychology, vol. 3)*, London: Heinemann.

Forsyth, N. (1987) *The Old Enemy: Satan and the Combat Myth*, Princeton, N.J.: Princeton University Press.

Freud, S. (1966) *The Standard Edition of the Complete Psychological Works of Sigmund Freud*, London: Hogarth Press, 24 vols.

Freud, S. (1893) *On the Psychical Mechanism of Hysterical Phenomena: Preliminary Communication, Standard Edition II.*

Freud, S. (1894) *The Neuro-Psychoses of Defence, Standard Edition III.*

Freud, S. (1896) *The Aetiology of Hysteria, Standard Edition III.*

Freud, S. (1917) *Mourning and Melancholia, Standard Edition XIV.*

Freud, S. (1919) *The Uncanny, Standard Edition XVII.*

Freud, S. (1920a) *Civilization and its Discontents, Standard Edition XXI.*

Freud, S. (1920b) *Beyond the Pleasure Principle, Standard Edition XVIII.*

Freud, S. (1923) *The Ego and the Id, Standard Edition XIX.*

Freud, S. (1924) *The Economic Problem of Masochism, Standard Edition XIX.*

Freud, S. (1926) *Inhibitions, Symptoms and Anxiety, Standard Edition XX.*

Freud, S. (1933) *New Introductory Lectures, Standard Edition XXII.*

Freud, S. (1937) *Analysis Terminable and Interminable, Standard Edition XXIII.*

Freud, S. (1954) *The Origins of Psychoanalysis: Letters to Wilhelm Fliess*, Trans. Mosbacher and Strachey, New York: Basic Books.

Garfield, D. (1995) *Unbearable Affect*, New York: John Wiley and Sons Inc.

Goethe, J. W. von. (1941) *Faust*, trans. G. M. Priest, New York: Knopf.

Gordon. R. (1987) "Masochism: The Shadow Side of the Archetypal Need to Venerate and Worship," *Journal of Analytical Psychology*, 32(3): 227–40.

Graves, R. (1955) *The Greek Myths*, New York: Penguin.

Grotstein, J. (1981) *Splitting and Projective Identification*, New York: Jason Aronson.

Grotstein, J. (1984) "Forgery of the Soul," in C. Nelson and M. Eigen (eds) *Evil, Self and Culture*, New York: Human Sciences Press: 203–26.

Grotstein, J. (1987) "An Object-relations Perspective on Resistance in Narcissistic Patients," in J. Grostein *Techniques of Working with Resistance*, New York: Jason Aronson: 317–39.

Guntrip, H. (1969) *Schizoid Phenomena, Object Relations and the Self*, New York: International Universities Press.

Guntrip, H. (1971) *Psychoanalytic Theory, Therapy and the Self*, New York: Basic Books.

Harpur, P. (1994) *Daimonic Reality: A Field Guide to the Other World*, New York: Viking–Penguin Books.

Haule, J. (1992) *Pilgrimage of the Heart: The Path of Romantic Love*, Boston, Mass.: Shambhala.

Henderson, J. (1990) *Shadow and Self*, Wilmette, Ill.: Chiron Publications.

Hill, D. (1970) "The Trickster," in R. Cavendish (ed.) *Man, Myth and Magic: An Illustrated Encyclopedia of the Supernatural, vol. 21*, New York: Cavendish Corporation: 2881–5.

Hillman, J. (1972) *The Myth of Analysis*, Evanston, Ill.: Northwestern University Press.

Hillman, J. (1979) "Senex and Puer," in *Puer Papers*, Dallas, Tex.: Spring Publications: 3–53.

Hillman, J. (1983) "The Bad Mother," *Spring*, Dallas, Tex.: Spring Publications: 165–81.

Hubback, J. (1991) "The Changing Person and the Unchanging Archetype," in M. Matoon (ed.) *Proceedings of the Eleventh International Congress for Analytical Psychology, Paris, 1989*, Einsedeln: Daimon Verlag: 35–50.

Jones, G, (1975) "Prince Lindworm," as retold in *Scandinavian Legends and Folk-tales*, Oxford: Oxford University Press: 3–15.

Jung, C. G. (1963) *Memories, Dreams, Reflections*, New York: Random House.

Jung, C. G. (1973) *Letters Vol 1, 1906–1950*, ed. G. Adler, Princeton, N.J.: Princeton University Press.

Jung, C. G. (1953–79) *The Collected Works* (Bollingen Series XX), trans. R. F. C. Hull: eds. H. Read, M. Fordham, and G. Adler, Princeton, N.J.: Princeton University Press, 20 vols.

Jung, C. G. (1904) *Studies in Word Association, Collected Works 2.*

Jung, C. G. (1907) *The Psychology of Dementia Praecox, Collected Works 3.*

Jung, C. G. (1912a) *The Theory of Psychoanalysis, Collected Works 4.*

Jung, C. G. (1912b) *Symbols of Transformation, Collected Works 5.*

Jung, C. G. (1913) *On the Doctrine of Complexes, Collected Works 2.*

Jung, C. G. (1916) *The Psychology of the Unconscious, Collected Works 7.*

Jung, C. G. (1925) *Notes on the Seminar Given in 1925*, ed. Wm. McGuire, Princeton, N. J.: Princeton University Press (1989).

Jung, C. G. (1926) *Spirit and Life, Collected Works 8.*

Jung, C. G. (1928a) *The Therapeutic Value of Abreaction, Collected Works 16.*

Jung, C. G. (1928b) *The Psychological Foundations of Belief in Spirits, Collected Works 8.*

Jung, C. G. (1928c) *Mental Disease and the Psyche, Collected Works 3.*

Jung, C. G. (1934a) *The Relations Between the Ego and the Unconscious, Collected Works 7.*

Jung, C. G. (1934b) *Review of the Complex Theory, Collected Works 8.*

Jung, C. G. (1937a) "A Farewell Speech," given to the Analytical Psychology Club of New York on Oct. 26, 1937 (unpublished). Available in the Kristine Mann Library, 28 E. 39th St., New York, N. Y. 10016.

Jung, C. G. (1937b) *Psychology and Religion, Collected Works 11.*

Jung, C. G. (1946) *Psychology of the Transference, Collected Works 16.*

Jung, C. G. (1947) *On the Nature of the Psyche Collected Works, 8.*

Jung, C. G. (1949) *The Psychology of the Child Archetype, Collected Works 9/1.*

Jung, C. G. (1951) *Aion, Collected Works 9/2*

Jung, C. G. (1952) *Answer to Job, Collected Works 11*.

Jung, C. G. (1954) *On the Nature of the Psyche, Collected Works 8*.

Jung, C. G. (1955) *Mysterium Coniunctionis, Collected Works 14*.

Jung, C. G. (1958) *Schizophrenia, Collected Works 3*.

Jung, C. G. (1977) *C. G. Jung Speaking*, ed. Wm. McGuire and R.F.C. Hull, Princeton, N.J.: Princeton University Press.

Jung, C. G. (1989) Notes of the Seminar Given in 1925, ed. Wm. McGuire, Princeton, N.J.: Princeton University Press.

Kalsched, D. (1980) "Narcissism and the Search for Interiority," *Quadrant* 13(2): 46–74.

Kalsched, D. (1981) "Limbo and the Lost Soul in Psychotherapy," *Union Seminary Quarterly Review*, XXXVLI (2 and 3): 95–107.

Kalsched, D. (1985) "Fire from the Gods: How Will Prometheus Be Bound – an Essay on Soviet-American Relations," *Quadrant* 18(2): 71–92.

Kalsched, D. (1991) "The Limits of Desire and the Desire for Limits in Psychoanalytic Theory and Practice," in F. Halligan and J. Shay (eds) *Fires of Desire: Erotic Energies and the Spiritual Quest*, New York: Crossroads Press.

Kast, V. (1992) *The Dynamics of Symbols: Fundamentals of Jungian Psychotherapy*, trans. S. Schwarz, New York: Fromm Publications.

Kavaler-Adler, S. (1993) *The Compulsion to Create: A Psychoanalytic Study of Women Artists*, New York: Routledge.

Kernberg, O., Selzer, M., Koenigsberg, H., Carr, A. and Appelbaum, A. (1989) *Psychodynamic Psychotherapy of Borderline Patients*, New York: Basic Books.

Kerr, J. (1993) *A Most Dangerous Method: The Story of Jung, Freud, and Sabina Speilrein*, New York: Alfred Knopf.

Khan, M. (1963) "The Concept of Cumulative Trauma," in M. Khan *The Privacy of the Self*, New York: International Universities Press: 42–58.

Khan, M. (1974) "Towards an Epistemology of Cure," in M. Khan *The Privacy of the Self*, New York: International Universities Press: 93–8.

Khan, M. (1983) "Beyond the Dreaming Experience," in M. Khan *Hidden Selves*, New York: International Universities Press: 42–50.

Klein, M. (1934) "A Contribution to the Psychogenesis of Manic-depressive States," in M. Klein *Contributions to Psychoanalysis 1921–1945*, London: Hogarth Press: 282–310.

Klein, M. (1946) "The Early Development of the Conscience in the Child," in M. Klein *Contributions to Psychoanalysis*, London: Hogarth Press: 67–74.

Kohut, H. (1971) *The Analysis of the Self*, New York: International Universities Press.

Kohut, H. (1977) *The Restoration of the Self*, New York: International Universities Press.

Kohut, H. (1984) *How Does Analysis Cure?* ed. A. Goldberg, Chicago, Ill.: University of Chicago Press.

Kristeva, J. (1989) *Black Sun: Depression and Melancholia*, New York: Columbia University Press.

Krystal, H. (1988) *Integration and Self Healing*, New Jersey: The Analytic Press.

Kugler, P. (1986) "Childhood Seduction: Physical and Emotional," *Spring*, Dallas: Spring Publications: 40–60.

Langs, R. (1976) *The Bipersonal Field*, New York: Jason Aronson.

Leonard, L.S. (1985) *The Wounded Woman: Healing the Father–Daughter Relationship*, Boston, Mass.: Shambhala Press.

Leonard, L.S. (1986) *On the Way to the Wedding*, Boston, Mass.: Shambhala Press.

Leonard, L.S. (1989) *Witness to the Fire: Creativity and the Veil of Addiction*, Boston, Mass.: Shambhala Press.

Leonard, L.S. (1993) *Meeting the Madwoman*, New York: Bantam Books.

Masson, J. (1984) *The Assault on Truth: Freud's Suppression of the Seduction Theory*, New York: Farrar, Strauss & Giroux.

Masterson, J. (1976) *Psychotherapy of the Borderline Adult*, New York: Brunner Mazel.

Masterson, J. (1981) *The Narcissistic and Borderline Disorders: An Integrated Developmental Approach*, New York: Brunner Mazel.

McGuire, W. (1974) (ed.) *The Freud/Jung Letters*, trans. R. Manheim and R.F.C. Hull, Princeton, N.J.: Princeton University Press.

McDougall, J. (1985) *Theaters of the Mind*, New York: Basic Books.

McDougall, J. (1989) *Theaters of the Body*, New York: W.W. Norton & Co.

Mead, G.R.S. (1967) *The Doctrine of the Subtle Body in Western Tradition*, Wheaton, Ill.: Theosophical Publishing House for Quest Books.

Modell, A. (1958) "The Theoretical Implications of Hallucinatory Experiences in Schizophrenia," *Journal of the American Psychoanalytic Association* 6: 442–80.

Modell, A. (1976) "The Holding Environment and the Therapeutic Action of Psychoanalysis," *Journal of the American Psychoanalytic Association* 24: 285–307.

Mogenson, G. (1989) *God is a Trauma: Vicarious Religion and Soul-Making*, Dallas, Tex.: Spring Publications.

Moltmann, J. (1974) *The Crucified God*, SCM Press, p. 151, quoted in Garrison, J. *The Darkness of God: Theology after Hiroshima*, Grand Rapids, Mich.: William B. Eerdman's Publishing Co. (1982).

Mudd, P. (1989) "The Dark Self: Death as a Transferential Factor" in *Proceedings of the 11th International Congress of Analytical Psychology, Paris, 1989*, Einsiedeln: Daimon Verlag: 103–18.

Neumann, E. (1956) *Amor and Psyche: The Psychic Development of the Feminine*, trans. R. Manheim, Princeton, N.J.: Princeton University Press.

Neumann, E. (1969) *Depth Psychology and a New Ethic*, New York: Harper Torchbooks.

Neumann, E. (1976) *The Child*, New York: Harper Colophon Books.

Nunberg, H. (1932) *The Principles of Psychoanalysis*, New York: International Universities Press.

Odier, C. (1956) *Anxiety and Magic Thinking*, trans. M-L. Schoelly and M. Sherfey, New York: International Universities Press.

Ogden, T.H. (1986), *The Matrix of the Mind: Object Relations and the Psychoanalytic Dialogue*, New Jersey: Jason Aronson.

O'Grady, J. (1989), *The Prince of Darkness*, Longmead: Element Books.

Otto, R. (1958) *The Idea of the Holy*, trans. J. Harvey, New York: Oxford University Press.

Palmer, R.E.A. (1970) "Janus," in R. Cavendish (ed.) *Man, Myth and Magic: An Illustrated Encyclopedia of the Supernatural*, New York: Cavendish Corporation (1970): 483–4.

Perry, J. W. (1976) *Roots of Renewal in Myth and Madness*, San Francisco: Jossey-Bass.

Pinkola Estes, C. (1992) *Women Who Run with the Wolves*, New York: Ballantine Books.

Plaut, F. (1966) "Reflections About Not Being Able to Imagine," in *Analytical Psychology: A Modern Science (Library of Analytical Psychology, vol. 1)*, London: Heinemann (1973): 128–44.

Proner, B. (1988) "Envy of Oneself, Adhesive Identification and Pseudo-Adult States," *Journal of Analytical Psychology*, 33: 143–63.

Proner, B. (1986) "Defenses of the Self and Envy of Oneself," *Journal of Analytical Psychology*, 31: 275–9.

Radin, P. (1976) *The Trickster: A Study in American Indian Mythology*, New York: Schocken Books.

Redfearn, J. (1992) *The Exploding Self: The Creative and Destructive Nucleus of the Personality*, Wilmette, Ill.: Chiron Publications.

Ross, C. (1989) *Multiple Personality Disorder: Diagnosis, Clinical Features, and Treatment*, New York: John Wiley & Sons.

Ross, L, (1991) "Cupid and Psyche; Birth of a New Consciousness" in M. Stein and L. Corbett (eds) *Psyche's Stories: Modern Jungian Interpretations of Fairy Tales*, Wilmette, Ill.: Chiron Publications: 65–90.

Rossi, E. L. (1986) *The Psychobiology of Mind–Body Healing: New Concepts in Therapeutic Hypnosis*, New York: W. W. Norton.

Salman, S. (1986) *The Horned God: Masculine Dynamics of Power and Soul, Quadrant*, Fall: 7–25.

Samuels, A. (1989) *The Plural Psyche: Personality, Morality, and the Father*, London: Routledge.

Sandner, D. and Beebe, J. (1982) "Psychopathology and Analysis," in M. Stein (ed.) *Jungian Analysis*, La Salle, Open Court: 294–334.

Satinover, J. (1985) "At the Mercy of Another: Abandonment and Restitution in Psychosis and Psychotic Character," in *Abandonment*, Wilmette, Ill.: Chiron.

Savitz, C. (1991) "Immersions in Ambiguity: The Labyrinth and the Analytic Process," *Journal of Analytical Psychology* 36: 461–81.

Schaefer, R. (1960) "The Loving and Beloved Superego in Freud's Structural Theory," *The Psychoanalytic Study of the Child* 15: 163–88.

Schwartz-Salant, N. (1989) *The Borderline Personality: Vision and Healing*, Wilmette, Ill.: Chiron.

Seinfeld, J. (1990) *The Bad Object*, Northvale, N.J.: Jason Aronson.

Semrad, E. and Van Buskirk, D. (1969) *Teaching Psychotherapy of Psychotic Patients*, New York: Grune & Stratton.

Shengold, L. (1989) *Soul Murder: The Effects of Childhood Abuse and Deprivation*, New York: Fawcett Columbine.

Sidoli, M. (1993) "When the Meaning Gets Lost in the Body," *Journal of Analytical Psychology*, 38: 175–90.

Singer, I. B. (1981) "Demons by Choice: An Interview with *Parabola* Magazine," in *Parabola* 4(4): 68–74.

Speilrein, S. (1984) "Destruction as a Cause of Coming Into Being," *Journal of Analytical Psychology*, 39: 155–86.

Stein, L. (1967) "Introducing Not-Self," *Journal of Analytical Psychology*, 12 (2): 97–113.

Terr, L. (1990) *Too Scared to Cry: Psychic Trauma in Childhood*, New York: Harper & Row.

The Complete Grimm's Fairy Tales (1972) New York: Random House, Pantheon Books,

Tripp, E. (1970) *Classical Mythology*, New York: Meridian Books.

Tustin, F. (1990) *The Protective Shell in Children and Adults*, London: Karnac Books.

Ulanov, A. (1971) *The Feminine in Jungian Psychology and in Christian Theology*, Evanston, Ill.: Northwestern University Press.

Ulanov, A. and Ulanov, B., (1987) *The Witch and the Clown: Two Archetypes of Human Sexuality*, Wilmette, Ill.: Chiron.

von Franz, M.-L. (1970) *A Psychological Interpretation of the Gold Ass of Apuleius*, Zurich: Spring Publications.

von Franz, M.-L (1974) *Shadow and Evil in Fairy Tales*, Zurich: Spring Publications.

von Franz, M.-L. (1980a) *Projection and Re-collection in Jungian Psychology: Reflections on the Soul*, trans. W.H. Kennedy, London: Open Court, reprinted in *Parabola* 4(4): 36–44.

von Franz, M.-L (1980) *The Psychological Meaning of Redemption Motifs in Fairytales*, Toronto: Inner City Books.

de Vries, A. (1984) *Dictionary of Symbols and Imagery*, Amsterdam: North-Holland Publishing Co.

Watts, A. (1954) *Myth and Ritual in Christianity*, London: Thames & Hudson.

Weil, S. (1987) *Gravity and Grace*, London: Routledge and Kegan Paul.

Whitmont, E.C. (1969) *The Symbolic Quest*, New York: Harper Colophon Books.

Wilmer, H. (1986) "The Healing Nightmare: A Study of the War Dreams of Vietnam Combat Veterans," *Quadrant*, Spring: 47–62.

Winnicott, D. W. (1949) "Mind and its Relation to the Psyche-Soma," in D.W. Winnicott *Through Paediatrics to Psychoanalysis*, New York: Basic Books: 243–54.

Winnicott, D. W. (1951) "Transitional Objects and Transitional Phenomena," *Playing and Reality*, New York: Basic Books, 1971: 1–25.

Winnicott, D. W. (1960a) "Ego Distortion in Terms of True and False Self," in D. W. Winnicott *The Maturational Processes and the Facilitating Environment*, London: Hogarth Press, 1965: 140–52.

Winnicott, D. W. (1960b) "The Theory of the Parent–Child Relationship," D. W. Winnicott *The Maturational Processes and the Facilitating Environment*, London: Hogarth Press, 1965.

Winnicott, D. W. (1963) "Fear of Breakdown," in C. Winnicott, R. Shepherd, and M. Davis (eds) *Psychoanalytic Explorations*, Cambridge, Mass.: Harvard University Press, 1989: 87–95.

Winnicott, D. W. (1965) "The Concept of Trauma in Relation to the Development of the Individual within the Family," in C. Winnicott, R. Shepherd, and M. Davis, (eds) *Psychoanalytic Explorations*, Cambridge, Mass.: Harvard University Press, 1989: 130–48.

Winnicott, D. W. (1969) "The Use of an Object and Relating Through Identifications," in C. Winnicott, R. Shepherd, and M. Davis, (eds) *Psychoanalytic Explorations*, Cambridge, Mass.: Harvard University Press, 1989: 218–37.

Winnicott, D. W. (1970) "On the Basis for Self in Body," in C. Winnicott, R. Shepherd, and M. Davis (eds) *Psychoanalytic Explorations*, Cambridge, Mass.: Harvard University Press, 1989: 261–83.

Winnicott, D. W. (1971a) "Dreaming, Fantasying, and Living", in D. W. Winnicott *Playing and Reality*, New York: Basic Books: 26–37.

Winnicott, D. W. (1971b) "The Location of Cultural Experience," in D. W. Winnicott *Playing and Reality*, New York: Basic Books: 95–103.

Woodman, M. (1982) *Addiction to Perfection: The Still Unravished Bride*, Toronto: Inner City Books.

Woodman, M. (1985) *The Pregnant Virgin: A Process of Psychological Transformation*, Toronto: Inner City Books.

PsychoAlchemy

啟程，踏上屬於自己的英雄之旅
外在風景的迷離，內在視野的印記
回眸之間，哲學與心理學迎面碰撞
一次自我與心靈的深層交鋒

榮格人格類型

作者—達瑞爾·夏普 譯者—易之新 定價—280元

本書以簡明扼要的方式，說明榮格對人格類型的研究，納入了包括對文學、神話學、美學、哲學和精神病理學的歷史回顧，再加上心理學實務領域工作近二十年的觀察成果，他歸納出人性心理的重要座標：兩種人格傾向（內傾型、外傾型），以及四種功能（思考型、感官型、直覺型和情感型）。此外也對優勢功能、劣勢功能、陰影、人格面具等重要概念有清晰陳述，絕對是了解榮格理論的最佳入門書。

共時性【自然與心靈合一的宇宙】

作者—約瑟夫·坎伯瑞 譯者—魏宏晉等 策劃、審閱—王浩威 定價—480元

作者為榮格的論述畫上背景、添上色彩，使之與當代的先進科學，如相對論和量子力學等產生連結，並深刻探討榮格的理論、應用和臨床方法是如何釋解複雜性理論的場域。他以生花妙筆書寫而成的內容，因此成了極具珍貴的資料，不僅提供了獨到超凡的見解，更試圖探索各種文化的共時性，追古溯今，整理出歷史事件的潛在價值。

英雄之旅【個體化原則概論】

作者：莫瑞·史丹 譯者—黃璧惠、魏宏晉等 審閱—黃璧惠 定價—480元

榮格所謂的個體化原則，是指一輩子的人格發展，也指意識不斷流變之發展模式。在個人所居住的家族和文化脈絡下，個體化從萌芽狀態向前移動，而最終能夠讓人格的最大潛力得到更充實而完全的表達。個體化提供了一種可以理解並解釋個人與集體心靈改變的途徑；此外，它更建議了一種提昇並發展人類意識達到最大潛能的方法。它不僅在當今心理學佔有核心之地，在靈性、史料編撰、生物及許多其他科學與人文領域也同樣重要。

轉化之旅【自性的追尋】

作者：莫瑞·史丹 譯者：陳世勳、伍如婷等 策畫、審閱：王浩威 定價：480元

榮格認為，人的一生有兩個主要時期：人生上半場（兒童到青春期），以及人生下半場（中年期）。最有意義的轉化就發生在中年階段，這也是「自性」追尋的開端。作者以一則蛻變的夢境，以及詩人里爾克以創造力療癒靈魂的故事，介紹轉化的意義，並以威廉·梅隆到海地行醫的故事，詳述轉化意象的召喚。接著，他闡述在親密關係中的轉化歷程。最後則以林布蘭、畢卡索、榮格，作為生命轉化的例證，說明個體意識全面開展的成熟能量，以及它如何指引出一個人後半生的天命，開始活出最深層渴望的自己。

中年之旅【自性的轉機】

作者：莫瑞·史丹 譯者：魏宏晉 策劃、審閱：王浩威 定價：480元

本書靈活運用兩部希臘神話故事，特別是天神赫密士的原型，來闡述中年之旅的三個轉化階段：分離、過渡、再整合。根據榮格的觀點，中年轉化是一趟追尋完整性的鍊金之旅。在自我意識與無意識之間建立橋樑，剝落人格面具，轉向自性的探索，是中年期的中心任務，也是個體化過程的重要關鍵。

給追求靈魂的現代人【湯瑪士‧克許談榮格分析心理學】

作者：湯瑪士‧克許　譯者：李開敏、林方皓等　校訂：徐碧貞　審閱：鄭文郁
策劃：王浩威　定價：480元

本書收錄了湯瑪士‧克許過去四十五年來在不同場合所發表的論文及講稿，其中包括克許職業生涯早期所關注的臨床議題，如夢境、治療關係、心理類型以及一般分析歷程等；也包括克許生涯後半段對歷史議題的關懷，因而本書也專章討論榮格其人、榮格的反猶太爭議、分析心理學的歷史及分析心理學與精神分析的關係等主題。本書所敘述榮格生前至身後五十年分析心理學的發展旅程，皆出自作者親身見聞，信而可，有別於一般引用二手書面資料的歷史著作。

當村上春樹遇見榮格【從《1Q84》的夢物語談起】

作者：河合俊雄　譯者：林暉鈞　定價：450元

繼承父親河合隼雄的衣鉢，河合俊雄以榮格派心理學與歷史視野，從故事／夢境內在的角度，解析村上春樹不同時期作品，並援引夏目漱石著作等日本小說為參照，步步推敲出《1Q84》跨越後現代性的精神內涵。透過本書，你將在日本首席榮格心理分析師的詮釋中，發現日本第一流小說家佈局中的心靈厚度與力量！

纏足幽靈【從榮格心理分析看女性的自性追尋】

作者：馬思恩　譯者：吳菲菲　審閱：黃璧惠　定價：500元

「纏足」之風盛行中國千年，讓女性終生受痛委屈，從榮格心理學觀之，這是父權社會對陰性本質（Feminine）的壓抑。作者馬思恩致力結合榮格學說與中國哲學，她發現女性心靈至今仍飽受纏足之苦，於是鑽入了中國神話、哲學、道統裡探源，希望釐清纏足意象對現代男女心靈的影響，並鼓舞著現代女性收復本能中的陰性本質，「立足」自己人生。

被遺忘的愛神【神話、藝術、心理分析中的安特洛斯】

作者：奎格‧史帝芬森　譯者：周嘉娸　審閱：孫雲平　定價：520元

讓愛成熟的，不是單方面的熱情；在回應與對立的張力裡，愛才臻成熟。希臘神話中，阿芙洛蒂忒苦於其子愛神厄洛斯（Eros）無法長大，因此又誕下安特洛斯（Anteros），企圖以友愛的手足競爭來疏導厄洛斯停滯的動能。經由本書，我們將透過各種藝術文本、心理學系統與諮商個案，澱積對於安特洛斯的認識，也對愛的理解與實踐帶來反饋。

我的榮格人生路【一位心理分析師的生命敘說】

作者：湯瑪士 克許　譯者：徐碧貞　定價：620 元

本書作者克許是著名猶太裔榮格心理分析師。他的父母是第一代榮格分析師，為了躲避納粹迫害而逃離德國。本書是克許的自傳。從本書中，我們得以對分析心理學的發展史有更多認識，從中讀到許多歷史第一手資料，同時也能從作者所反思的造神心理經驗、聖徒使命及理想化投射中看見自己的影子。此外，身為分析師的作者在這本回憶錄中親身示範分析心理取向的生命故事敘說，頗具榮格派的風格。本書可說是作者為分析心理取向的生命故事敘說的一次最佳示範。

靈性之旅
【追尋失落的靈魂】
作者：莫瑞·史丹　譯者：吳菲菲　定價：400元

本書試圖為靈性需求找到合乎當代情境的載具。作者認為，回歸宗教傳統或擁抱物質科學可能都行不通，而榮格心理學是新的可能性：「關注自性」（minding the self），走上個體化歷程。在關注自性的靈性之旅中，個人將敢於同時面對內心的正、邪力量，予以調和，這將帶來心靈平衡，為世界帶來正面力量。

紅書【讀者版】
作者：卡爾·榮格　譯者：魯宓、劉宏信　定價：1100元

《紅書》約創作於1914到1930年間，是心理學大師榮格的私人日記，這段期間他遭逢內在及外在生活的重大變故。這本日記記錄了榮格個人的夢境、靈魔與精神追尋歷程，成為他日後寫作的主要靈感，並由此發展出如「原型」、「集體無意識」、「共時性」、「個體化」等一系列分析心理學的理論。藉由《紅書》，我們每個人都可以從榮格勇敢的無意識征途中，看到屬於自己個人心靈整合的可能道路。

解讀童話
【從榮格觀點探索童話世界】
作者：瑪麗-路薏絲·馮·法蘭茲　譯者：徐碧貞　定價：380元

在各種文本中，童話是最精簡且純粹的表現，除去文化、歷史等背景脈絡，以扁平的人物、簡單的情節，為人類心靈提供最清晰的說明。本書為童話心理解讀最具權威性的代表人物瑪麗-路薏絲·馮·法蘭茲的經典之作。書中以榮格學派「原型」概念解讀格林童話〈三根羽毛〉的故事，展現童話解讀寬廣而富療癒性的意涵。

積極想像【與無意識對話，活得更自在】
作者：瑪塔·提巴迪　譯者：倪安宇　定價：380元

積極想像，是榮格心理分析不同於佛洛伊德最重要的技術之一。榮格在《紅書》中提到，他在生命最艱困的時期開發了活躍的想像力，拯救瀕臨分裂的自我。這個方法發展為分析的工具，就是積極想像。本書作者瑪塔·提巴迪是義大利著名榮格分析師，在本書中，她帶領讀者找出如何在積極並有意識的清醒狀態下與深層的無意識接觸，並和這些有生命的意象進行直接的溝通，變化和治癒常常就在這種不受意識干預的情況下悄悄發生。

附身【榮格的比較心靈解剖學】
作者：奎格·史蒂芬森　譯者：吳菲菲　定價：520元

加拿大榮格心理分析師史蒂芬森在本書中透過「附身」這個概念，生動表達出榮格的中心思想。書中從十七世紀法國盧登鎮的附身事件追溯起，不僅從歷史、人類學、哲學、精神醫學等多元觀點探討附身現象，更以電影及戲劇為例，呈現榮格的附身概念如何在心理治療實務中拓出空間、使痛苦現身、最終達到整合。閱讀本書不僅能享受漸次展開的精采論述，更能對分析心理學產生全新見解。

公主走進黑森林【榮格取向的童話分析】

作者：呂旭亞　定價：420 元

本書由國際分析心理學會（IAAP）榮格分析師呂旭亞，為東方女性解讀七則關鍵童話，揭開情結與原型對人心不可思議的影響力。全書搭配精美插圖，帶讀者重返故事現場，並透過象徵語言與心理語言的轉換，帶領讀者跨越意識的邊界、走進內心的森林、迎向挑戰與改變。這趟旅程不僅使我們與古老象徵產生連結、開啟內在豐富性，更重新思索女力時代的現象與意義，為現代女性發展找到完整與圓滿的可能。

童話中的陰影與邪惡【從榮格觀點探索童話世界】

作者：瑪麗-路薏絲．馮．法蘭茲　譯者：徐碧貞　定價：540 元

在簡單純粹的童話當中，榮格派童話分析大師馮．法蘭茲找到許多超越個人、足以解釋人類心靈與道德運作的基本法則。本書聚焦在人類黑暗面的觀察，用22個童話搭配臨床案例，輔以民族學、神話學、字源學及意象與象徵的擴大比較，還原這些黑暗故事背後隱含的深意，也指引了一條認識自己的路徑。

童話中的女性【從榮格觀點探索童話世界】

作者：瑪麗－路薏絲．馮．法蘭茲　譯者：黃璧惠　定價：440 元

女人的心靈發展有許多重要歷程，這在世界各地的童話中都有跡可循，卻鮮少有人討論。本書出自榮格派童話分析大師馮．法蘭茲不惑之年的講座集結，當時她已浸淫分析心理學超過二十年，經手過無數童話與夢境。且看她以睿智的洞察，解析映照在童話與女人一生之間，彼此呼應的真相。

公主變成貓【從榮格觀點探索童話世界】

作者：瑪麗－路薏絲．馮．法蘭茲　譯者：吳菲菲　定價：290 元

長期不孕的皇后吃下金蘋果隨即喜事報到，不料蘋果主人是神的母親，震怒之餘詛咒皇后所生的公主，將在十七歲時變成貓。多年後，一位年輕時王子和貓公主墜入愛河，種種考驗他們究竟能否一一克服？馮．法蘭茲將以她特有的博學與直白幽默，解說這個羅馬尼亞故事中隱藏的心理與文化涵義。

永恆少年【從榮格觀點探討拒絕長大】

作者：瑪麗－路薏絲．馮．法蘭茲　譯者：徐碧貞　定價：580 元

《小王子》（The Little Prince）的故事膾炙人口，作者安東尼・聖修伯里的一生卻謎霧重重，榮格派童話分析大師馮．法蘭茲從他的作品與畫作中，看見了不尋常的「永恆少年」議題。本書將透過這部小說與一部德國作品《無空間王國》，探索拒絕長大的「永恆少年」原型。

PA021

創傷的內在世界：
生命中難以承受的重，心靈如何回應

The Inner World of Trauma: archetypal defenses of the personal spirit, 1st Edition
作者：唐納德‧卡爾謝（Donald Kalsched）
譯者：彭玲嫻、康琇喬、連芯、魏宏晉
審閱：洪素珍

出版者—心靈工坊文化事業股份有限公司
發行人—王浩威　總編輯—徐嘉俊
特約編輯—周旻君　責任編輯—黃心宜
內頁排版—龍虎電腦排版股份有限公司
通訊地址—10684台北市大安區信義路四段53巷8號2樓
郵政劃撥—19546215　戶名—心靈工坊文化事業股份有限公司
電話—02）2702-9186　傳真—02）2702-9286
Email—service@psygarden.com.tw　網址—www.psygarden.com.tw

製版‧印刷—中茂製版印刷股份有限公司
總經銷—大和書報圖書股份有限公司
電話—02）8990-2588　傳真—02）2990-1658
通訊地址—248新北市五股工業區五工五路二號
初版一刷—2018年12月　初版六刷—2024年3月
ISBN—978-986-357-139-1　定價—600元

國家圖書館出版品預行編目(CIP)資料

創傷的內在世界：生命中難以承受的重,心靈如何回應 / 唐納德‧卡爾謝
　(Donald Kalsched)著 ;
　彭玲嫻等譯. -- 初版. -- 臺北市 : 心靈工坊文化, 2018.12
　　面 ;　公分
　譯自 : The inner world of trauma : archetypal defenses of the personal spirit
　ISBN 978-986-357-139-1(平裝)

1.心理創傷　2.精神分析　3.心理治療

178.8　　　　　　　　　　　　　　　　　　　　　　　　　107021459

心靈工坊 PsyGarden 書香家族 讀友卡

感謝您購買心靈工坊的叢書，為了加強對您的服務，請您詳填本卡，
直接投入郵筒（免貼郵票）或傳真，我們會珍視您的意見，
並提供您最新的活動訊息，共同以書會友，追求身心靈的創意與成長。

書系編號— PsychoAlchemy 21　　書名—創傷的內在世界：生命中難以承受的重，心靈如何回應

姓名　　　　　　　　　　　　　是否已加入書香家族？ □是 □現在加入

電話 (O)　　　　　　　(H)　　　　　　手機

E-mail　　　　　生日　　年　　　月　　　日

地址 □□□

服務機構　　　　　　　職稱

您的性別—□1.女 □2.男 □3.其他

婚姻狀況—□1.未婚 □2.已婚 □3.離婚 □4.不婚 □5.同志 □6.喪偶 □7.分居

請問您如何得知這本書？
□1.書店 □2.報章雜誌 □3.廣播電視 □4.親友推介 □5.心靈工坊書訊
□6.廣告DM □7.心靈工坊網站 □8.其他網路媒體 □9.其他

您購買本書的方式？
□1.書店 □2.劃撥郵購 □3.團體訂購 □4.網路訂購 □5.其他

您對本書的意見？
□ 封面設計　　1.須再改進 2.尚可 3.滿意 4.非常滿意
□ 版面編排　　1.須再改進 2.尚可 3.滿意 4.非常滿意
□ 內容　　　　1.須再改進 2.尚可 3.滿意 4.非常滿意
□ 文筆／翻譯　1.須再改進 2.尚可 3.滿意 4.非常滿意
□ 價格　　　　1.須再改進 2.尚可 3.滿意 4.非常滿意

您對我們有何建議？

□本人同意＿＿＿＿＿＿＿（請簽名）提供（真實姓名/E-mail/地址/電話/年齡/
等資料），以作為心靈工坊（聯絡/寄貨/加入會員/行銷/會員折扣/等之用，
詳細內容請參閱http://shop.psygarden.com.tw/member_register.asp。

心靈工坊
PsyGarden

10684台北市信義路四段53巷8號2樓
讀者服務組　收

免　　貼　　郵　　票

（對折線）

加入心靈工坊書香家族會員
共享知識的盛宴，成長的喜悦

請寄回這張回函卡（免貼郵票），
您就成爲心靈工坊的書香家族會員，您將可以——

⊙隨時收到新書出版和活動訊息

⊙獲得各項回饋和優惠方案